# Europäisches Konzept für das Prüf- und Zertifizierungswesen

Nachweis der Sicherheit, Normenkonformität und Gebrauchstauglichkeit elektrotechnischer Produkte

herausgegeben von
Karl-Heinz Krefter

Verlags- und Wirtschaftsgesellschaft der Elektrizitätswerke m.b.H. – VWEW

ISBN 3-8022-0415-8

© VWEW-Verlag, Frankfurt am Main 1994

Verlags- und Wirtschaftsgesellschaft
der Elektrizitätswerke m.b.H. - VWEW
Stresemannallee 30

60596 Frankfurt am Main

---

Herstellung: Druckberatung Sattler, Bruchköbel

## Vorwort

Voraussetzung für den europäischen Binnenmarkt ist neben der Harmonisierung der Normen und Rechtsvorschriften vor allem die gegenseitige Anerkennung von Prüfergebnissen und Zertifikaten, die die Sicherheit, Normenkonformität und Gebrauchstauglichkeit der Produkte bestätigen. Die Europäische Union hat deshalb 1989 ein "globales Konzept für Zertifizierung und Prüfwesen" vorgelegt, das entsprechende Instrumente zur Gewährleistung der Qualität bei Industrieerzeugnissen enthält.

Für ein auf dem Markt angebotenes Produkt reicht eine Beschreibung seiner Beschaffenheit im allgemeinen nicht aus. Der Käufer braucht eine verläßliche Bestätigung, daß das Erzeugnis den gestellten Anforderungen entspricht. Da er die geforderten Produktmerkmale in den meisten Fällen nicht selbst ermitteln oder beurteilen kann, ist er auf Konformitätsnachweise des Herstellers oder einer neutralen, d. h. vom Hersteller unabhängigen Stelle angewiesen.

Angemessenes Vertrauen in bezug auf die Gleichwertigkeit der vorgelegten Nachweise soll durch anerkannte Regeln und vergleichbare Verfahren sichergestellt werden. Im einzelnen sind dies u. a. :
- Gründung einer europäischen Prüf- und Zertifizierungsorganisation (European Organization for Testing and Certification - EOTC).
- Aufbau von Akkreditierungssystemen für Prüflaboratorien und Zertifizierungsstellen.
- Anwendung der Normenreihe EN 45000, in der allgemeine Kriterien für die Begutachtung des organisatorischen Aufbaus, der Ausstattung mit Personal und technischen Einrichtungen sowie der Arbeitsweise von Prüflaboratorien, Akkreditierungs- und Zertifizierungsstellen enthalten sind.
- Anwendung der Normenreihe EN 29000, die Anforderungen an Qualitätssicherungssysteme festlegt.
- Beschreibung der Konformitätsbewertungsverfahren in EU-Richtlinien.

Auf der Basis dieser Richtlinien und Normen, aber auch der gemeinsamen und unterschiedlichen Interessen von Herstellern und Anwendern elektrotechnischer Produkte, kristallisieren sich Verfahren heraus, die einen verläßlichen Nachweis der Normenkonformität, Gebrauchstauglichkeit und Sicherheit der Betriebsmittel und Anlagen ermöglichen.

Im Rahmen des europäischen Prüf- und Zertifizierungswesens haben sich Organisation und Verfahren an der Forderung zu orientieren, den heute üblichen Qualitätsstandard mit angemessenem und wirtschaftlich vertretbarem Aufwand zu erhalten und falls erforderlich zu verbessern.

Der Wunsch, über das Prüf- und Zertifizierungswesen in Europa zu informieren, und erste Erfahrungen unter Fachleuten auszutauschen, führte zu der Idee, eine Fachtagung zum Thema "Europäisches Konzept für das Prüf- und Zertifizierungswesen, Nachweis der Sicherheit, Normenkonformität und Gebrauchstauglichkeit elektrotechnischer Produkte" zu veranstalten. Der Tagungsband, der vor der Veranstaltung herausgegeben wird, und als Vorbereitung der Diskussion dient, ist Grundlage des vorliegenden Fachbuchs.

Die Verwirklichung und praktische Durchführung dieser Idee ist durch die Vereinigte Elektrizitätswerke Westfalen AG aus Anlaß des Jubiläums "25 Jahre VEW-Prüffelder" möglich geworden. Mitträger der Veranstaltung ist der Verband Deutscher Elektrotechniker, VDE-Bezirksverein Rhein-Ruhr e. V.

Den Autoren der einzelnen Beiträge wird an dieser Stelle herzlich gedankt. Sie haben bereitwillig Informationen zum Thema aus ihrer jeweiligen Praxis als Hersteller und Betreiber elektrotechnischer Erzeugnisse oder als auf dem Gebiet tätige Fachleute von Behörden, Akkreditierungsstellen und von Prüf- und Zertifizierungsinstituten zur Verfügung gestellt. Die in deutscher Sprache vorgelegten Beiträge werden in unveränderter Form veröffentlicht. Die in anderen Sprachen vorliegenden Aufsätze wurden ins Deutsche übersetzt und in das Fachbuch eingefügt.

Voneinander abweichende Aussagen und unterschiedliche Begriffsdeutungen werden dazu beitragen, die Diskussion zu beleben.

Die Herausgabe des Buches wird durch zwei Forderungen bestimmt. Einmal dient es zunächst den Teilnehmern der Veranstaltung als Tagungsband. Es enthält im ersten Teil die Langfassungen der während der Tagung zu haltenden Referate. Darüber hinaus werden weitere Autorenbeiträge veröffentlicht, die sich kritisch mit der Prüf- und Zertifizierungspraxis und den sich in diesem Zusammenhang entwickelnden Verfahren in Deutschland und anderen europäischen Ländern auseinandersetzen.

Der Tagungsband wird den Teilnehmern rechtzeitig vor der Veranstaltung zugeschickt, so daß eine gezielte Information bzw. Vorbereitung auf die Diskussion möglich ist. Der VWEW-Verlag vertreibt das Buch anschließend auf dem Fachbuchmarkt. Die Leser haben die Möglichkeit, sich über den aktuellen Kenntnisstand zum Thema "Prüfen und Zertifizieren in Europa" umfassend zu informieren.

Der vorliegende Band gliedert sich in drei Abschnitte:
I. Grundlagen zum Europäischen Konzept für das Prüf- und Zertifizierungswesen
II. Erfahrungen und Meinungen zum Europäischen Konzept für das Prüf- und Zertifizierungswesen aus deutscher Sicht
III. Prüf- und Zertifizierungspraxis in anderen europäischen Ländern

Der Herausgeber bedankt sich bei den Herren Dr.-Ing. Robert Bach und Dipl.-Ing. Rainer Niehaus sowie bei Frau Monika Donkervoort für ihre wertvolle Mithilfe bei der Zusammenstellung des Buches.

Dortmund, im Juli 1994
Karl-Heinz Krefter

**Liste der Autoren**

Dr.-Ing. Robert Bach, VEW AG, Dortmund

Prof. Ing. Dr. phil. Gottfried Biegelmeier, CTI, Wien

Alan Bryden, EUROLAB, Paris

Alfred Christen, SEV, Zürich

John H. S. Craig, BASEC, Silbury Court

Dipl.-Ing. Wolfgang Degen, Siemens AG, Berlin

Dr.-Ing. Alfonso Caccia Dominioni, CESI, Mailand

M. J. van der Dussen, KEMA, Arnheim

Dr.-Ing. Thomas Facklam, DATech, Frankfurt

Ministerialrat Dipl.-Ing. Norbert Feitenhansl, ZLS - Bayerisches Staatsministerium, München

Dr.-Ing. Karl-Heinz Fellmann, Siemens AG, Nürnberg

Dr.-Ing. Hennig Gremmel, ABB CALOR-EMAG Schaltanlagen AG, Ratingen

Villy Hasemann, NKT Cables, Asnoes

Geert Van Hauwermeiren, Wirtschaftministerium Brüssel

Pentti Heikkilä, Stadtwerke Tampere

Dr.-Ing. S. Jankowicz, Warschau

Dipl.-Ing. Adolf Kachler, Siemens AG, Nürnberg

Obering. Dipl.-Ing. Karl-Heinz Krefter, VEW AG, Dortmund

Dipl.-Ing. Alfred Mörx, Wien

Dipl.-Ing. Thomas Niemand, VEW AG, Dortmund

Dipl.-Ing. Hans-Werner Riemer, Vorstandsmitglied der VEW AG, Dortmund

Gustav Rode, ALPHA, Frankfurt

Karl Maria Sailer, Wien

Professor Dr.-Ing. Karl-Heinz Schneider, FGH, Mannheim

Dipl.-Ing. Rolf-Dieter Steckel, ABB Kabel & Draht, Mannheim

M. Ing. A. Thorsteinsson, ISAC, Reykjavik

Dr.-Ing. Norbert Trapp, Siemens AG, Berlin

Dipl.-Ing. P. S. Unruh, VDE-Prüfstelle, Offenbach

Dr.-Ing. Hans-Jürgen Voß, Ritz Meßwandler GmbH & Co., Hamburg

# Inhaltsverzeichnis                                                                 Seite

**I  Grundlagen zum Europäischen Konzept für das Prüf- und**                           11
**Zertifizierungswesen**

Die Bedeutung des Prüf- und Zertifizierungswesens für Hersteller und An-               13
wender elektrotechnischer Produkte

*Dipl.-Ing. Hans-Werner Riemer, Vorstandsmitglied der VEW AG,*
*Dortmund*

EU-Richtlinien und die Normenreihe EN 45000 als Grundlage des Prüf-                    31
und Zertifizierungswesens in Europa

*Ministerialrat Dipl.-Ing. Norbert Feitenhansl, ZLS - Bayerisches*
*Staatsministerium, München*

Sicherheit und Gebrauchstauglichkeit durch Europäische Normen und                      79
Normenkonformität

*Professor Dr.-Ing. Karl-Heinz Schneider, FGH, Mannheim*

Akkreditierung und die gegenseitige Anerkennung in Europa                              101

*Dr.-Ing. Thomas Facklam, DATech, Frankfurt*

Die Rolle der traditionellen Sicherheitszeichen im Rahmen                              131
des europäischen Prüf- und Zertifizierungswesens

*Dipl.-Ing. P. S. Unruh, VDE-Prüfstelle, Offenbach*

Erfahrungen mit dem deutschen Akkreditierungssystem, dargestellt am                    179
Beispiel des Sektorkomitees Kabel und Leitungen

*Dipl.-Ing. Rolf-Dieter Steckel, ABB Kabel & Draht, Mannheim*

**II  Erfahrungen und Meinungen zum Europäischen Konzept für das**                     189
**Prüf- und Zertifzierungswesen aus deutscher Sicht**

Prüfen und Zertifizieren als Bestandteil der anwenderorientierten Quali-               191
tätssicherung im Bereich eines Energieversorgungsunternehmens

*Dr.-Ing. Robert Bach, Dipl.-Ing. Thomas Niemand, VEW AG, Dortmund*

Entwicklung und Praxis des Prüf- und Zertifizierungswesens im Bereich                  203
der Hochspannungs-Schaltanlagen

*Dipl.-Ing. Wolfgang Degen, Dr.-Ing. Norbert Trapp, Siemens AG, Berlin*

Kritische Betrachtung der Bedeutung und Problematik der Zertifizierung und Akkreditierung in der Einzelfertigung am Beispiel Leistungstransformatoren  221

*Dr.-Ing. Karl-Heinz Fellmann, Dipl.-Ing. Adolf Kachler, Siemens AG, Nürnberg*

Prüfen und Zertifizieren - PEHLA - Gesellschaft für elektrische Hochleistungsprüfungen  233

*Dr.-Ing. Hennig Gremmel, ABB CALOR-EMAG Schaltanlagen AG, Ratingen*

Prüfen und Zertifizieren als Nachweis der Sicherheit, Normenkonformität und Gebrauchstauglichkeit elektrotechnischer Produkte  237

*Obering. Dipl.-Ing. Karl-Heinz Krefter, VEW AG, Dortmund*

Ein Zertifizierungssystem für industrielle Niederspannungsgeräte  247

*Gustav Rode, ALPHA, Frankfurt*

Praxis des Prüf- und Zertifizierungswesens bei KG Ritz Meßwandler GmbH & Co  253

*Dr.-Ing. Hans-Jürgen Voß, Ritz Meßwandler GmbH & Co., Hamburg*

## III Prüf- und Zertifizierungspraxis in anderen europäischen Ländern  259

Allgemeine Gedanken über die Internationalisierung des elektrotechnischen Normen- und Prüfwesens aus der Sicht Österreichs  261

*Prof. Ing. Dr. phil. Gottfried Biegelmeier, Dipl.-Ing. Alfred Mörx und Karl Maria Sailer, Wien, Österreich*

Die Prüfung und Zertifizierung in Frankreich  271

*Alan Bryden, EUROLAB, Paris, Frankreich*

Das Prüf- und Zertifizierungswesen in der Schweiz  279

*Alfred Christen, SEV, Zürich, Schweiz*

Ein Überblick über die Prüfung und Zertifizierung im UK  291

*John H. S. Craig, BASEC, Silbury Court, England*

Die Entwicklung und Verwendung von Tests und Zertifizierungssystemen in Italien  297

*Dr.-Ing. Alfonso Caccia Dominioni, CESI, Mailand, Italien*

Die Bedeutung des Prüf- und Zertifizierungswesens für Hersteller und Anwender elektrotechnischer Produkte  311

*M. J. van der Dussen, KEMA, Arnheim, Niederlande*

Entwicklung und Praxis des Prüf- und Zertifizierungswesens in Dänemark  317

*Villy Hasemann, NKT Cables, Asnoes, Dänemark*

Akkreditierung und Zertifizierung in Belgien  323

*Geert Van Hauwermeiren, Wirtschaftsministerium Brüssel, Belgien*

Entwicklung und Praxis des Prüf- und Zertifizierungswesens in Finnland  331

*Pentti Heikkilä, Stadtwerke Tampere, Finnland*

Aktuelle Probleme der Zertifizierung und der Akkreditierung in Polen  335

*Dr.-Ing. S. Jankowicz, Warschau, Polen*

Änderungen bei der vorgeschriebenen Inspektion von Elektroinstallationen in Island  343

*M. Ing. A. Thorsteinsson, ISAC, Reykjavik, Island*

I. Grundlagen zum Europäischen Konzept für das Prüf- und Zertifizierungswesen

# Die Bedeutung des Prüf- und Zertifizierungswesens für Hersteller und Anwender elektrotechnischer Produkte

Dipl.-Ing. Hans-Werner Riemer, Vorstandsmitglied der VEW AG, Dortmund

Dipl.-Ing. Hans-Werner Riemer, Dortmund

# Die Bedeutung des Prüf- und Zertifizierungswesens für Hersteller und Anwender elektrotechnischer Produkte

## 1. Einleitung

Die europäische Integration hat sich über einen langen Zeitraum entwickelt. Dabei lag der Schwerpunkt zunächst auf der wirtschaftlichen Integration. Seit Inkrafttreten der Einheitlichen Europäischen Akte in 1987 wird der Einigungsprozeß beschleunigt vorangetrieben und auch die politische Zusammenarbeit in das System der bis zu diesem Zeitpunkt abgeschlossenen EU-Verträge einbezogen. Der Maastrichter Vertrag von Februar 1992 hat deshalb zum Ziel, die Europäische Gemeinschaft zu einer politischen Union und zu einer Wirtschafts- und Währungsunion zu entwickeln. Mit Inkrafttreten dieses Vertrages zum 01.01.1993 wurde der Europäische Binnenmarkt, eine der weltweit größten Freihandelszonen, eingeführt. Der Europäische Binnenmarkt soll den freien Verkehr von Personen, Waren, Dienstleistungen und Kapital zwischen den Mitgliedsländern der EU gewährleisten. Spätestens ab 1999 soll der ECU die Währungen der EU-Länder ersetzen. Darüber hinaus soll es zu einer gemeinsamen Außen- und Sicherheitspolitik und später zu einer gemeinsamen Verteidigungspolitik kommen. Die maßgeblichen Organe der EU sind der Rat, die Kommission, das Europäische Parlament und der Gerichtshof.

Der noch im Amt befindliche Präsident der europäischen Kommission, Jacques Delors, hat einmal gesagt: "Unsere Gemeinschaft ist nicht nur das Ergebnis der geschichtlichen Notwendigkeit, sondern auch unseres Willens". Betrachtet man die Energiewirtschaft, so stand meines Erachtens in den letzten Jahren mehr der Wille als die geschichtliche Notwendigkeit im Vordergrund. Diesen Willen haben wir deutlich zu spüren bekommen. Ohne weltweit vorliegende langfristige Erfahrungen will man das bewährte System der geschlossenen Versorgungsbereiche verlassen und sieht den Europäischen Energiebinnenmarkt erst dann als vollendet an, wenn die

Energieversorgung in möglichst freiem Wettbewerb erfolgt. Anstatt hierfür Rahmenbedingungen festzulegen, die zu einem fairen Wettbewerb führen, den auch die Energieversorger akzeptieren würden, wird jedoch in den diesbezüglichen Richtlinienentwürfen ein Regulierungsbedarf erzeugt, der die eventuellen Vorteile eines Wettbewerbssystems zunichte machen würde. Derzeit wird unter falsch verstandener Subsidiarität auf EU-Ebene ein System präferiert, daß es den EU-Länder erlaubt, selber festzulegen, ob die Energieversorgung im eigenen Land unter dem Deckmantel des sogenannten "Service Public" in einem staatlichen Monopol oder in einem Wettbewerbssystem durchgeführt wird. Die Begründung hierfür ist aus meiner Sicht die Erkenntnis, daß ein einheitlicher Wettbewerbsmarkt im Energiebereich in Gesamteuropa kaum durchsetzbar ist, und daß ein solches System bereits als ausreichender Fortschritt angesehen wird. Klar ist, daß in einem einseitigen Wettbewerb die liberaleren Energiewirtschaften, wie beispielsweise die deutsche Elektrizitätswirtschaft, Nachteile haben werden. Das BWMi hat deshalb einen eigenen Entwurf für eine Richtlinie als Vorschlag der deutschen EU-Ratspräsidentschaft erarbeitet. Dieser Entwurf entspricht inhaltlich einem weitgehenden Liberalisierungskonzept. Inwieweit dieser Entwurf Akzeptanz finden wird, bleibt abzuwarten.

Parallel zu den Vorgängen in der EU werden nationale Liberalisierungsbestrebungen vorangetrieben. Hierzu legte Ende September letzten Jahres das BWMi einen Gesetzesentwurf zur Neuregelung des Energiewirtschaftsrechts vor. Dieser übergeordnete Gesetzesentwurf beinhaltet im wesentlichen Vorschläge zur Novellierung des Energiewirtschaftsgesetzes und zur Änderung des Kartellrechts im Gesetz gegen Wettbewerbsbeschränkungen, die zur Zeit intensiv und zum Teil kontrovers diskutiert werden. Dabei zeichnet sich insbesondere ein bleibender Dissens zwischen dem Bestreben, durch Liberalisierung auf allen Marktstufen einen Wettbewerb zu erreichen, und dem Wunsch der Kommunen nach weitestgehendem Schutz der kommunalen Versorgungsunternehmen ab. Der Entwurf als Ganzes wird vom Bundesverband der Deutschen Industrie nachdrücklich begrüßt.

Allgemein ist festzustellen, daß die EVU nach zunächst kritischer Distanz dazu übergegangen sind, sich auf diese neue Situation einzustellen. Merkmale hierfür sind beispielsweise die Zunahme von strategischen Allianzen zur Stärkung der eigenen

Wettbewerbsfähigkeit und die Anstrengungen vieler Unternehmen zur Verbesserung ihrer innerbetrieblichen Kostenstruktur.

Ein weiteres Element, welches die EVU bezüglich des Eintritts in den EU-Binnenmarkt betrifft, ist die EU-Sektorenrichtlinie für die Auftragsvergabe. Gerade unter dem Aspekt eines erweiterten Marktes kommt dem Nachweis von Normenkonformität, Sicherheit und Gebrauchstauglichkeit elektrotechnischer Produkte und somit dem Europäischen Konzept für das Prüf- und Zertifizierungswesen eine große Bedeutung zu. In diesem Beitrag soll daher darüber berichtet werden, welchen Einfluß die EU-Sektorenrichtlinie auf die deutschen EVU hat und wie man der Anwendung des europäischen Prüf- und Zertifizierungskonzeptes gegenübersteht.

## 2. EU-Sektorenrichtlinie für die Auftragsvergabe

Die Staaten der Europäischen Union stellen die wichtigsten Wirtschaftspartner für die Bundesrepublik Deutschland dar. Seit Jahren wird mehr als die Hälfte des bundesdeutschen Außenhandels mit den EU-Staaten abgewickelt. 1995 werden mehr als 56 % des deutschen Exports in EU-Staaten fließen und mehr als 59 % des Gesamtimports aus unseren europäischen Partnerländern stammen. Aufgrund des relativ geringen internationalen Transfers und Handels mit elektrischer Energie hat die Einführung des Europäischen Binnenmarktes und liberalisierter Märkte mit harmonisierten Rahmenbedingungen keine herausragende Bedeutung für die deutsche Energiewirtschaft.

Ein Teilziel auf dem Weg zu einem freien Waren- und Dienstleistungsverkehr ist die europaweite Ausschreibung von öffentlichen Aufträgen. Die im Jahr 1990 in der sogenannten Sektorenrichtlinie des Rates (90/531/EWG) von der EU-Kommission getroffenen Festlegungen für die Auftragsvergabe durch Auftraggeber im Bereich der Wasser-, Energie-, und Verkehrsversorgung sowie im Telekommunikationssektor legt Grundsätze für die Realisierung von Großprojekten in staatlichen und öffentlichen Unternehmen fest. Der Anteil der öffentlichen Unternehmen am Bruttosozialprodukt der EU-Staaten liegt heute bei etwa 10 %, was einem Gesamtvolumen von 600 Mrd. ECU pro Jahr entspricht. Ein Sechstel dieser Ausgaben, also etwa 100

Mrd. ECU unterliegen der Richtlinie zur Liberalisierung der öffentlichen Auftragsvergabe. Die Richtlinie schreibt für diese Sektoren bei Liefer- und Dienstleistungsaufträgen mit einem Umfang von mehr als 400 Tsd. ECU und bei Bauaufträgen über 5 Mio. ECU genaue Verfahrensabläufe für die Veröffentlichung der Ausschreibung, für die Auftragsvergabe, die Auftragsabwicklung und die staatliche Überwachung vor. Diese Grenzen gelten für Einzelaufträge genauso wie für Rahmenübereinkünfte und Lieferabkommen für Jahresbestellungen.

Die EU-Sektorenrichtlinie sollte bereits zum 01. Juli 1992 in nationales deutsches Recht umgesetzt und ab dem 01. Januar 1993 angewandt werden. Die Umsetzung erfolgte aber erst verspätet im März dieses Jahres, nachdem die Bundesregierung ihre Beratungen über die Vergabeverordnung (VgV) und die Nachprüfungsverordnung (NpV) abgeschlossen und durch Veröffentlichung im Bundesanzeiger in Kraft gesetzt hatte. Die Bestimmungen für Dienstleistungen sind zur Zeit noch in der Diskussion. Nach derzeitigem Beratungsstand wird unterschieden zwischen Dienstleistungen gewerblicher Unternehmen, die in den Anwendungsbereich der erweiterten Verdingungsverordnung für Leistungen (VOL/A) fallen, und freiberuflichen Dienstleistungen, die in einer eigenen Verdingungsverordnung geregelt (VOF) werden. Mit einer Umsetzung ist frühestens in der zweiten Jahreshälfte 1994 zu rechnen. Die Bundesregierung erwartet zusätzlich eine bevorzugte Berücksichtigung von ostdeutschen Anbietern bei Ausschreibungen im öffentlichen Auftragswesen, nachdem sie ihr Programm zur "Absatzförderung von Ostprodukten" bis 1995 verlängerte.

Europaweite Ausschreibungen können einerseits zu mehr Wettbewerb und möglicherweise kostengünstigerer Realisierung führen, bergen jedoch andererseits die Gefahr von erhöhtem organisatorischen Aufwand und einer mit höherem Kostenaufwand für Lagerhaltung verbundenen größeren Zahl von Betriebsmitteltypen. Um einen transparenten Markt und Chancengleichheit der Anbieter zu erreichen, muß die Gleichheit der Produkte in Hinsicht auf Qualität, Sicherheit, Zuverlässigkeit, Instandhaltbarkeit, Umweltverträglichkeit und Wirtschaftlichkeit gewährleistet sein. Dies setzt ein funktionierendes System von EU-weit gültigen Normen, Prüf- und Beurteilungsverfahren voraus. Die internationalen Normungsgremien stehen damit vor der diffizilen Aufgabe, die Flut der nationalen Standpunkte zu vereinigen und eine gemeinsame Basis zu finden. Während im Bereich der sicherheitsrelevanten Normen bereits große Fortschritte erreicht wurden, sind dagegen im Bereich der Gerätenormung noch enorme Anstrengungen nötig. Parallel dazu haben sich internationale bzw. europäische Standards für Qualitätssicherungssysteme (DIN ISO 9000 ff.) und für das Prüf- und Zertifizierungswesen (EN 45000 ff.) entwickelt, die nun im EU-weiten Beschaffungsmarkt die Materialauswahl und Beurteilungen von Produkten regeln.

Grundaussage der Richtlinie für die EU-weite Auftragsvergabe ist die Chancengleichheit aller Anbieter bei der Teilnahme an öffentlichen Ausschreibungen mit voller Transparenz der Vergabemodalitäten. Diese offene Marktgestaltung soll durch eine Veröffentlichungspflicht der Auftraggeber für ihren Jahresbedarf an Beschaffungen und Bauvorhaben sowie für große Einzelprojekte erreicht werden. Die Sektorenrichtlinie läßt den öffentlichen Unternehmen die Wahl zwischen drei verschiedenen Verfahren für die Vergabe von Aufträgen. Neben einem Verfahren mit öffentlicher Ausschreibung eines Projektes werden im nichtoffenen Verfahren von den Unternehmen bestimmte Anbieter aufgefordert, ein Angebot zu unterbreiten. Das dritte Verfahren läßt konkrete Verhandlungen mit zuvor ausgewählten Anbietern zu. Diese flexible Gestaltungsmöglichkeit bietet den Auftraggebern die Möglichkeit, praxisnahe und bewährte Vergabeverfahren beizubehalten. Dem nichtoffenen Verfahren und dem Verhandlungsverfahren kann eine Lieferantenprüfung in Form einer Präqualifikation vorausgehen, die ebenfalls der Veröffentlichungspflicht unterliegt. Das erfolgreiche Bestehen des Qualifikationsverfahrens kann vom Auftraggeber als Voraussetzung für die Teilnahme an einem der beiden letzteren Vergabeverfahren angesehen werden. Nichtqualifizierte Unternehmen sind dann von der Auftragsvergabe ausgeschlossen.

Für die deutschen Energieversorgungsunternehmen stellt sich die Frage, ob die angestrebten Wettbewerbsvorteile die erhöhten Aufwendungen bei der Anwendung der Sektorenrichtlinie aufwiegen. Aufgrund politischer Vorgaben von europäischer und nationaler Seite besteht für die Elektrizitätswirtschaft ab einer bestimmten Größenordnung der zu beschaffenden Betriebsmittel und Materialien, unabhängig von der Wirtschaftlichkeit der Vergabeverfahren, keine andere Möglichkeit für die Vergabe von Liefer- und Bauaufträgen.

## 3. Technische Spezifikationen und Normen

Die elektrotechnische Normung durch den VDE hat in Deutschland eine fast 100jährige Tradition.

- Normung erfüllt seit jeher keinen Selbstzweck, sondern fixiert technische Vereinbarungen zwischen Anbietern und Auftraggebern.
- Normen ermöglichen Chancengleichheit durch harmonisierte Rahmenbedingungen.
- Normung bietet eine öffentliche Plattform für technische Innovationen.
- Normung stellt ein Instrument der Unternehmensführung und der Steuerung ganzer Wirtschaftszweige dar.
- Normen spiegeln den aktuellen Stand der "Regeln der Technik" wieder.

Diese anerkannten Regeln der Technik werden von ehrenamtlichen Experten in Konsensgesprächen mit dem Prinzip der Freiwilligkeit erarbeitet. Die Fachöffentlichkeit hat die Möglichkeit, Einsprüche geltend zu machen und auf diesem Weg die Ergebnisse mitzugestalten. Diese weitreichenden Grundsätze der Normung signalisieren den hohen Anspruch, der an die Festlegung dieser Regeln der Technik gestellt wird.

Die staatliche Verantwortung für die Belange der Allgemeinheit und für den Verbraucherschutz äußert sich im deutschen Gerätesicherheitsgesetz, aufgrund dessen elektrotechnische Erzeugnisse nur dann in Verkehr gebracht, errichtet und betrieben werden dürfen, wenn sie den anerkannten Regeln der Technik entsprechen. Bei der für die Erzeugnisse vorgesehenen Verwendung muß neben der Erhaltung von Sachwerten vor allem die Sicherheit von Menschen und Tieren gewährleistet sein. Durch diese Generalklausel sind die Rechtsvorschriften an die fortschreitende Entwicklung der Technik angelehnt und werden nicht mit technischen Details überladen. Dieses flexible System mit Anlehnung an allgemein gültige Normen schafft die Voraussetzung für technische Innovation.

Auch auf europäischer Ebene vollzieht sich seit langem ein Normungsprozeß, der analog zu den guten nationalen Erfahrungen auf dem Grundsatz der Freiwilligkeit der Normung beruht und die Harmonisierung unterschiedlicher Rechtsvorschriften der EU-Mitgliedsstaaten zum Ziel hat. Parallel dazu, hat die EU-Kommission

Rechtsvorschriften in Form von Richtlinien erarbeitet, die grundlegende Sicherheitsanforderungen an Erzeugnisse, beispielsweise hinsichtlich elektromagnetischer Verträglichkeit oder des Arbeitsschutzes, festlegen. Ein weiteres erfolgreiches Beispiel dieser Rechtsvorschriften ist die Niederspannungsrichtlinie von 1973, in der auf elektrotechnische Einzelheiten zugunsten allgemeiner normativer Grundideen verzichtet wurde. Die europäische Regelsetzung befaßt sich neben den klassischen Normungsgebieten wie Betriebsmittel-, Industrie- und Errichtungsnormen vor allem mit Gesichtspunkten wie Qualitätsmanagement, Prüfverfahren für Betriebsmittel und dem Umweltschutz. Immer häufiger ist eine entwicklungsbegleitende Normung notwendig, die bei großen technischen Projekten Schnittstellen definiert, technische Neuerungen fixiert und diese der Fachöffentlichkeit zugänglich macht. Die von den europäischen Normungsinstitutionen CEN und CENELEC verabschiedeten Normen stellen keine zusätzlichen Vorschriften dar, sondern treten an die Stelle der nationalen Regelungen. Die Mitgliedsstaaten übernehmen identische Texte in ihre nationalen Normenwerke oder erkennen die Europanormen direkt an. Auch Staaten aus Mittel- und Osteuropa orientieren sich stark an den Europäischen Normen, die auf diesem Weg die Grenzen der EU-Mitgliedsstaaten überschreiten. Auf diese Weise kommt der Technik eine Vorreiterrolle für die multinationale Annäherung auf europäischer Ebene zu.

Auf europäischer Ebene entsteht ein technisches Regelwerk, wie es in seiner Vollständigkeit vorher noch in keinem der Mitgliedsländer erreicht wurde. Nach dem Abschluß des organisatorischen Aufbaus der Normungsinstitutionen und nach der Zusammenstellung der für die Erarbeitung der Normen eingesetzten technischen Komitees steht im nächsten Schritt die Überprüfung der Widerspruchsfreiheit, Einheitlichkeit und Anwenderfreundlichkeit der Normen im Vordergrund. Im elektrotechnischen Bereich zeigt sich der angestrebte hohe Harmonisierungsgrad darin, daß heute nahezu alle nationalen Normentwürfe auf europäischen oder internationalen Vorlagen basieren. Dieser Verlust von nationaler Normungssouveränität kann nur durch intensive Mitgestaltung auf europäischer Ebene aufgewogen werden.

Notwendig ist jedoch die weitere aktive Mitarbeit deutscher Fachleute in den Komitees, die neben ihrem Fachwissen und ihrer Erfahrung über zusätzliche Qualifikationen verfügen müssen. Diese Ingenieure müssen die Bereitschaft zur Mobilität zeigen und Auslandsaufenthalte nicht als Last empfinden, sondern als Möglichkeit zur Erweiterung ihres eigenen Horizonts. Neben der Fähigkeit zur Kommunikation in ihrer Muttersprache, in Englisch und weiteren europäischen Sprachen müssen die Ingenieure Interesse an über die eigenen nationalen Belange hinausgehenden Aufgabenstellungen zeigen und die Fähigkeit des interdisziplinären, abstrakten und ganzheitlichen Denkens besitzen. Die Beteiligung von Fachleuten verschiedener Nationalitäten an den Komitees und Arbeitsgruppen verbessert die Verständigung untereinander und stellt so eine wichtige vertrauensbildende Maßnahme zwischen den Nationen dar.

Auch auf internationaler Ebene sind starke Normungsaktivitäten durch ISO und IEC zu verzeichnen, die eng mit denen von CEN und CENELEC koordiniert sind. Nach ihrer Vereinbarung über "Parallel Voting" übernimmt CENELEC nahezu alle elektrotechnischen Normen der IEC. Zwischen diesen Normungsinstitutionen wurde bereits ein hoher Harmonisierungsgrad erreicht, so daß schon heute bei CENELEC 95 % der Europäischen Normen mit IEC-Normen zusammenhängen. Wichtig ist dabei die Koordination der Aktivitäten, die die zeitlichen, technischen und politischen Einflußfaktoren berücksichtigt. Inhomogenitäten dieser Art führen zu ungleichen Bedingungen für die Teilnehmer am Weltmarkt und so zu einer unbeabsichtigten Wettbewerbsverzerrung zu Lasten einzelner. Gerade für die exportorientierte Wirtschaft der Bundesrepublik Deutschland ist die Erschließung von Wachstumsmärkten wie dem mittleren und fernen Osten und die damit einhergehende Angleichung der Normen auf internationaler Ebene von entscheidender Bedeutung.

Die europäische und internationale Normung beinhaltet den jeweils kleinsten gemeinsamen Nenner und bietet Freiraum für nationale Gesetze und Vorschriften und weitergehende anwenderspezifische Regelungen. Zusätzliche technische Spezifikationen und unternehmensinterne Werknormen des Auftraggebers gewinnen zunehmend an Bedeutung. Unter technischen Spezifikationen versteht man die auf ein Projekt bezogene Beschreibung technischer Details, während konzernweit gültige Werknormen allgemeine Bestimmungen, Richtlinien und Empfehlungen für die Planung, den Bau, den Betrieb und die Instandhaltung der technischen Anlagen festlegen.

Normung darf nicht über ihr Ziel hinausgehen und Restriktionen legalisieren, die zur Hemmung der Fortschritts und des Wettbewerbs führen. Normung muß sinnvoll gestaltet sein und muß der technischen Innovation den nötigen Freiraum bieten, sich voll entfalten zu können. Das Ungleichgewicht durch unterschiedliche gesetzliche Rahmenbedingungen in der Phase der Einführung des Europäischen Binnenmarktes stellt eine hohe Bürde für die bundesdeutsche Wirtschaft dar. Gerade das deutsche Exportrecht und das Umweltrecht wirken verzögernd und blockierend, wenn es darum geht, neue Technologien zu entwickeln, zu vermarkten und zu realisieren. Bisher konnte die deutsche Wirtschaft diese Form der Wettbewerbsverzerrung größtenteils durch ihr hohes technologisches Niveau kompensieren. Sie gerät aber zunehmend unter Preisdruck gegenüber den Vereinigten Staaten, Japan und weiteren aufstrebenden Staaten des Fernen Ostens.

**4. Akkreditierung und Zertifizierung**

Das am Markt wirksam werdende Kaufinteresse wird von verschiedenen Faktoren beeinflußt, so daß Interessenten ihre Kaufentscheidungen nach unterschiedlichen Gesichtspunkten treffen. Neben variierenden Kaufpreisen der Produkte und logistischen Unterschieden ist vor allem die Qualität der Erzeugnisse entscheidend. Diese wird häufig durch optische Beurteilung, durch stichprobenartige Wareneingangsprüfungen oder umfangreiche Produktprüfungen festgestellt. Aber auch positive oder negative Erfahrungen mit anderen Produkten eines Anbieters oder dessen guter Name lassen die Kaufentscheidung zu Gunsten des einen oder eines anderen Herstellers ausfallen. Voraussetzung für den reibungslosen Ablauf der am Markt getätigten Geschäfte ist die Übereinkunft und die vertrauensvolle Wechselbeziehung der Wirtschaftssubjekte. Analog benötigt der europäische Binnenmarkt für industrielle Erzeugnisse Instrumente der Vertrauensbildung zur Schaffung von Markttransparenz und zum Abbau von Inhomogenitäten.
Die EU-Kommission stellt in ihrem globalen Konzept für Zertifizierung und Prüfwesen (89/C 267/03 vom 19.10.1989) die bereits erwähnte Produktnorm als eine Voraussetzung für die Vertrauensbildung dar. Normgerechte Erzeugnisse nach anerkannten Regeln der Technik genießen das Vertrauen der Käufer. Als zweites

vertrauensbildendes Instrument ist ein funktionierendes Qualitätsmanagementsystem des Anbieters unerläßlich, das den gleichbleibenden qualitativen Standard der Produkte sicherstellt. Für ein am Markt angebotenes industrielles Erzeugnis reicht aber eine einfache Produktbeschreibung oder eine optische Beurteilung nicht aus. Der Käufer erwartet eine verläßliche Bestätigung der Sicherheit, Funktionalität und Zuverlässigkeit der Produkte. Dafür kann er entweder auf eine Konformitätserklärung des Herstellers vertrauen, der mit seinem guten Namen für Produkteigenschaften und Normenkonformität bürgt, oder auf das Urteil einer unabhängigen Stelle, der zuvor von dritter Seite die Kompetenz für die Beurteilung solcher Erzeugnisse bestätigt wurde. Demgemäß stellt die Schaffung von Zertifizierungsstellen für die Überwachung von Prüflaboratorien und für die Überprüfung von Qualitätsmanagementsystemen der Hersteller das dritte Instrument der Vertrauensbildung dar. Dieses Netz akkreditierter Laboratorien bietet die unabhängige Basis für die Beurteilung industrieller Erzeugnisse und trägt so zur Homogenität des Marktes bei. Die EU-Kommission fördert den Aufbau nationaler Akkreditierungssysteme in den Mitgliedsstaaten auf der Grundlage der Normenreihe EN 45000 und die Annäherung der Institutionen auf europäischer Ebene.

Die Akkreditierung von Prüflaboratorien und Zertifizierungsstellen durch neutrale Stellen erfordert die regelmäßige Überprüfung der fachlichen Kompetenz nach veröffentlichten Kriterien. Für die Akkreditierung von Laboratorien und Zertifizierungsstellen im Bereich der Technik ist in der Bundesrepublik die Deutsche Akkreditierungsstelle Technik (DATech) unter dem Dach des Deutschen Akkreditierungs Rates (DAR) zuständig. Der Deutsche Akkreditierungs Rat wurde 1991 vom Bund, den Ländern und der Industrie gegründet und ist paritätisch mit Vertretern staatlicher Akkreditierer und Vertretern der Akkreditierungsstellen des nicht gesetzlich geregelten Bereiches besetzt. Der DAR koordiniert die nationalen Aktivitäten im gesetzlich geregelten und gesetzlich nicht geregelten Bereich durch Festsetzung allgemeiner Regelungen zur Umsetzung von Normen und wirkt bei der Abstimmung der multilateralen Anerkennung der Prüf- und Zertifizierungsstellen und deren Akkreditierungen mit. Die Grundlagen der Akkreditierung einzelner technischer Sachgebiete werden zur Zeit in den sechs Sektorkomitees der DATech bearbeitet. Die DATech spricht den positiv begutachteten Laboratorien die formelle Anerkennung in Form einer für alle Bereiche des DAR einheitlichen Akkreditierungsurkunde aus.

Die Begutachtung von industriellen Erzeugnissen hinsichtlich der Sicherheit, Normenkonformität und Gebrauchstauglichkeit besteht aus einzelnen Modulen, die sich auf die Entwicklungsstufe des Produktes, die Art der Bewertung und die bewertende Stelle beziehen. Die Auswahl der zu prüfenden Module unterliegt der Abstimmung zwischen Anbieter und Auftraggeber, die sich im einfachsten Fall auf eine Konformitätserklärung des Herstellers oder auf ein Zertifikat einer neutralen Stelle einigen können. Es ist offensichtlich, daß in den meisten Fällen der Auftraggeber über die Vorgaben entscheidet. Die auf wenige Baumuster beschränkten Prüfungen reichen allein nicht aus, die Erfüllung der Vorgaben für die gesamte gefertigte Produktserie zu beweisen. Dazu ist zusätzlich der Nachweis über ein funktionierendes Qualitätsmanagementsystem des Herstellers erforderlich, das der Normenreihe DIN ISO 9000 entspricht. Die Zertifizierung eines Qualitätsmanagementsystems stellt im Gegensatz zur Produktzertifizierung einen indirekten Konformitätsnachweis dar. Wir sehen die Sicherung der Produktqualität heute als ein Instrument der Unternehmensführung an, das als Qualitätsmanagementsystem in der Ablauforganisation verankert und dessen psychologische Komponente auf allen organisatorischen Ebenen verinnerlicht werden muß. Qualitätspolitik als eines der strategischen und taktischen Ziele erfordert eine systematische Implementation von Qualitätsprozessen im Rahmen der Ablauforganisation eines Unternehmens.

Ein herstellerorientiertes Qualitätsmanagement nach DIN ISO 9001 optimiert die Planungs- und Fertigungsverfahren und stellt sicher, daß die Produkte den an sie gestellten Anforderungen entsprechen. Die Produkteigenschaften werden zwischen Hersteller und Auftraggeber abgestimmt und entsprechen neben vorgegebenen technischen Spezifikationen, nationalen oder internationalen Normen den entsprechenden gesetzlichen Vorgaben. Die Qualität der Produkte und Dienstleistungen stellt einen grundlegenden Faktor der ökonomischen Leistungsfähigkeit eines Unternehmens dar. Der durch verschiedene Faktoren beeinflußte Qualitätsprozeß zielt darauf, die Unzulänglichkeiten der beteiligten Menschen zu vermindern und komplizierte organisatorische und administrative Abläufe zu vereinfachen. Ebenso müssen strategische und taktische Unternehmensentscheidungen die Ziele des

Qualitätsmanagements berücksichtigen. Die Überprüfung des Herstellungsprozesses industrieller Erzeugnisse kann durch neutrale Stellen wie der Deutschen Gesellschaft zur Zertifizierung von Qualitätssicherungssystemen (DQS) oder vergleichbare Zertifizierungsstellen erfolgen.

Ergänzt wird diese Qualitätssicherung beim Herstellungsprozeß durch ein anwenderorientiertes Qualitätsmanagement, das beim Anwender zusätzliches Vertrauen in die eingesetzten Betriebsmittel und Anlagen schafft. Der Anwender hat die Möglichkeit, in seinem Unternehmen einzusetzende oder bereits in Betrieb befindliche Betriebsmittel und Anlagen durch qualitätsvergleichende Untersuchungen, Wareneingangs- und betriebsbegleitende Prüfungen oder durch Störungs- und Schadensanalysen zu beurteilen. Neben einer gezielt auf den Einsatz abgestimmten Auswahl der Betriebsmittel und Anlagen und exakten Darstellung der für das Produkt bestehenden technischen Spezifikationen wirkt der Anwender durch die Beurteilung der Herstellungsverfahren direkt auf den Qualitätsprozeß des Lieferanten ein. Diese Präqualifikation erfolgt in der Regel in mehreren Stufen: Nach einer Vorprüfung der interessierten Lieferanten anhand vorhandener Unterlagen und auszufüllender Fragebögen ist die Beurteilung des Herstellungsverfahrens durch Werksbesuche und Produktprüfungen vorsehen. An diese Schritte kann sich die Erteilung von Probeaufträgen und die Aufnahme in die Liste zugelassener Lieferanten anschließen. Die Prüfungen sind auf die individuellen Anforderungen der Anwender abgestellt.

## 5. Bedeutung für Hersteller und Anwender

Auch im Bereich der elektrischen Energietechnik gilt die Koordination zwischen den Qualitätsmanagementsystemen der Hersteller und Anwender als ein wichtiges Instrument der Unternehmensführung. Der in Energieversorgungsunternehmen ständig wiederkehrende Bedarf bestimmter hochwertiger und langlebiger Materialien und Betriebsmittel erfordert Investitionen in einer enormen Größenordnung. Bei der Vorbeugung gegen Serienschäden aufgrund falscher Kaufentscheidungen ist die Qualität, Sicherheit und Funktionalität der Betriebsmittel und Anlagen entscheidend für die Bindung des Kapitals und die Erhaltung der Substanz eines Unternehmens. Besonders vor dem Hintergrund der EU-Sektorenrichtlinie für die europaweite

Auftragsvergabe öffentlicher Unternehmen muß der einheitliche Standard der Erzeugnisse aus allen Teilen der Gemeinschaft sichergestellt sein. Dies erfordert die Koordination und gegenseitige Anerkennung der Akkreditierungsverfahren zwischen den Mitgliedsstaaten. Wenn das Niveau an Versorgungszuverlässigkeit und Betriebssicherheit der deutschen EVU gehalten werden soll, darf durch die neuen Vorgaben ebensowenig die reibungslose Betriebsführung als auch der wirtschaftliche Betrieb der Anlagen und Versorgungsnetze beeinträchtigt werden.

Öffentliche Auftraggeber im Bereich der Energieversorgung sehen sich in Zukunft einer Vielzahl von Auftragnehmern aus allen Teilen Europas gegenüber, unter denen ihr Bedarf an Materialien mit dem Grundsatz der Gleichbehandlung ausgeschrieben werden muß. Die Abwicklung des Prüfungsverfahrens bedingt einen mit zusätzlichen Kosten verbundenen hohen organisatorischen Aufwand. Diese Mehrkosten relativieren sich jedoch mit dem Grad der Umsetzung der Beschaffungsrichtlinie und stehen Kostenvorteilen durch einen erhöhten Wettbewerb gegenüber. Im Idealfall kann aufgrund vorhandener Produktzertifikate auf die Überprüfung der Erzeugnisse seitens des Auftraggebers verzichtet werden.

Für die Auftraggeber bieten sich daraus Kostenvorteile, die allerdings Nachteilen auf technischer Seite gegenüberstehen. Qualitätsvergleichende Untersuchungen, Wareneingangs- und betriebsbegleitende Prüfungen und Störungs- und Schadensanalysen ermöglichen dem Betreiber energietechnischer Übertragungs- und Versorgungsnetze die Erarbeitung von Know-how auf allen Ebenen der eingesetzten technischen Materialien. Diese intimen Kenntnisse über Betriebsmittel und Anlagen sind die Garanten für den wirtschaftlich erfolgreichen Betrieb unserer Netze auf technisch hohem Niveau. Mit dem vollständigen Wegfall dieser Produkt- und Materialprüfungen geht den Netzbetreibern die Möglichkeit verloren, in Zukunft weiterhin direkten Einfluß auf Entwicklungstendenzen zu nehmen. Daraus entsteht die Gefahr der einseitigen Marktgestaltung mit Schwerpunkt auf der Angebotsseite, während die Nachfrageseite aufgrund der Know-how-Nachteile an Gewicht verliert. Eine solche langfristige und schleichende Entwicklung kann zu einer Hemmung der technischen Innovation anwachsen. Dieser Tendenz gilt es durch Ersatzmaßnahmen wie Qualifizierung der eigenen Mitarbeiter, Mitgestaltung von europäischen und internationalen Normen und Einflußnahme auf die Forschungs- und Entwicklungsaktivitäten der Hersteller elektrotechnischer Erzeugnisse entgegenzuwirken. Ein derartiger Wissenstransfer zwischen der herstellenden Industrie und den Anwendern sichert den beteiligten Unternehmen auch in Zukunft Wettbewerbsvorteile.

Die zukünftige Zusammenarbeit von Herstellern und Anwendern im EU-Binnenmarkt setzt ein allseits anerkanntes, objektives und neutrales System von Akkreditierung, Produktprüfung und -zertifizierung voraus, das das unumschränkte Vertrauen aller Beteiligten genießt. Der gute Name eines Herstellers allein reicht nicht mehr aus, die Kaufentscheidung zu beeinflussen. Statt dessen werden von den Auftraggebern Konformitätserklärungen oder durch neutrale Prüflaboratorien vergebene Produktzertifikate verlangt, die den Vergleich mit Alternativangeboten ermöglichen.

Die derzeitige Vielfalt der Erzeugnisse durch multinationale Angebote in einem noch nicht harmonisierten Binnenmarkt soll in Zukunft durch ein Angebot von substituierbaren Produkten mit festgeschriebenen Schnittstellen in einem vollständig harmonisierten Markt ersetzt werden. Das für die geringere Produktvielfalt nötige Potential an Entwicklungsbreite kann dann in eine höhere Entwicklungstiefe umgesetzt werden. Die Folge für die Hersteller sind kürzere Entwicklungs- und Produktionszeiten, bessere Produkte kürzere Innovationszyklen und geringere Kosten. Überdies sinkt der Aufwand für die Produktion, die Logistik und den Vertrieb. Es wird deutlich, daß die Maßnahmen zur Harmonisierung der Produktanforderungen positiv auf die Wirtschaftlichkeit des Europäischen Binnenmarktes wirken .

Wie auch in anderen Wirtschaftsbereichen ist das Produktzertifikat für elektrotechnische Erzeugnisse als Werbeträger erfolgreich und zeigt die Konformität des so gekennzeichneten Erzeugnisses mit den für die Produktgruppe bestehenden Vorschriften und Normen an. Der Anwender kann somit auf die Sicherheit und Gebrauchstauglichkeit der gekennzeichneten Erzeugnisse vertrauen.

Der freie Warentransfer zwischen den Mitgliedsstaaten der europäischen Union wird durch die Einführung des CE-Zeichens erleichtert. Erzeugnisse aus Staaten der Europäischen Union tragen das CE-Zeichen ebenso wie Importe aus Drittstaaten. Hersteller erklären so die Konformität ihrer Produkte mit den Anforderungen der EU-Rechtsvorschriften, wie zum Beispiel der Niederspannungs- oder der EMV-Richtlinie, die sich weitgehend auf Aussagen zur Sicherheit beschränken. Für die Anwenderseite ersetzt das CE-Zeichen nicht das Produktzertifikat eines neutralen

Prüflaboratoriums, das weitergehende Aussagen zur Zuverlässigkeit, Gebrauchstauglichkeit und umfassende Normenkonformität der Erzeugnisse liefert.

## 6. Ausblick

Mit Beginn der Einführung des Europäischen Binnenmarktes stehen die Elektrizitätswirtschaft und die Elektroindustrie heute vor umfangreichen Veränderungen. Die zur Zeit inhomogenen Rahmenbedingungen zu Lasten der deutschen Wirtschaft müssen in den kommenden Jahren korrigiert werden. Es gilt, die zukünftige Entwicklung aktiv mitzugestalten und das eigene Wissen und die vorhandene weitreichende Erfahrung in den Harmonisierungsprozeß einzubringen. Dabei müssen wir auch von unseren europäischen und internationalen Partnern lernen und deren Standpunkte akzeptieren. Hauptziel muß es sein, auf der Basis vernünftiger Kompromisse ein technisches und ökonomisches Gesamtoptimum für unseren und andere Wirtschaftsbereiche zu finden, das Vorteile für alle Teilnehmer am gemeinsamen Markt bietet. Dazu rufe ich auf.

Die Zukunft liegt vor uns - Wir müssen sie gestalten!

**Literatur:**

- DIN, "Geschäftsbericht 1993/94", DIN 1994
- ELSECOM, "1993-95 Strategy", ELSECOM 1994
- Hansen, W., "Zertifizierung und Akkreditierung", Hanser 1993
- Kommission der Europäischen Gemeinschaft,
  "Ein globales Konzept für Zertifizierung und Prüfwesen",
  Amtsblatt der Europäischen Gemeinschaft (89/C 267/03)
- Krefter, K.-H. (Hrsg.), "EU-Beschaffungsrichtlinie", VWEW 1992
- Krefter, K.-H., Niemand, T.,
  "Anwenderorientierte Qualitätssicherung im elektrischen Verteilungsnetz",
  Elektrizitätswirtschaft 17/18-1993
- Krefter, K.-H., "Prüfen und Zertifizieren in Europa",
  EVU Betriebspraxis 10-1993
- Normenreihe EN 45000, "Allgemeine Kriterien für die Begutachtung von Prüflaboratorien, Akkreditierungs- und Zertifizierungsstellen"
- Normenreihe DIN ISO 9000, "Qualitätssicherungssysteme"
- Rat der Europäischen Gemeinschaft,
  "Richtlinie des Rates vom 17. September 1990 betreffend die Auftragsvergabe durch Auftraggeber im Bereich der Wasser-, Energie- und Verkehrsversorgung sowie im Telekommunikationssektor",
  Amtsblatt der Europäischen Gemeinschaft (90/531/EWG)
- Riemer, H.-W., "EU-Binnenmarkt - Technische Aspekte der Herausforderung der deutschen Elektrizitätswirtschaft", Elektrizitätswirtschaft 17-1992
- VDEW, "Jahresbericht 1993", VDEW 1994
- VDEW, "Auftragsvergabe der EVU", 1994

# EU-Richtlinien und die Normenreihe EN 45000 als Grundlage des Prüf- und Zertifizierungswesens in Europa

Ministerialrat Dipl.-Ing. Norbert Feitenhansl, ZLS - Bayerisches Staatsministerium, München

Dipl.-Ing. Norbert Feitenhansl, München

# EU-Richtlinien und die Normenreihe EN 45000 als Grundlage des Prüf- und Zertifizierungswesens in Europa

## 1. Gesetzlicher und nicht geregelter Bereich

Im gemeinsamen europäischen Markt haben sich nicht nur die Regeln für das Inverkehrbringen von Erzeugnissen geändert, auch eine Reihe neuer Begriffe wurde eingeführt, die zum Teil die seit Jahren vertrauten Bezeichnungen ersetzen. So wird die aus dem "alten" Gerätesicherheitsgesetz allgemein bekannte **Prüfstelle** untergliedert in **Prüflaboratorium** und **Zertifizierungsstelle**. In einem Prüflaboratorium werden Produkte daraufhin geprüft, ob sie die in den **Harmonisierungsrichtlinien** der Europäischen Union (EU) vorgegebenen Merkmale erfüllen. Die Ergebnisse werden in einem Prüfbericht zusammengefaßt. Die Zertifizierungsstelle hingegen bescheinigt auf der Grundlage eines oder mehrerer Prüfberichte in einem **Zertifikat** die **Konformität** des Produkts mit den Anforderungen der einschlägigen Richtlinien. Prüflaboratorien und Zertifizierungsstellen müssen, bevor sie als **zugelassene** Stellen **benannt** werden, in einem **Akkreditierungsverfahren** den Nachweis erbringen, daß sie die **Kompetenz** besitzen, die beabsichtigten Tätigkeiten entsprechend den Vorgaben des Gemeinschaftsrechts auszuüben. Und schließlich bedeutet **Notifizierung,** daß eine zugelassene Zertifizierungsstelle an die EU-Kommission, jetzt Europäische Kommission, gemeldet wurde.

Das Inverkehrbringen von Erzeugnissen, das nicht vom Gemeinschaftsrecht erfaßt wird, kann auch weiterhin über nationale und damit nicht harmonisierte gesetzliche Vorschriften geregelt werden. Darüber hinaus sind bei Produkten Zertifikate und private Kennzeichnungen möglich, die für den Hersteller zwar nicht verpflichtend sind, aber der Verbesserung der Marktchancen dienen können. Da in allen Bereichen zum Teil die gleichen Begriffe verwendet werden, führt dies einerseits zu einer Ver-

Anlage 1.-1

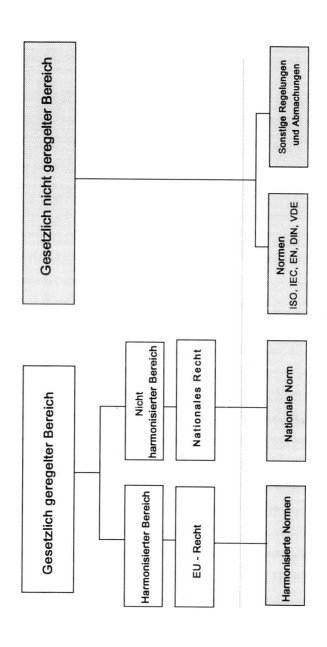

33

Anlage 1.-2

# Zertifizierung
## allgemein

Bescheinigung der Konformität (Übereinstimmung) eines Produkts oder QS-Systems durch eine **unabhängige** Stelle
- **im gesetzlich geregelten Bereich** -
  mit den Anforderungen einer nationalen Rechtsvorschrift und/oder einer in nationales Recht umgesetzten EG-Harmonisierungsrichtlinie (EG-Richtlinie) auf der Grundlage eines gesetzlich vorgegebenen Verfahrens
- **im gesetzlich nicht geregelten Bereich** -
  mit den Anforderungen einer Norm oder einer sonstigen Regel auf der Grundlage einer freien Abmachung

## Konformitätserklärung

Feststellung der Konformität eines Produkts durch den **Hersteller**
- **im harmonisierten Bereich** -
  mit den Anforderungen einer EG-Richtlinie (EG-Konformitätserklärung)
- **im gesetzlich nicht geregelten Bereich** -
  mit den Anforderungen einer Norm oder einer sonstigen Regel

einfachung, andererseits jedoch zu einer gewissen Verwirrung, da diese Begriffe unterschiedliche Bedeutungen haben können, abhängig davon, ob sie im **gesetzlich geregelten, im gesetzlich nicht geregelten, im harmonisierten** oder **nicht harmonisierten Bereich** verwendet werden. In den Anlagen 1.-1 bis 1.-2 soll dies verdeutlicht werden.

## 2. Einheitliche Festlegungen für das Inverkehrbringen technischer Produkte

Der Gemeinsame Europäische Markt ist nur dann funktionsfähig, wenn beim Inverkehrbringen von Produkten einheitliche Regeln bestehen und beachtet werden. Um dies zu erreichen, werden in den Richtlinien Festlegungen getroffen über

- die **grundlegenden Sicherheitsanforderungen** an Produkte,
- die **Konformitätsbewertungsverfahren**, die der Hersteller einhalten muß, bevor er ein vom Geltungsbereich einer Richtlinie erfaßtes Produkt auf den Markt bringen darf,
- die **Kompetenz der Prüflaboratorien und Zertifizierungsstellen**, die im Rahmen eines vorgegebenen Konformitätsbewertungsverfahrens beurteilen, ob die grundlegenden Sicherheitsanforderungen bei einem Produkt erfüllt sind.

Bis heute sind im Bereich der Industrieerzeugnisse 18 Einzelrichtlinien nach Artikel 100 a EWG-Vertrag zur Beseitigung von Handelshemmnissen erlassen worden (Anlage 2.-1). Die noch nach der "alten Konzeption" erstellten Richtlinien über Schutzaufbauten (ROPS/FOPS) und die Richtlinie über kraftbetriebene Flurförderzeuge werden am 31.12.1995 außer Kraft gesetzt, da sie inhaltlich in die Maschinenrichtlinie übernommen wurden.

### 2.1 Neue Konzeption

1985 wurde das bis dahin übliche und überaus langwierige Verfahren aufgegeben, in einer Richtlinie nicht nur formal das Inverkehrbringen einer Produktgruppe zu regeln, sondern auch die technischen Eigenschaften in allen Einzelheiten vorzuschrei-

Anlage 2.-1

## EU-Richtlinien für Industrieerzeugnisse und ihre Umsetzung in deutsches Recht
### Art. 100 a EWG-V

| Titel der Richtlinie | EWG-Nr. | | Umsetzung in deutsches Recht durch |
|---|---|---|---|
| elektrische Betriebsmittel | 73/23/EWG | 93/68/EWG | 1. GSGV *) |
| Maschinenlärm | 86/188/EWG | | 3. GSGV |
| Schutzaufbauten | 86/295/EWG | 86/296/EWG | 4. GSGV |
| Kraftbetr. Flurförderzeuge | 86/663/EWG | | 5. GSGV |
| Einfache Druckbehälter | 87/404/EWG 93/68/EWG | 90/488/EWG | 6. GSGV |
| Gasverbrauchseinrichtungen | 90/396/EWG | 93/68/EWG | 7. GSGV |
| Persönl. Schutzausrüstungen | 89/686/EWG 93/68/EWG | 93/95/EWG | 8. GSGV |
| Maschinen | 89/392/EWG 93/44/EWG | 91/368/EW 93/68/EWG | 9. GSGV |
| Spielzeug | 88/378/EWG | 93/68/EWG | Spielzeugverordnung (GSD) |
| Druckgeräte | Entwurf | | voraussichtlich GSG |
| Aufzüge | Entwurf | | voraussichtlich GSG |
| Ex-Schutz | Entwurf | | voraussichtlich GSG |
| Aktive implantierbare medizinische Geräte | 90/585/EWG | 93/68/EWG | MPG (Entwurf) Medizinproduktegesetz |
| Medizinprodukte | 93/42/EWG | | MPG (Entwurf) |
| Bauprodukte | 89/106/EWG | 93/68/EWG | Bauproduktengesetz |
| Elektromagnetische Verträglichkeit | 89/336/EWG 93/68/EWG | 92/31/EWG | EMV-Gesetz |
| Telekommunikations- einrichtungen | 91/263/EWG | 93/68/EWG | Zulassungsverordnung |
| Nichtselbsttätige Waagen | 90/384/EWG | 93/68/EWG | Eichordnung |
| Wirkungsgrade von Warmwasserheizkesseln | 92/42/EWG | 93/68/EWG | noch offen |
| Allgem. Produktsicherheit | 92/59/EWG | | noch offen |

Unterlegte Felder (dunkel): Anwendung ab 01.01.95 möglich, ab 01.01.97 Pflicht

Unterlegte Felder (hell): Richtlinien ab 01.01.96 ungültig; ausschließliche Anwendung der Maschinenrichtlinie

*) 1. Verordnung zum Gerätesicherheitsgesetz

ben. Die "Neue Konzeption" bestimmt, daß die Richtlinien nur noch die grundlegenden Sicherheitsanforderungen an Produkte verbindlich vorgeben, die Details jedoch in harmonisierten Normen auszuarbeiten sind.

## 2.2 Grundlegende Sicherheitsanforderungen an Produkte

Jede EU-Richtlinie legt für die Produkte ihres Geltungsbereichs das Sicherheitsniveau umfassend und abschließend fest, das nicht unterschritten werden darf. Für Produkte, die den grundlegenden Sicherheitsanforderungen allein genügen, muß bereits der freie Warenverkehr gewährleistet sein. Dies ist von großer Bedeutung, wenn beispielsweise ein neuartiges Produkt entwickelt und in den Verkehr gebracht werden soll, für das noch keine harmonisierten Normen erarbeitet wurden, oder wenn von vorhandenen harmonisierten Normen, aus welchen Gründen auch immer, abgewichen werden soll.

Für den Hersteller sind die grundlegenden Sicherheitsanforderungen Ausgangspunkt für die vorschriftsmäßige Gestaltung und Funktion eines Produkts und nicht die Normen.

## 2.3 Bedeutung der harmonisierten Normen

Den harmonisierten oder mandatierten Normen kommt die wichtige Aufgabe zu, die allgemeinen Sicherheitsanforderungen zu konkretisieren. Mit der Erarbeitung werden die europäischen Normungsgremien CEN und CENELEC von der Europäischen Kommission beauftragt. Erst durch die Veröffentlichung im EU-Amtsblatt werden diese europäischen Normen (EN) zu harmonisierten Normen, bei denen das sog. Vermutungsprinzip angewendet werden kann. Es besagt, daß bei Einhaltung der harmonisierten Normen auch die Einhaltung der grundlegenden Sicherheitsanforderungen angenommen werden darf. Wird dies von der Aufsichtsbehörde bezweifelt, muß sie und nicht der Hersteller den Beweis erbringen.
Es wird jedoch ausdrücklich festgestellt, daß die Anwendung von Normen, auch wenn sie harmonisiert sind, keinem Zwang unterliegt und somit freiwillig ist. Trotzdem werden die harmonisierten Normen eine überragende Bedeutung erhalten, da

sie dem Hersteller eine schnelle, kostengünstige und rechtssichere Entscheidung ermöglichen. Nationale und internationale Normen kann der Hersteller bei seinen Überlegungen heranziehen, um sich über die grundlegenden Sicherheitsanforderungen ein genaueres Bild zu verschaffen; eine Vermutung, daß dadurch die Anforderungen einer EU-Richtlinie erfüllt sind, kann daraus nicht abgeleitet werden.

## 2.4 EU-Richtlinien nach 118a EWG-Vertrag

Art. 118a EWG-V verpflichtet die Mitgliedstaaten, die Verbesserung insbesondere der Arbeitsumwelt zu fördern. Aus diesem Grunde wurde die Richtlinie über die Durchführung von Maßnahmen zur Verbesserung der Sicherheit und des Gesundheitsschutzes der Arbeitnehmer bei der Arbeit (89/391/EWG), kurz Arbeitsschutzrahmen-Richtlinie genannt, erlassen; sie richtet sich in der Regel an den **Arbeitgeber**, aber teilweise auch an den Arbeitnehmer oder an andere, wie beispielsweise an Bauherrn. Nach Art. 16 der Arbeitsschutzrahmen-Richtlinie kann die EU-Kommission Einzelrichtlinien für spezielle Bereiche erlassen (Bild 2.4-1 und 2.4.-2).
Obwohl die EU-Richtlinien nach 118a EWG-V die zulässigen Arbeitsbedingungen regeln, haben ihre Aussagen bisweilen Auswirkungen auf die Bauweise und das Inverkehrbringen von technischen Arbeitsmitteln.
Zwei Beispiele sollen dies verdeutlichen:
Wenn die 2. Einzelrichtlinie über die Benutzung von Arbeitsmitteln durch Arbeitnehmer (89/655/EWG) fordert, daß ab 01.01.1996 alle Arbeitsmittel dieser Richtlinie entsprechen müssen, so hat diese Forderung durchaus bereits jetzt Rückwirkungen auf die Herstellung und das Inverkehrbringen dieser Produkte, weil sich der Käufer gegen eventuell notwendige Nachbesserungen absichern will. Das gleiche gilt für die 5. Einzelrichtlinie über die Arbeit an Bildschirmgeräten (90/270/EWG) mit der Forderung, daß der Bildschirm flimmerfrei sein muß.

Anlage 2.4-1

## HARMONISIERUNGSRICHTLINIEN
## EG - RICHTLINIEN

---

**EG - RICHTLINIEN**
nach 100 a EWG - Vertrag

**Zweck**
Abbau von Handelshemmnissen bei Industrieerzeugnissen

**Geltungsbereich**
Inverkehrbringen
Inbetriebnahme

**Einzelrichtlinien**
z.B.: Niederspannung
Maschinen
PSA usw.

**Umsetzung in nationales Recht**
keine Abweichung von Richtlinientext

---

**EG - RICHTLINIEN**
nach 118 a EWG - Vertrag

**Zweck**
Verbesserung des Arbeitsschutzes

**Geltungsbereich**
alle beruflichen Tätigkeiten
u.a. auch Verwenden von Industrieerzeugnissen

**Arbeitsschutzrahmen-Richtlinie**
89/391/EWG

**Einzelrichtlinien nach Art. 16**
z.B.: Arbeitsstätten
Arbeitsmittel
PSA usw.

**Umsetzung in nationales Recht**
Richtlinien sind Mindestvorschriften
Strengere nationale Vorschriften möglich

Bild 2.4-2

> **EG-Arbeitsschutzrahmen-Richtlinie**
> **Art. 16 - Ermächtigung zum Erlaß von Einzelrichtlinien**

1. **Einzelrichtlinie**
   Sicherheit und Gesundheitsschutz in Arbeitsstätten

2. **Einzelrichtlinie**
   Benutzung von Arbeitsmitteln durch Arbeitnehmer bei der Arbeit (enthält auch Beschaffenheitsanforderungen!)

3. **Einzelrichtlinie**
   Sicherheit und Gesundheitsschutz bei der Benutzung persönlicher Schutzausrüstungen

4. **Einzelrichtlinie**
   Tragen und Heben schwerer Lasten

5. **Einzelrichtlinie**
   Sicherheit und Gesundheitsschutz bei der Arbeit an Bildschirmgeräten

6. **Einzelrichtlinie**
   Schutz der Arbeitnehmer gegen die Gefährdung durch krebserzeugende Stoffe

7. **Einzelrichtlinie**
   Schutz der Arbeitnehmer gegen die Gefährdung durch biologische Arbeitsstoffe

8. **Einzelrichtlinie**
   Sicherheit und Gesundheitsschutz auf zeitlich begrenzten oder ortsveränderlichen Baustellen

9. **Einzelrichtlinie**
   Sicherheitskennzeichnung am Arbeitsplatz

fei\ASR-A16\mue

## 3. Globales Konzept

Die Konformitätsbewertungsverfahren in den Richtlinien, die vor 1990 erlassen worden sind, enthalten nicht aufeinander abgestimmte und daher sehr unterschiedliche Festlegungen. Mit dem sog. "Globalen Konzept", das seit 1989 zur Verfügung steht, wurden mit den Modulen A bis H die überhaupt möglichen Konformitätsbewertungsverfahren festgelegt und damit auf eine überschaubare Zahl eingeschränkt. Das "Globale Konzept" ist inzwischen mit Ratsbeschluß 93/456/EWG der Entwicklung angepaßt worden.

Der Ratsbeschluß wendet sich nicht an die Hersteller von Industrieerzeugnissen, sondern an die Stellen, die Harmonisierungsrichtlinien erarbeiten. Nur noch die nach dem Ratsbeschluß möglichen Konformitätsbewertungsverfahren (Anlage 3.-1) dürfen ohne ausführliche Begründung bei der Erstellung von Richtlinien verwendet werden.

### 3.1 Konformitätsbewertungsverfahren

Jede Richtlinie bestimmt für ihren Geltungsbereich die für den Hersteller zulässigen Konformitätsbewertungsverfahren. Abhängig von den Gefährdungen, die beim Verwenden eines Produkts auftreten können, gibt es unterschiedlich aufwendige Verfahren, die jedoch nicht, wie gelegentlich zu hören ist, auch unterschiedliche Sicherheitsanforderungen an die Produkte stellen. Jedes Konformitätsbewertungsverfahren hat zum Ziel, die Einhaltung der einschlägigen Bestimmungen zu erreichen; lediglich die durchzuführenden Kontrollmaßnahmen weichen in den einzelnen Verfahren voneinander ab.

**Modul A / Interne Fertigungskontrolle**

Mit Ausnahme des Moduls A muß bei allen anderen eine an die Europäische Kommission mitgeteilte (notifizierte) Stelle beteiligt werden. Modul A, nicht gerade treffend als interne Fertigungskontrolle bezeichnet, ist das Verfahren, bei dem der Hersteller in eigener Verantwortung sicherstellt und erklärt, daß das Produkt insgesamt die Anforderungen der einschlägigen Richtlinie erfüllt. Der Hersteller kann bei An-

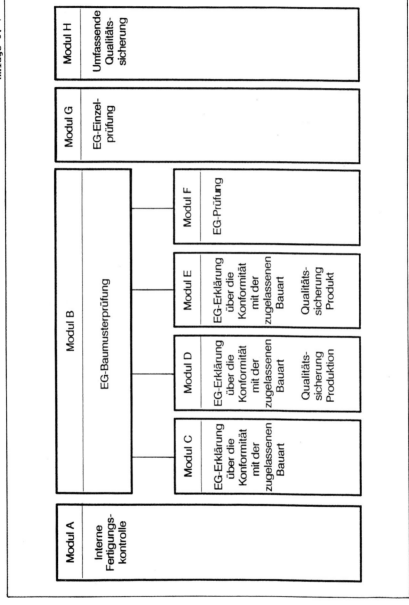

wendung des Modul A auf freiwilliger Basis unabhängige Stellen bei seiner Entscheidung hinzuziehen und die Übereinstimmung seines Produkts mit den Richtlinien überprüfen lassen.

Entgegen anderslautenden Meinungen ist Modul A wohl das wichtigste Konformitätsbewertungsverfahren, da es auf die weitaus meisten Industrieerzeugnisse anzuwenden ist. Neben Modul A gibt es drei Prüfverfahren (Modul B, F und G) sowie drei Qualitätssicherungssysteme (QS-Systeme), bei denen immer eine notifizierte Stelle zu beteiligen ist.

**Qualitätssicherungssysteme im Gemeinschaftsrecht**

Die Qualitätsanforderungen an ein Produkt können sehr unterschiedlich sein, je nachdem ob sie vom **Verbraucher an den Hersteller**, vom **Hersteller an den Unterlieferanten** oder vom **Staat an den Hersteller** gerichtet werden. Die Qualitätssicherungssysteme (QS-Systeme), die in den EU-Richtlinien zulässig sind, beziehen sich fast ausschließlich auf Anforderungen, die dem **Schutz von Leben und Gesundheit** dienen. Der Hersteller muß mit dem von ihm anwendbaren QS-System die gesetzlich vorgeschriebenen Konstruktionsmerkmale für jedes ausgelieferte Produkt sicherstellen.

Die einschlägige EU-Richtlinie legt Umfang und Niveau der anwendbaren QS-Systeme fest. Es besteht eine sehr enge Beziehung zu der EU-Baumusterprüfung bei den Modulen D und E sowie zu der Entwurfsprüfung bei Modul H. **Die QS-Systeme in den EU-Richtlinien sind produktspezifisch** (Anlage 3.1-1).

Die Stelle, die das vom Hersteller betriebene QS-System bescheinigt, muß das Verfahren zur Bewertung des QS-Systems beherrschen und zugleich in der Lage sein, die Prüfungen und Tests zu beurteilen, die erforderlich sind, um für ein bestimmtes Produkt die Einhaltung der grundlegenden Sicherheitsanforderungen der entsprechenden EU-Richtlinie gewährleisten zu können.

Soweit die Gemeinschaftsrichtlinien ein QS-System erlauben, zwingen sie den Hersteller nicht, dieses QS-System anzuwenden; sie lassen ihm immer die Wahl zwischen QS-System und EU-Prüfung (Modul F).

Anlage 3.1-1

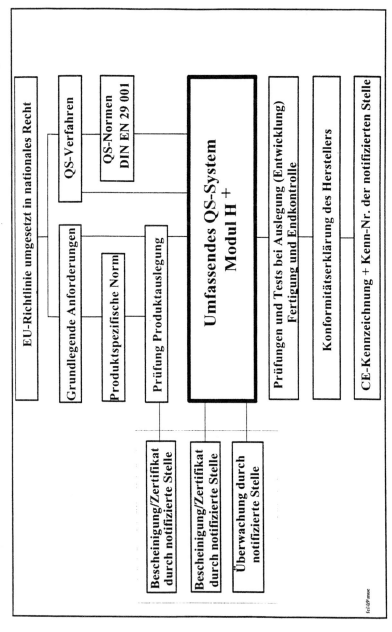

Nur die Richtlinien ab etwa Ende 1989 und das Gerätesicherheitsgesetz (GSG) enthalten QS-Systeme.

**Qualitätsmanagementsysteme der Normenreihe DIN ISO 9000 / DIN EN 29000**
Während die QS-Systeme in den EU-Richtlinien sicherstellen sollen, daß die grundlegenden Sicherheitsanforderungen einer Richtlinie erfüllt werden, sind die QS-Systeme bzw. QM-Systeme (Qualitätsmanagementsysteme), wie sie jetzt in den QS-Normen der Reihe 29000 bezeichnet und beschrieben werden, sehr allgemein gehalten. Sie legen die Organisations- und Verfahrensstrukturen fest und sind von sich aus **nicht produktspezifisch**.
Trotzdem bildet ein QM-System, das der Norm DIN EN 29001, 29002, 29003 oder 46001 entspricht, eine ausgezeichnete Basis für die Bescheinigung der QS-Systeme nach Modul H, D oder E im Rahmen der EU-Richtlinien. Dem Hersteller bleibt es freigestellt, ob er in seinem Unternehmen insgesamt oder nur in bestimmten Bereichen ein QM-System einführt. Ein bereits vorhandenes QM-System kann um den produktspezifischen Teil eines QS-Systems, wenn es gesetzlich möglich ist, erweitert werden.

**4. Notifizierte Stellen**

Bedauerlicherweise wurde der Begriff "notified body" nicht einheitlich ins Deutsche übersetzt, so daß in den Richtlinien die Bezeichnung gemeldete, mitgeteilte, benannte oder auch zugelassene Stelle verwendet wird. Mehr und mehr bürgert sich für die an die Europäische Kommission gemeldeten und dort veröffentlichten Stellen der Begriff "notifizierte Stellen" ein.

**4.1 Aufgaben**

Im Rahmen der Konformitätsbewertungsverfahren führen die notifizierten Stellen Prüfungen und Tests durch. Sie beurteilen die Konformität von Produkten und QS-Systemen mit den einschlägigen Richtlinien und stellen hierüber dem Hersteller ein Zertifikat, eine Konformitäts**bescheinigung**, aus. Die QS-Systeme werden außerdem von den notifizierten Stellen regelmäßig überwacht und bewertet. Im Gegensatz dazu gibt der Hersteller eine Konformitäts**erklärung** ab, wenn er die Übereinstimmung seines Produkts mit den einschlägigen harmonisierten Vorschriften bestätigt.

## 4.2 Mindestkriterien

Die Richtlinien enthalten Mindestkriterien, die jeder Mitgliedstaat bei der Meldung von Stellen beachten muß. Damit soll erreicht werden, daß an alle in der EU tätigen Prüf- und Zertifizierungsstellen die gleichen Anforderungen gestellt werden und die Qualität der Prüfungen und Zertifikate unabhängig von Institution und Ort gleiches Niveau aufweist.

- Die Stelle, ihr Leiter und das Prüfpersonal müssen frei von Interessen an Entwicklung, Herstellung, Vertrieb und Instandhaltung des Produkts sein.
- Stelle und Personal haben die Bewertungen und Prüfungen sachverständig und vertrauenswürdig ohne Einflußnahme von außen durchzuführen.
- Unterauftragnehmer dürfen nur beauftragt werden, wenn sichergestellt ist, daß die Bestimmungen der einschlägigen Richtlinien eingehalten werden.
- Die der Stelle übertragenen Aufgaben müssen entweder von ihr selbst oder in ihrer Verantwortung durchgeführt werden.
- Die Stelle muß über die zur Erfüllung ihrer Aufgaben erforderlichen Prüfmittel verfügen.
- Die Stelle muß eine Haftpflichtversicherung abschließen, ausgenommen die Haftung wird vom Staat übernommen.
- Das Personal muß in ausreichender Zahl vorhanden sein, eine gute tätigkeitsbezogene Ausbildung vorweisen können, über ausreichende Kenntnisse der einschlägigen Vorschriften verfügen und die erforderliche Eignung zur Abfassung des anfallenden Schriftverkehrs besitzen.
- Das Personal muß weisungsfrei in bezug auf die Prüf- und Zertifizierungstätigkeit sein. Die Bezahlung darf sich nicht nach Zahl und Ergebnis der Bewertungen richten.
- Das Personal unterliegt der Geheimhaltungspflicht.

## 4.3 Normenreihe DIN EN 45000

Zur Präzisierung der Mindestkriterien in den EU-Richtlinien werden - soweit möglich und sinnvoll - die Normen der Reihe DIN EN 45000 herangezogen (Anlage 4.3-1). Leider wurde versäumt, Inhalt und Anforderungen der Richtlinien und Normen aufeinander abzustimmen. So kennen die Richtlinien nur eine Stelle, die prüft und zertifiziert, während die Normenreihe DIN EN 45000 zwischen **Prüflaboratorien** und **Zertifizierungsstellen** unterscheidet und die zuletzt genannten Stellen nochmals aufgliedert in **Zertifizierungsstellen für Produkte, QS-Systeme und Personal**. Auch die Mindestanforderungen, die sich aus den Richtlinien ergeben, stimmen nicht völlig mit den Normen der Reihe DIN EN 45000 überein. So werden an die Unabhängigkeit der Stellen in den Richtlinien weitaus höhere Ansprüche gestellt als in den Normen. Trotz dieser Mängel werden die Europäischen Normen der Reihe DIN EN 45000 weitgehend auch im gesetzlich geregelten Bereich angewendet, um die Einheitlichkeit des deutschen Prüf- und Zertifizierungssystems nicht zu gefährden.

## 5. Akkreditierungs- und Notifizierungsverfahren im Zuständigkeitsbereich der Zentralstelle der Länder für Sicherheitstechnik - ZLS

Die Mitgliedstaaten notifizieren ausschließlich die Stellen, die ihren Sitz in den jeweiligen Rechtsgebieten haben. Bei Stellen, die außerhalb des Europäischen Wirtschaftsraumes (EWR) liegen, hat sich die Europäische Kommission die Durchführung des Anerkennungsverfahrens selbst vorbehalten. In Deutschland wurden im Anwendungsbereich des Gerätesicherheitsgesetzes folgende Regelungen festgelegt:

Die Akkreditierung von Prüflaboratorien und Zertifizierungsstellen ist erforderlich, wenn im Gerätesicherheitsgesetz (GSG) selbst oder in einer Verordnung zum GSG (GSGV) Prüfungen oder Bescheinigungen einer zugelassenen Stelle **vorgesehen** sind. Die Mitwirkung einer zugelassenen Stelle kann demnach je nach Festlegung zwingend vorgeschrieben sein oder der freien Entscheidung des Herstellers überlassen bleiben.

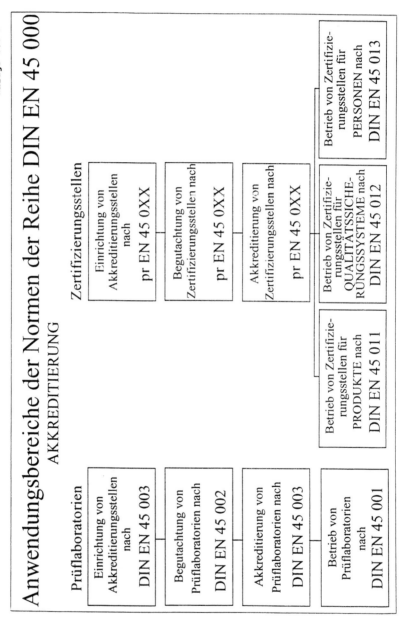

Zugelassene Stelle ist jede von der zuständigen Landesbehörde (ZLS) als Prüflaboratorium oder Zertifizierungsstelle dem Bundesarbeitsministerium (BMA) benannte und von ihm im Bundesarbeitsblatt bekanntgemachte Stelle. Das Akkreditierungsverfahren beginnt mit der Antragstellung bei der ZLS; es folgt die Begutachtung der Stelle durch die ZLS auf der Grundlage der Mindestkriterien und der Normen der Reihe DIN EN 45000. Bei positivem Abschluß der Überprüfung wird die Akkreditierung erteilt, in der auch der Tätigkeitsbereich der Stelle in bezug auf das GSG oder die entsprechende Richtlinie festgelegt wird. Nach Benennung an das BMA und Veröffentlichung im Bundesarbeitsblatt gilt die Stelle national als zugelassen. Bis hierher ist das Verfahren für den harmonisierten und den nicht harmonisierten Bereich des GSG identisch. Im harmonisierten Bereich schließt sich über das Bundesarbeitsministerium und das Bundeswirtschaftsministerium die Meldung an die Europäische Kommission an, die im Amtsblatt die Stelle veröffentlicht. Die nun **notifizierte** Stelle ist berechtigt, in der gesamten EU tätig zu werden. Prüflaboratorien werden nicht an die Europäische Kommission gemeldet, da sie mit der Prüfung der Produkte und der Erstellung des Prüfberichts keine Außenwirkung haben. Diese wird erst durch die Bescheinigung der Zertifizierungsstellen erreicht (Anlage 5.-1).

Inzwischen hat die Bundesanstalt für Arbeitsschutz, Postfach 17 02 02, 44 061 Dortmund, eine Liste der notifizierten Stellen aller EU-Mitgliedstaaten veröffentlicht, soweit die Stellen im Bereich von EU-Richtlinien tätig werden, die im Rahmen des Gerätesicherheitsgesetzes umgesetzt wurden. Die Liste kann unter Fax-Nr. 0231/90 71-454 angefordert werden.

## 6. CE-Kennzeichnung / GS-Zeichen

Die Kennzeichnung der Produkte ist durch unterschiedliche Vorschriften in den einzelnen EU-Richtlinien sowie wegen der unerläßlichen Übergangsregelungen für den Hersteller nicht immer ohne weiteres durchschaubar.

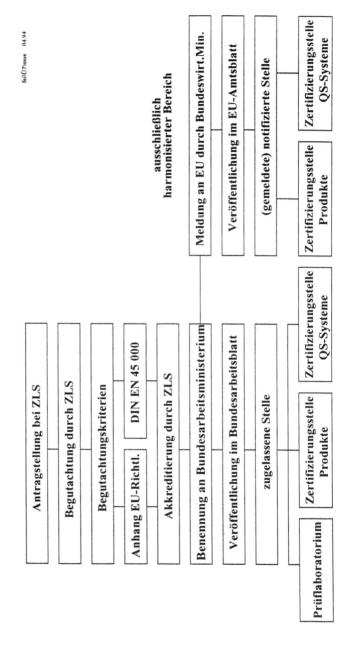

## 6.1 CE-Kennzeichnung

Die CE-Kennzeichnung (Anlage 6.1-1) ist ausschließlich im harmonisierten Bereich anzuwenden und hier wiederum nur dann, wenn sie vorgeschrieben ist. Beispielsweise sind Kraftfahrzeuge und Lebensmittel nicht mit dieser Kennzeichnung zu versehen, obwohl auch hier EU-Richtlinien existieren.

Die CE-Kennzeichnung besagt, daß das Produkt, an dem es angebracht ist, die Anforderungen aller einschlägigen EU-Richtlinien einschließlich der zulässigen Konformitätsbewertungsverfahren erfüllt. Demnach ist es für die Vollzugsbehörden eines jeden Mitgliedstaates der Nachweis dafür, daß das Inverkehrbringen oder die Einfuhr nicht unterbunden werden darf, es sei denn, offensichtliche Beweise für eine mißbräuchliche Verwendung der CE-Kennzeichnung liegen vor. Vorschriftsmäßig verwendet ist die CE-Kennzeichnung für ein Produkt eine Art Freifahrtzeichen für den gesamten Binnenmarkt.

Mit der CE-Kennzeichnung wird die Konformität mit allen Verpflichtungen bestätigt, die der Hersteller in bezug auf das Erzeugnis aufgrund der Gemeinschaftsrichtlinien hat, in denen ihre Anbringung vorgesehen ist. Fallen Industrieerzeugnisse in den Geltungsbereich mehrerer Richtlinien, die andere Aspekte behandeln und in denen die CE-Kennzeichnung vorgesehen ist, wird mit dieser Kennzeichnung angegeben, daß die Erzeugnisse auch den Bestimmungen dieser anderen Richtlinien entsprechen einschließlich ihrer Konformitätsverfahren. Steht aufgrund einer oder mehrerer EU-Richtlinien dem Hersteller während einer Übergangszeit die Wahl der anzuwendenden Regelung frei, wird durch die CE-Kennzeichnung lediglich die Konformität mit den Bestimmungen der vom Hersteller angewandten Richtlinien angezeigt.

Mit der EU-Richtlinie 93/68/EWG wurden Anbringung und Verwendung der CE-Kennzeichnung harmonisiert, die in der Vergangenheit in den einzelnen EU-Richtlinien unterschiedlich gehandhabt wurden. Die für den Hersteller wohl wichtigste Änderung ist das Verbot, Kennzeichnungen anzubringen, durch die Dritte hinsichtlich der Bedeutung und des Schriftbildes der CE-Kennzeichnung irregeführt werden

Anlage 6.1-1

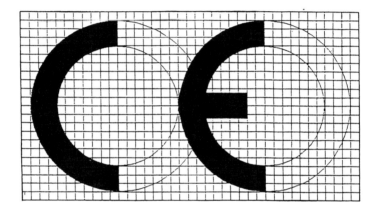

Bei Verkleinerung oder Vergrößerung der Kennzeichnung CE müssen die sich aus dem hilfsweise abgebildetem Raster ergebenden Proportionen eingehalten werden. Mindesthöhe 5 mm.

könnten. Jede andere Kennzeichnung darf auf dem Produkt oder gegebenenfalls auf der Verpackung angebracht werden, wenn sie Sichtbarkeit und Lesbarkeit der CE-Kennzeichnung nicht beeinträchtigt. Zusätzlich wurde durch die CE-Kennzeichnungsrichtlinie die Niederspannungsrichtlinie (73/23/EWG) nicht nur formell, sondern im Bereich der Konformitätsbewertungsverfahren auch inhaltlich wesentlich geändert.

## 6.2 GS-Zeichen

Das GSG läßt auch weiterhin die Verwendung des GS-Zeichens zu (Anlage 6.2-1). Sie ist ohne Einschränkungen bei den Produkten im nicht harmonisierten Bereich möglich, für die (noch) keine Richtlinien erlassen worden sind, wie beispielsweise bei nicht energetisch betriebenem Werkzeug, Arbeitsmöbeln, Kinderwagen, Sportartikeln, Niedervoltbeleuchtungsgeräten. Schwieriger sind die Verhältnisse im harmonisierten Bereich, da das GS-Zeichen nicht die gleiche Bedeutung wie die CE-Kennzeichnung haben darf. Nachdem nun durch die Europäische Kommission über die Bedeutung der CE-Kennzeichnung Klarheit geschaffen wurde, können Festlegungen über die Weiterverwendung des GS-Zeichens getroffen werden.

Das Anbringen des GS-Zeichens setzt voraus, daß eine Bauartprüfung durchgeführt wurde und beim Hersteller eine regelmäßige Überwachung der Produktionsphase erfolgt. Da die EU-Richtlinien nur für einen Teil der Industrieerzeugnisse diese Überwachung vorsehen, kann ein Hersteller zusätzlich zu der CE-Kennzeichnung das GS-Zeichen an seinem Produkt anbringen, wenn er freiwillig eine Überprüfung der Produktionsphase durch eine zugelassene Stelle im Sinne des GSG durchführen läßt (Anlage 6.2-2). Allgemein kann gesagt werden, daß immer dann, wenn ein Produkt nur die CE-Kennzeichnung allein trägt (keine Überwachung in der Produktionsphase vorgeschrieben!), zusätzlich das GS-Zeichen angebracht werden kann, wenn die Voraussetzungen des GSG erfüllt sind. Trägt das Produkt zusätzlich zur CE-Kennzeichnung noch die Kennnummer der notifizierten Stelle (Überwachung in der Produktionsphase vorgeschrieben!), sollte das GS-Zeichen nicht angebracht werden.

Anlage 6.2-1

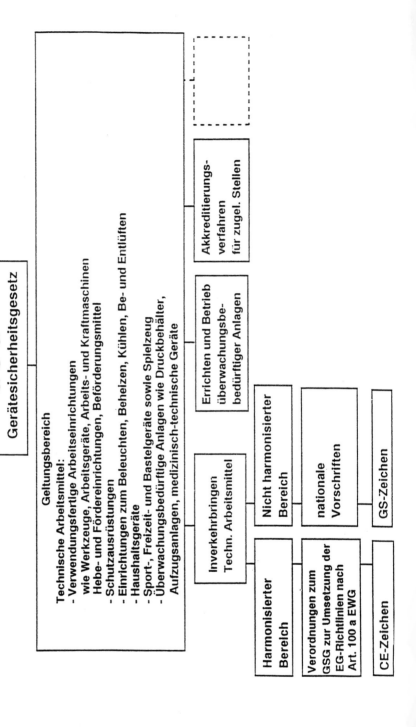

Anlage 6.2-2

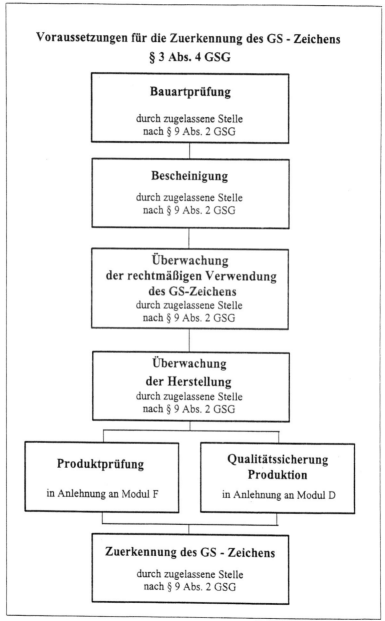

55

Da beispielsweise die Maschinenrichtlinie die Überwachung in der Produktionsphase durch eine EU-Prüfung oder ein QS-System nicht kennt, können, wenn die Voraussetzungen des GSG erfüllt sind, sämtliche Maschinen auch weiterhin mit dem GS-Zeichen versehen werden.

## 7. Übergangsregelungen bei der Anwendung der EU-Richtlinien nach 100 a EWG-Vertrag

Das Vorgehen der Europäischen Kommission, den Mitgliedstaaten vorzuschreiben, ab einem bestimmten Zeitpunkt ausschließlich die EU-Richtlinien anzuwenden, hat sich nicht bewährt, wie die Richtlinien für Spielzeug, einfache Druckbehälter und persönliche Schutzausrüstungen zeigen. Dies liegt zum einen daran, daß die Mitgliedstaaten die Umsetzung in nationales Recht nicht fristgerecht durchgeführt haben, zum anderen, daß in vielen Bereichen keine harmonisierten Normen zur Verfügung stehen und damit die einheitliche Anwendung der grundlegenden Sicherheitsanforderungen zu Schwierigkeiten führt. Aufgrund der schlechten Erfahrungen wurde das Verfahren geändert. Die EU-Richtlinien enthalten jetzt Übergangsregelungen, die für einen Zeitraum meist von mehreren Jahren dem Hersteller die Wahl läßt, entweder das bisherige nationale Verfahren für das Inverkehrbringen ohne Anbringen der CE-Kennzeichnung anzuwenden oder die Erzeugnisse unter Beachtung der EU-Richtlinien mit der CE-Kennzeichnung auf den Markt zu bringen. Nach Ablauf der Übergangsregelung ist nur noch der zweite Weg möglich (Anlagen 7.-1 und 7.-2).

Das Fehlen harmonisierter Normen hat besonders im Bereich der Maschinenrichtlinie dazu geführt, daß bis zur Veröffentlichung dieser Normen weiterhin die bisherigen nationalen Normen und technischen Spezifikationen angewendet werden dürfen, wenn sie der Europäischen Kommission mitgeteilt wurden. Eine Zusammenstellung dieser Bestimmungen kann bei der Bundesanstalt für Arbeitsschutz (BAU) in 44061 Dortmund unter dem Titel "Maschinenverordnung/Maschinenrichtlinie 1993" (ISBN 3-89 429-390-X) bezogen werden.

Anlage 7.-1

# EG - Richtlinien mit Übergangsregelungen

Die Änderung der Kennzeichnungsregeln erfolgt durch die EG-Richtlinie 93/68/EWG, die übrigen Änderungen durch die jeweiligen EG - Richtlinien

## Übergangsregelungen

| Titel der Richtlinie | EWG - Nr. | Anwendung der Richtlinie | Änderung der Kennzeichnungsregeln |
|---|---|---|---|
| Schutzaufbauten | 86/295/EWG 86/296/EWG | alte Regelung → 31.12.95 Maschinen-Richtlinie, Übergangszeit | siehe Maschinen-Richtlinie |
| Kraftbetriebene Flurförderzeuge | 86/663/EWG | 01.07.95 | |
| Gasverbrauchseinrichtungen | 90/396/EWG | alte Regelung → 31.12.95 Richtlinie, Übergangszeit | |
| Elektromagnetische Verträglichkeit | 92/31/EWG | 01.01.92 | alte Regelung 01.01.95 → 01.01.97 Übergangszeit neue Regelung |
| Persönliche Schutzausrüstungen | 89/686/EWG | alte Regelung → 31.12.94 / 30.06.95 * Richtlinie, Übergangszeit 01.07.92  *Ratsbeschluß der EG | |
| Elektr. Betriebsmittel | 73/23/EWG | Übergangszeit bereits abgelaufen | |
| Einf. Druckbehälter | 87/404/EWG | | |
| Spielzeug | 88/378/EWG | | |

Anlage 7.-2

# EG - Richtlinien mit Übergangsregelungen

Die Änderung der Kennzeichnungsregeln erfolgt durch die EG-Richtlinie 93/68/EWG, die übrigen Änderungen durch die jeweiligen EG - Richtlinien

## Übergangsregelungen

| Titel der Richtlinie | EWG - Nr. | Anwendung der Richtlinie | Änderung der Kennzeichnungsregeln |
|---|---|---|---|
| Maschinen | 89/392/EWG<br>91/368/EWG | alte Regelung → 31.12.94 (Übergangszeit) ← Richtlinie<br>01.01.93 | |
| Heben und Fortbewegen von Personen, Sicherheitsbauteile | 93/44/EWG | alte Regelung → 31.12.96 (Übergangszeit) ← Richtlinie<br>01.01.95 | alte Regelung → 01.01.97<br>Übergangszeit<br>neue Regelung ← 01.01.95 |
| Anhang IV A: Änderung der Maschinenbezeichnungen<br>Anhang II A: Änderungen<br>Anhang I: Änderungen | 93/44/EWG | 01.07.94 ← Richtlinie | |
| Nichtselbsttätige Waagen | 90/384/EWG | alte Regelung → 01.01.2001 (Übergangszeit) ← Richtlinie<br>01.01.93 | |
| Bauprodukte | 89/106/EWG | 11.08.1992<br>Übergangsregelung ? | |

fstbild/maschi/bild 2.2.5-2

58

## 8. Ausgewählte EU-Richtlinien

Die Zusammenstellung umfaßt die wichtigsten Richtlinien im Bereich der Maschinen und Geräte.

### 8.1 9. GSGV-Maschinenrichtlinie - 89/392/EWG, 91/368/EWG und 93/44/EWG

Die Richtlinie kann ab 01.01.1993 angewendet werden; Übergangsregelungen mit Fristen bis 31.12.1994 bzw. 31.12.1995 bestehen ebenfalls. Der Geltungsbereich der Maschinen-RL ist der umfassendste im Bereich der Gerätesicherheit und bezieht sich angeblich auf ca. 55.000 Gerätearten. Im Sinne der Richtlinie gilt als "Maschine" eine Gesamtheit von miteinander verbundenen Teilen oder Vorrichtungen, von denen mindestens eines beweglich ist, sowie gegebenenfalls von Betätigungsgeräten, Steuer- und Energiekreisen usw., die für eine bestimmte Anwendung, wie die Verarbeitung, die Behandlung, die Fortbewegung und die Aufbereitung eines Werkstoffes zusammengefügt sind. Als "Maschine" wird auch eine Gesamtheit von Maschinen betrachtet, die, damit sie zusammenwirken, so angeordnet sind und betätigt werden, daß sie als Gesamtheit funktionieren. Ferner gelten als "Maschine" auswechselbare Ausrüstungen zur Änderung der Funktion einer Maschine, die nach dem Inverkehrbringen vom Bedienungspersonal selbst an einer Maschine oder einer Reihe verschiedener Maschinen bzw. an einer Zugmaschine anzubringen sind, sofern diese Ausrüstungen keine Ersatzteile oder Werkzeuge sind. Mit der 2. Änderung der Maschinenrichtlinie wurde der Geltungsbereich auf Sicherheitsbauteile erweitert, die gesondert in Verkehr gebracht werden (Anlage 8.1-1). Maschinen und Maschinenteile, für deren Inverkehrbringen besondere Vorschriften gelten, sind vom Geltungsbereich ausgenommen (Anlage 8.1-2).

Die 9. GSGV bzw. die Maschinenrichtlinie enthalten die Konformitätsbewertungsverfahren, die auf Maschinen anzuwenden sind. Es werden zwei Gruppen unterschieden:
Die namentlich unter Anhang IV aufgelisteten Maschinen und Sicherheitsbauteile (Anlage 8.1-3 und 8.1-4), bei denen eine notifizierte Stelle eingeschaltet werden

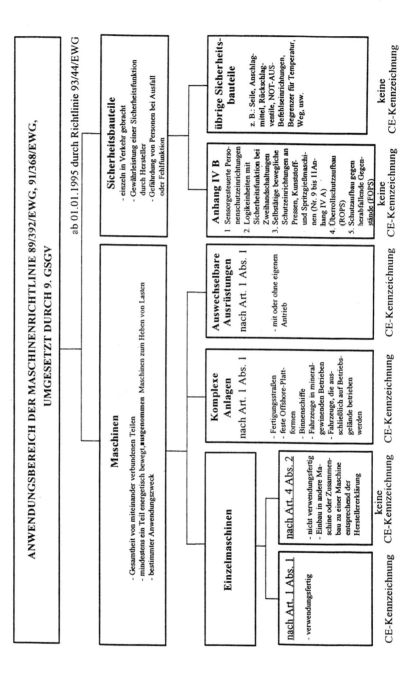

Anlage 8.1-2

## AUSNAHMEN VOM ANWENDUNGSBEREICH DER MASCHINENRICHTLINIE

### Erzeugnisse nach Art. 1 Abs. 3

- Maschinen, ausschließlich mit Muskelkraft angetrieben Ausnahme: Maschinen zum Heben von Lasten
- Maschinen für medizinische Zwecke ohne direkten Kontakt mit dem Patienten
- feststehende und verfahrbare Jahrmarktgeräte
- Dampfkessel und Druckbehälter
- speziell entwickelte Maschinen, deren Ausfall zur Emission von Radioaktivität führen kann
- in Maschine eingebaute radioaktive Teile
- Feuerwaffen
- Lagertanks und Förderleitungen für gefährliche Stoffe
- Fahrzeuge, die ausschließlich zur Beförderung von Personen und Gütern in der Luft, auf Straßen- und Schienennetzen sowie auf dem Wasserweg bestimmt sind
- Seeschiffe und bewegliche Offshore-Anlagen mit ihren Ausrüstungen
- seilgeführte Einrichtungen zur Personenbeförderung
- Aufzüge (vgl. Aufzugs VO)
- Zahnradfahrzeuge zur Personenbeförderung
- Schachtförderanlagen
- Bühnenaufzüge
- Baustellenaufzüge mit Personenbeförderung
- Land- und forstwirtschaftliche Zugmaschinen
- speziell für militärische Zwecke und zur Aufrechterhaltung der öffentlichen Ordnung entwickelte Maschinen

### Ersatzteile

- nicht unter Art. 4 Abs. 2 fallend

### Werkzeuge

- nicht energetisch angetrieben z. B.: Sägeblatt, Bohrer, Zange Papierschneidemaschine

### Maschinen

- Inverkehrbringen durch besondere EG-Richtlinien geregelt (Art. 1 Abs. 4) z. B. Infusionspumpen
- Gefahr hauptsächlich durch Elektrizität (Art. 1 Abs. 5)
- ohne Gefahrenpotential z. B.: Taschenuhr

Zentralstelle der Länder für Sicherheitstechnik

Anlage 8.1-3

**ZLS**

# Anhang IV

**TYPEN VON MASCHINEN UND SICHERHEITSBAUTEILEN, FÜR DIE DAS VERFAHREN GEMÄSS ARTIKEL 8 ABSATZ 2 BUCHSTABEN b) UND c) ZUR ANWENDUNG KOMMT**

Fettgedrucktes - Anwendung ab 01.01.1995

**A. Maschinen**

1. (Einblatt- und Mehrblatt-)Kreissägen zum Bearbeiten von Holz und gleichartigen Werkstoffen oder zum Bearbeiten von Fleisch und gleichartigen Werkstoffen

1.1 Sägemaschinen mit während des Arbeitsvorgangs feststehendem Werkzeug, mit feststehendem Tisch, mit Handvorschub des Sägeguts oder mit abnehmbarem Vorschubapparat

1.2 Sägemaschinen mit während des Arbeitsvorgangs feststehendem Werkzeug, mit Pendelbock oder -schlitten, mit Handvorschub

1.3 Sägemaschinen mit während des Arbeitsvorgangs feststehendem Werkzeug, mit bauarteigenem Vorschub des Sägeguts und Handbeschickung und/oder Handentnahme

1.4 Sägemaschinen mit während des Arbeitsvorgangs beweglichem Werkzeug, mit mechanischer Vorschubvorrichtung und Handbeschickung und/oder Handentnahme

2. Abrichthobel mit Handvorschub für Holzbearbeitung

3. Hobelmaschinen für einseitige Bearbeitung mit Handbeschickung und/oder Handentnahme für die Holzbearbeitung

4. Bandsägen mit beweglichem oder unbeweglichem Sägetisch und **Bandsägen mit beweglichem** Schlitten **mit Handbeschickung** und/oder Handentnahme für das Bearbeiten von Holz und gleich**artigen Werkstoffen oder für das Bearbeiten** von Fleisch **und gleichartigen Werkstoffen**

5. Kombinierte Maschinen der unter Nummern 1 bis 4 und Nummer 7 genannten Typen für die Bearbeitung von Holz **und gleichartigen Werkstoffen**

6. Mehrspindel - Zapfenfräsmaschinen mit Handvorschub für die Holzbearbeitung

7. Unterfräsmaschinen mit Handvorschub für die Bearbeitung von Holz **und gleichartigen Werkstoffen**

Anlage 8.1-4

Zentralstelle der Länder für Sicherheitstechnik    | ZLS |

8. Handkettensägen für die Holzbearbeitung

9. Pressen einschließlich Biegepressen für die Kaltbearbeitung von Metall mit Handbeschickung und/oder Handentnahme, deren im Fertigungsvorgang bewegliche Teile einen Hub von mehr als 6 mm und eine Geschwindigkeit von mehr als 30 mm/s haben können

10. Kunststoffspritzgieß- oder -formpreßmaschinen mit Handbeschickung oder Handentnahme

11. Gummispritzgieß- oder -formpreßmaschinen mit Handbeschickung oder Handentnahme

12. Maschinen für den Einsatz unter Tage:
    - schienengeführte Maschinen: Lokomotiven und Bremswagen
    - hydraulischer Schreitausbau
    - Verbrennungsmotoren für die Ausrüstung von unter Tage einsetzbaren Maschinen

13. Hausmüllsammelwagen für manuelle Beschickung mit Preßvorrichtung

14. Abnehmbare Schutzeinrichtungen an Kardanwellen zur Kraftübertragung gemäß Nummer 3.4.7

15. Hebebühnen für Fahrzeuge

16. Maschinen zum Heben von Personen, bei denen die Gefahr eines Absturzes aus einer Höhe von mehr als 3 m besteht

17. Maschinen für die Herstellung von pyrotechnischen Sätzen

B. Sicherheitsbauteile

1. Sensorgesteuerte Personenschutzeinrichtungen, z.B. Lichtschranken, Schaltmatten, elektromagnetische Detektoren

2. Logikeinheiten zur Aufrechterhaltung der Sicherheitsfunktionen von Zweihandschaltungen

3. Selbsttätige bewegliche Schutzeinrichtungen an Maschinen gemäß Buchstabe A Nummern 9, 10 und 11

4. Überrollschutzaufbau (ROPS)

5. Schutzaufbau gegen herabfallende Gegenstände (FOPS)

muß, sowie alle übrigen Maschinen und einzeln in den Verkehr gebrachten Sicherheitsbauteile, bei denen der Hersteller selbst in eigener Verantwortung die Entscheidung treffen kann, ob seine Produkte den Anforderungen der 9. GSGV bzw. der Maschinenrichtlinie entsprechen. Selbstverständlich kann der Hersteller bei Nicht-Anhang-IV-Maschinen auf freiwilliger Basis eine zugelassene oder eine andere sachverständige Stelle hinzuziehen. Die Konformitätserklärung bleibt jedoch auch dann eine Erklärung im Rahmen des Modul A. Die Maschinenrichtlinie kennt kein QS-System, wendet aber zwei Verfahren an, die nicht im Ratsbeschluß 93/465/EWG enthalten sind. Die nach der 9. GSGV bzw. der Maschinenrichtlinie zulässigen Konformitätsbewertungsverfahren sind in einer Übersicht zusammengefaßt (Anlagen 8.1-5 bis 8.1-7). Da das "Globale Konzept" erst 1990 verabschiedet wurde, können die in der Maschinenrichtlinie zulässigen Konformitätsbewertungsverfahren nicht oder nur unzureichend dem Modulsystem zugeordnet werden.

### 8.2 1. GSGV-Elektrische Betriebsmittel -73/23/EWG (Niederspannungsrichtlinie)

Diese Verordnung regelt die Beschaffenheit elektrischer Betriebsmittel zur Verwendung bei einer Nennspannung zwischen 50 und 1000 V für Wechselstrom und zwischen 75 und 1500 V für Gleichstrom, soweit es sich um technische Arbeitsmittel oder Teile von technischen Arbeitsmitteln handelt (Anlage 8.2-1).

Sie gilt nicht für
- elektrische Betriebsmittel zur Verwendung in explosibler Atmosphäre,
- elektro-radiologische und elektro-medizinische Betriebsmittel,
- elektrische Teile von Personen- und Lastenaufzügen,
- Elektrizitätszähler,
- Haushaltssteckvorrichtungen,
- Vorrichtungen zur Stromversorgung von elektrischen Weidezäunen
- spezielle elektrische Betriebsmittel, die zur Verwendung auf Schiffen, in Flugzeugen oder in Eisenbahnen bestimmt sind und den Sicherheitsvorschriften internationaler Einrichtungen entsprechen, denen die Mitgliedstaaten der Europäischen Gemeinschaft angehören.

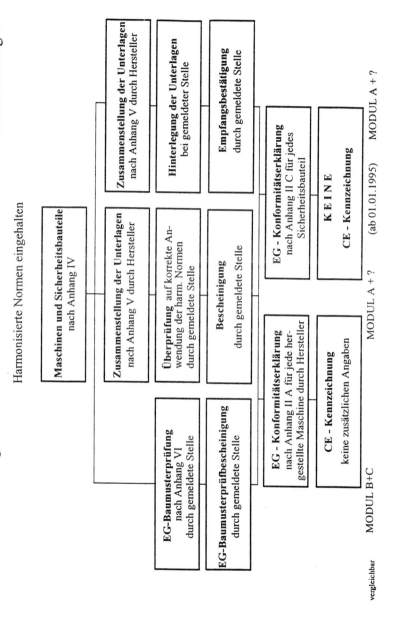

Anlage 8.1-6

# Konformitätsbewertungsverfahren für Maschinen und Sicherheitsbauteile nach Anhang IV

Harmonisierte Normen **nicht** vorhanden, **nicht** eingehalten

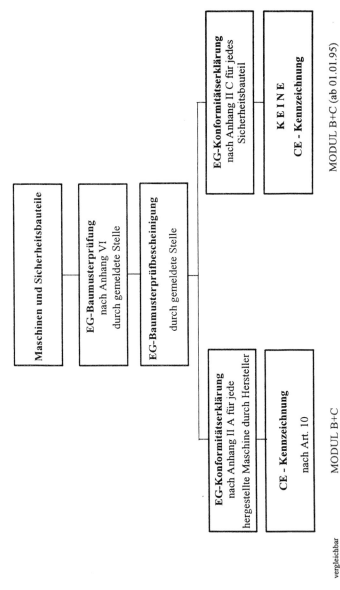

66

Anlage 8.1-7

## Konformitätsbewertungsverfahren für Maschinen und Sicherheitsbauteile nicht Anhang IV

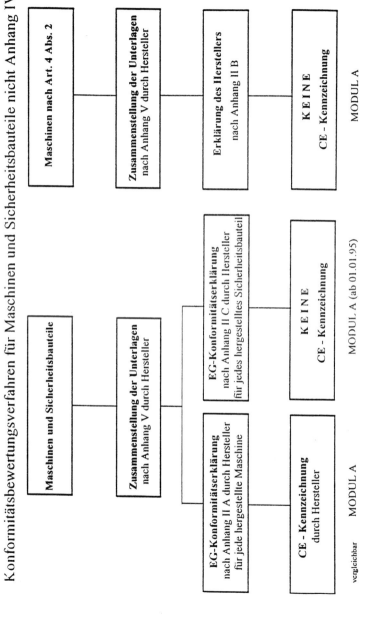

Anlage 8.2.-1

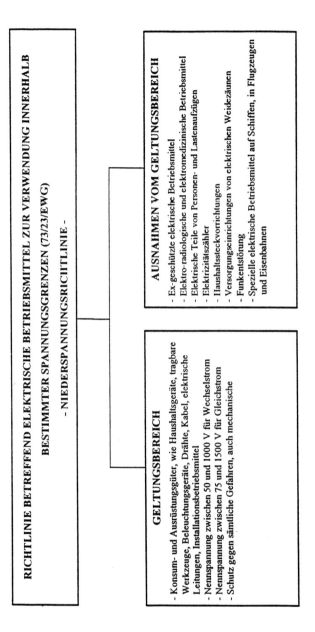

## RICHTLINIE BETREFFEND ELEKTRISCHE BETRIEBSMITTEL ZUR VERWENDUNG INNERHALB BESTIMMTER SPANNUNGSGRENZEN (73/23/EWG)
### - NIEDERSPANNUNGSRICHTLINIE -

### GELTUNGSBEREICH

- Konsum- und Ausrüstungsgüter, wie Haushaltsgeräte, tragbare Werkzeuge, Beleuchtungsgeräte, Drähte, Kabel, elektrische Leitungen, Installationsbetriebsmittel
- Nennspannung zwischen 50 und 1000 V für Wechselstrom
- Nennspannung zwischen 75 und 1500 V für Gleichstrom
- Schutz gegen sämtliche Gefahren, auch mechanische

### AUSNAHMEN VOM GELTUNGSBEREICH

- Ex-geschützte elektrische Betriebsmittel
- Elektro-radiologische und elektromedizinische Betriebsmittel
- Elektrische Teile von Personen- und Lastenaufzügen
- Elektrizitätszähler
- Haushaltssteckvorrichtungen
- Versorgungseinrichtungen von elektrischen Weidezäunen
- Funkentstörung
- Spezielle elektrische Betriebsmittel auf Schiffen, in Flugzeugen und Eisenbahnen

Sie gilt ferner nicht für die Funkentstörung elektrischer Betriebsmittel. Dieses Gebiet wird durch die EU-Richtlinie über die elektromagnetische Verträglichkeit geregelt, umgesetzt durch das EMV-Gesetz.

Alle von der 1. GSGV oder einer anderen EU-Richtlinie nicht erfaßten verwendungsfertigen elektrischen Betriebsmittel sind dem nicht harmonisierten Bereich des GSG zuzuordnen, wie beispielsweise Niedervoltleuchten. Eine "Modernisierung" der EU-Richtlinie über elektrische Betriebsmittel erfolgt durch die CE-Kennzeichnungsrichtlinie 93/68/EWG (Anlagen 8.2-2 ).

### 8.3 Überschneidungen Maschinenrichtlinie / Niederspannungsrichtlinie

Nach Art. 1 Abs. 5 sind Maschinen, bei denen die Hauptgefahren von der Verwendung der elektrischen Energie ausgehen, ausschließlich dem Geltungsbereich der Niederspannungsrichtlinie zuzurechnen. Diese Festlegung hat bereits zu großen Schwierigkeiten geführt vor allem deshalb, weil zur Zeit die Konformitätsbewertungsverfahren und die Kennzeichnungsvorschriften sehr unterschiedlich sind. In der Zwischenzeit scheint sich mehr und mehr die Auffassung durchzusetzen, sowohl die Maschinenrichtlinie als auch die Niederspannungsrichtlinie anzuwenden, wenn das Produkt von den Geltungsbereichen beider Richtlinien erfaßt wird.

### 8.4 EMV-Richtlinie - 89/336/EWG und 92/31/EWG

Die Richtlinie wurde im Rahmen des EMV-Gesetzes in deutsches Recht umgesetzt. Es werden alle Geräte erfaßt, die elektromagnetische Störungen verursachen können oder die in ihrer Funktion durch diese Störungen beeinträchtigt werden. Bei Einhaltung der harmonisierten Normen kann der Hersteller die EU-Konformitätserklärung selbst ausstellen. Ist dies nicht der Fall, ist die Bescheinigung oder der Prüfbericht einer zuständigen Stelle erforderlich, bevor der Hersteller die EU-Konformitätserklärung abgeben kann (Anlage 8.4-1). Die zuständige Stelle muß anerkannt sein, wird jedoch nicht an die Europäische Kommission gemeldet. Im Gegensatz zur gemeldeten (notifizierten) Stelle kann eine zuständige Stelle auch von einem Her-

Anlage 8.2-2

# KONFORMITÄTSBEWERTUNGSVERFAHREN BEI ELEKTRISCHEN BETRIEBSMITTELN

**AB 01.01.1995**
- Erstellung der technischen Unterlagen durch den Hersteller nach Anhang IV
- EG-Konformitätserklärung des Herstellers Anhang III
- CE - Kennzeichnung durch den Hersteller

vergleichbar MODUL A + ?

**BIS 01.01.1997**
- Konformitätszeichen einer mitgeteilten Stelle GS-Zeichen
- Konformitätsbescheinigung einer mitgeteilten Stelle
- Konformitätserklärung des Herstellers

feiBildefekt

70

Anlage 8.4-1

# Konformitätsbewertungsverfahren EMV-Richtlinie

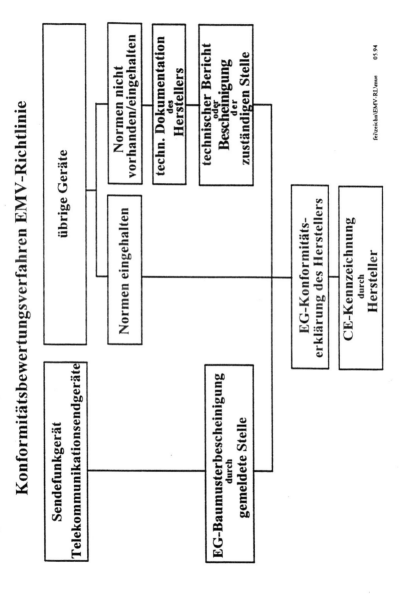

steller betrieben werden. Die Geräte, die vom Geltungsbereich des EMV-Gesetzes erfaßt werden, können ab 01.01.1992 die CE-Kennzeichnung tragen, ab 01.01.1996 müssen sie dies tun.

### 8.5 Richtlinie über allgemeine Produktsicherheit - 92/59/EWG

Ab dem 26.09.1994 ist die Richtlinie über allgemeine Produktsicherheit anwendbar. Sie fordert, daß nur sichere Produkte in den Verkehr gebracht werden dürfen, kennt jedoch keine Konformitätsbewertungsverfahren und keine CE-Kennzeichnung. Gegen diese Richtlinie sind von seiten der Bundesrepublik wegen eines möglichen Verstoßes gegen den Grundsatz der Subsidiarität entsprechende Maßnahmen eingeleitet worden. Die rechtzeitige Umsetzung in deutsches Recht ist damit in Frage gestellt.

### 9. Sonderfragen zur CE-Kennzeichnung

**Maschinen**, die für den **Eigengebrauch** innerhalb des EWR hergestellt werden, müssen nach Art. 8 Abs. 6 mit der CE-Kennzeichnung versehen sein.

**Baugruppen, die in Maschinen eingebaut** werden, müssen nur dann die CE-Kennzeichnung tragen, wenn sie für sich allein bereits verwendungsfähige Maschinen sind (Art. 4 Abs. 2).

**Elektro- und Elektrobaugruppen als Maschinen- und Anlagenelemente können** erst ab 01.01.1995 mit der CE-Kennzeichnung versehen werden, wenn sie vom Anwendungsbereich der Niederspannungsrichtlinie erfaßt werden.

**Alle Maschinen, die bereits vor dem 01.01.1993 in den Verkehr gebracht und noch verwendet werden**, müssen entsprechend der 2. Einzelrichtlinie (Art. 118a EWG-V) über die Benutzung von Arbeitsmitteln durch Arbeitnehmer ab 01.01.1996 dieser Richtlinie entsprechen. Die CE-Kennzeichnung ist nicht anzubringen.

**Reparaturen** müssen so durchgeführt werden, daß der Sicherheitszustand der Maschine nicht verschlechtert wird. Es besteht kein Einfluß auf die CE-Kennzeichnung.

Bei **Überholungen, Umbau und Modernisierung** von Maschinen, die rechtmäßig bereits ohne CE-Kennzeichnung in der Gemeinschaft in Verkehr gebracht worden sind, müssen diese nachträglich nicht mit der CE- Kennzeichnung versehen werden. Es ist jedoch möglich, daß bei Anlagen Maschinen ausgetauscht werden, die für sich allein bereits verwendungsfertig sind. In diesem Fall müssen diese die CE-Kennzeichnung tragen, nicht jedoch die gesamte Anlage. Wichtig ist, daß die gesamte Anlage der 2. Einzelrichtlinie nach Art. 118a EWG-V entspricht. Dies sollte sich der Betreiber bestätigen lassen.

Wird eine Maschine in ihrer Funktion derart geändert, daß der Umbau einem Neubau gleichkommt, ist das Verfahren wie bei einer neu hergestellten Maschine durchzuführen.

**Gebrauchte Maschinen**, die in den EWR importiert werden, sind so zu behandeln wie neu hergestellte.

## 10. Beispiele für die Vorgehensweise beim Inverkehrbringen von Produkten

Anhand von Beispielen soll aufgezeigt werden, welche Überlegungen anzustellen sind, um Produkte vorschriftsmäßig auf den Markt bringen zu können. Dabei wird Modul A (Interne Fertigungskontrolle) in den Vordergrund gestellt. Hier trifft der Hersteller in eigener Verantwortung ohne Einschaltung einer notifizierten Stelle alle erforderlichen Entscheidungen selbst. Bei den übrigen Konformitätsbewertungsverfahren (Modul B bis H) ist eine notifizierte Stelle hinzuzuziehen und der Hersteller muß sich in diesem Fall der Hilfe dieser Stelle bedienen (Anlage 10.-1).

### 10.1 Blechschere

Sie besitzt kein energetisch angetriebenes bewegliches Teil; die Maschinenrichtlinie ist daher nicht anzuwenden. Auch die übrigen zur Zeit bereits erlassenen EU-Richtli-

# Weg zur CE-Kennzeichnung bei Anwendung des Moduls A
## (Interne Fertigungskontrolle)

1. Definition des Produkts
2. Festlegung der einschlägigen EU-Richtlinien
3. Gefahrenanalyse
4. Auswahl der grundlegenden Sicherheitsanforderungen aus den EU-Richtlinien
5. Bestimmung der einschlägigen Normen und Prüfung auf Lückenhaftigkeit in bezug auf die grundlegenden Sicherheitsanforderungen
6. Im Zweifelsfall Einschaltung einer sachverständigen Stelle, z.B. einer GS-Prüfstelle (zugelassene Stelle)
7. Gewährleistung der grundlegenden Anforderungen
8. EG-Konformitätserklärung
9. Anbringung der CE-Kennzeichnung

nien sind nicht anwendbar. Da es sich bei einer Blechschere um ein technisches Arbeitsmittel handelt, gilt das Gerätesicherheitsgesetz (GSG). Auf freiwilliger Basis kann der Hersteller das GS-Zeichen anbringen, wenn bei einer zugelassenen Stelle eine Bauartprüfung durchgeführt wurde.

## 10.2 Warmhalteplatte, elektrisch

Da es sich um eine elektrisches Betriebsmittel handelt, ist die Niederspannungsrichtlinie bzw. die 1. Verordnung zum GSG (1. GSGV) einschlägig. Die Warmhalteplatte enthält einen Thermostaten, der beim Schalten Funken erzeugt. Aus diesem Grunde ist auch die EMV-Richtlinie bzw. das Gesetz über elektromagnetische Verträglichkeit zu beachten. Wegen der geringen Häufigkeit der Schaltvorgänge sind keine besonderen Maßnahmen erforderlich. Die Maschinenrichtlinie ist nicht anzuwenden, da eine Warmhalteplatte kein energetisch angetriebenes bewegliches Teil besitzt. Das GS-Zeichen kann angebracht werden, wenn die hierfür erforderlichen Verfahren durchgeführt sind. Eine CE-Kennzeichnung ist zur Zeit nur im Rahmen der EMV-Richtlinie möglich.

## 10.3 Luftkompressoranlage

Es wird angenommen, daß der Hersteller den Luftkompressor aus Komponenten zusammenbaut, die er von Zulieferfirmen erhält. Nachstehende Komponenten werden in die Betrachtungen einbezogen:

- Druckbehälter
- Sicherheitsventil
- Kompressor
- druckabhängiger Schalter
- Drehstrommotor, ungeregelter
- Gestell, Keilriemen

## 10.3.1 Inverkehrbringen aus der Sicht des Komponenten-Zulieferers

**Druckbehälter**

In der Regel wird dieser Behälter als einfacher Druckbehälter einzustufen sein. Es ist die EU-Richtlinie 87/404/EWG (6. GSGV) einzuhalten. Der Behälter muß eine CE-Kennzeichnung tragen.

**Sicherheitsventil**

Dieses Bauteil muß nach der nationalen und nur zum Teil harmonisierten Druckbehälterverordnung bauartzugelassen sein. Eine EU-Einzelrichtlinie existiert hierfür noch nicht; jedoch liegt der Entwurf einer Druckgeräterichtlinie, die auch diese Bauteile erfassen wird, vor. Vom Geltungsbereich der Maschinenrichtlinie werden Druckgeräte nicht erfaßt. Es darf zur Zeit keine CE-Kennzeichnung angebracht werden.

**Druckabhängiger Schalter**

Hier handelt es sich um ein elektrisches Betriebsmittel. Der druckabhängige Schalter muß kein Sicherheitsbauteil im Sinne der Maschinenrichtlinie sein, da diese Funktion vom Sicherheitsventil übernommen wird.

**Kompressor**

Diese Komponente ist eine nicht verwendungsfertige Maschine, die in eine andere Maschine eingebaut wird. Art. 4 Abs. 2 der Maschinenrichtlinie ist anzuwenden, wonach Unterlagen nach Anhang V dieser Richtlinie zu erstellen sind und der Hersteller jedem Kompressor eine Herstellererklärung nach Anhang II B beizugeben hat. Eine CE-Kennzeichnung im Rahmen der Maschinenrichtlinie ist **nicht** möglich.

**Ungeregelter Drehstrommotor**

Die EMV-Richtlinie kann bei einem derartigen Motor vernachlässigt werden, da keine elektromagnetischen Störungen auftreten. Sowohl Niederspannungsrichtlinie (1. GSGV) als auch Maschinenrichtlinie (9. GSGV) sind anzuwenden. Für den ungeregelten Motor gelten die Erläuterungen, die zum druckabhängigen Schalter und zum Kompressor gemacht wurden.

**Gestell, Keilriemen**

Zur Zeit gibt es für diese Komponenten keine gesetzlichen Vorschriften. Im übrigen gelten die Ausführungen zur Richtlinie über allgemeine Produktsicherheit, wobei zu beachten ist, daß dies bei einem Gestell nur dann zutrifft, wenn es für sich allein in den Verkehr gebracht wird.

### 10.3.2 Inverkehrbringen aus der Sicht des Herstellers der Gesamtanlage

Die Gesamtanlage ist eine verwendungsfertige Maschine nach Art. 1 Abs. 2 der Maschinenrichtlinie. Der Hersteller, der aus den Komponenten die Gesamtanlage zusammenbaut, ist verantwortlich für die Zusammenstellung sämtlicher Unterlagen nach Anhang V der Maschinenrichtlinie - auch der für die Komponenten - sowie für die EU-Konformitätserklärung nach Anhang II A der gleichen Richtlinie und für die Anbringung der CE-Kennzeichnung. Da die Richtlinie nicht ausdrücklich vorschreibt, daß der Zulieferer einer Komponente die Unterlagen nach Anhang V dem für die Gesamtanlage verantwortlichen Hersteller zu übergeben hat, empfiehlt es sich, die Übergabe der Unterlagen bei der Auftragsvergabe zu regeln.
Anlage 10.3.2-1 gibt einen Überblick über die zu treffenden Maßnahmen bei den einzelnen Produkten.

### 11. Zusammenfassung

Die Anforderungen an die Sicherheit von Produkten haben sich im Vergleich zu den Anforderungen vor dem 01.01.1993, dem Beginn des gemeinsamen europäischen Marktes, nicht wesentlich geändert. Was dem Hersteller große Schwierigkeiten bereitet, sind die vielen formellen Vorschriften, die er jetzt zu beachten hat. Als Ausgleich hierfür steht ihm der riesige Europäische Wirtschaftsraum offen, ohne daß wie früher die Einschränkungen zusätzlicher einzelstaatlicher Regelungen berücksichtigt werden müssen.

Anlage 10.3.2.-1

| | 1. GSGV NSP-RL | 6. GSGV Einfache Druckb. | 9. GSGV Maschinen Richtlinie | EMV | Produkts. RL | Druckb. VO | GSG |
|---|---|---|---|---|---|---|---|
| Blechschere | — | — | — | — | (X) | — | GS |
| Warmhalteplatte | CE ab 01.01.95 CE ab 01.01.97 | — | — | (X) | — | — | GS |
| Druckbehälter, einfach | — | CE | — | — | — | — | — |
| Sicherheitsventil | — | — | — | — | — | Bauart-zulassung | (GS) |
| Kompressor | — | — | IIB + DE ab 01.01.93 IIB + DE ab 01.01.95 | — | — | — | (GS) |
| Schalter, druckabhängig | CE ab 01.01.95 CE ab 01.01.97 | — | — | X | — | — | (GS) |
| Drehstrommotor | CE ab 01.01.95 CE ab 01.01.97 | — | IIB + DE ab 01.01.93 IIB + DE ab 01.01.95 | X | — | — | (GS) |
| Gestell, Keilriemen | — | — | — | — | (X) | — | — |
| Luftkompressor-anlage | X | X | IIA + CE ab 01.01.93 IIA + CE ab 01.01.95 | X | X | X | GS |

**Unterlegte Felder: Hersteller muß die angegebenen Maßnahmen erfüllen**

# Sicherheit und Gebrauchstauglichkeit durch Europäische Normen und Normenkonformität

Professor Dr.-Ing. Karl-Heinz Schneider, FGH, Mannheim

Professor Dr.-Ing. Karl-Heinz Schneider, Mannheim

## Sicherheit und Gebrauchstauglichkeit durch Europäische Normen und Normenkonformität

### 1. Der gesetzliche Auftrag

Schon in den Anfängen der Elektrotechnik mußte angesichts der raschen technischen Entwicklung vorausgesetzt werden, daß zwischen Herstellern elektrotechnischer Produkte einerseits und den Netzbetreibern bzw. den Anwendern elektrischer Energie andererseits Vereinbarungen technischen Inhalts getroffen wurden. Zu diesem Zweck wurden in vielen Ländern spezielle Normungsgremien gegründet. Hier sei auf die chronologische Entwicklung des nationalen und internationalen Normenwesens und auf die im Jahre 1985 begonnene Vorschriftentätigkeit des Verbandes Deutscher Elektrotechniker (VDE) hingewiesen. Im Jahre 1904 begann die Internationale Elektrotechnische Kommission (IEC) ihre Tätigkeit (Bild 1). Rückblickend auf eine nahezu 100jährige Geschichte deutscher elektrotechnischer Normung sollte es Beachtung finden, daß in dieser Zeit die Grundsätze der Normung unverändert geblieben sind. Sie lauten:

- Freiwilligkeit zur Normung, gestützt auf ein hohes Maß technisch-wirtschaftlich-sozialer Selbstverantwortung;
- Öffentlichkeit;
- Sachbezogenheit;
- Beteiligung aller betroffenen Kreise;
- Ausrichtung am allgemeinen Nutzen;
- Fortschreibung des Standes der Technik.

Nun regelt der Staat seine Verantwortlichkeit für Sicherheit und Allgemeinwohl per Gesetz. Für Gesetze einerseits und bestehende technische Regelwerke andererseits besteht die Notwendigkeit zu einer juristisch vertretbaren Kopplung, in der die

**1893  VDE**
Verband Deutscher Elektrotechnik e.V.

**1904  IEC**
International Electrotechnical Commission
Internationale Elektrotechnische Kommission

**1917  DIN**
Deutsches Institut für Normung e.V.

**1941 bis  FNE**
**1970**  Fachnormenausschuß Elektrotechnik im DIN

**1970  DKE**
Deutsche Elektrotechnische Kommission im DIN und VDE als Nachfolger für FNE und VDE-Vorschriftenstelle

**1973  CENELEC**
Comité Européen de Normalisation Electrotechnique
Europäisches Komitee für elektrotechnische Normung
als Nachfolger der in den 60er Jahren gegründeten Vorgängerorganisationen CENELCOM (für die EG-Länder) und CENEL für die EG- und EFTA-Länder

Gründungsdaten von Normungsorganisationen für den Bereich der Elektrotechnik

**Bild 1**

Norm nicht den Charakter einer Rechtsnorm annimmt, wohl aber als eine Art Durchführungshinweis für die Erfüllung des Gesetzes verstanden werden kann. Die Norm ist der Maßstab für technisch richtiges Verhalten (Bild 2). Diese Kopplung hat eine lange Tradition, denn sie ist bereits 1910 durch einen Spruch des Reichsgerichtes manifest geworden, der in einem heute noch akzeptierten Urteil feststellte, daß eine allgemein anerkannte Regel der Technik als herrschende Meinung unter kompetenten Fachleuten zu verstehen ist. Das Reichsgericht hat noch eine wichtige Aussage dazugefügt: Eine solche Regel erfordert nicht die Einstimmigkeit der Annahme durch alle Betroffenen; es genügt, wenn die Mehrheit der Fachleute, die sie anwenden sollen, davon überzeugt ist, daß diese Regel richtig ist. Auf diesen Grundlagen ist das gesamte Normenwerk des VDE gewachsen, und diese Grundlagen waren auch die Voraussetzung, daß der Gesetzgeber in vielen Fällen auf die Erstellung eigener technischer Vorschriften verzichten konnte und statt dessen vom Prinzip der Verweisung auf Normen Gebrauch gemacht hat. Dies bringt eine Entlastung des Gesetzgebers von detaillierten Vorschriften bei gleichzeitiger Erleichterung der schnellen Anpassung an den technischen Fortschritt auch in den Fällen, wo Normen durch den Gesetzgeber verbindlich gemacht werden. In diesen Fällen bedarf es dann keiner Gesetzesänderung über das Parlament mehr, sondern nur der Änderung einer Norm durch die eigentlichen Fachleute. Aus verfassungsmäßigen Gründen wird dabei häufig der Verweis über die sogenannte Generalklauselmethode auf den Stand der Technik oder die anerkannten Regeln der Technik gewählt. In der 2. Durchführungsverordnung des Energiewirtschaftsgesetzes von 1937 konnte der Gesetzgeber deshalb festlegen, daß Energieerzeugungs-, Verteilungs- und Verbrauchsanlagen nach den anerkannten Regeln der Technik errichtet werden müssen und "Als solche gelten die Vorschriften des Verbandes Deutscher Elektrotechniker". Dies war die Bestätigung einer erfreulichen Entwicklung, die nicht in allen anderen Nachbarländern so günstig verlief, weil dort z.T. der Staat sehr viel detailliertere technische Festlegungen in Verordnungen vorschrieb, u.a. mit der Konsequenz, daß eine Reaktion auf technische Innovationen nur sehr viel mühsamer erfolgen konnte. Die Kopplung zwischen Gesetz und Norm wurde am 5. Juni 1975 zwischen der Bundesrepublik Deutschland und dem DIN - und damit auch für die von DIN und VDE getragene DKE - bestätigt. Es sei unterstrichen, daß die anerkannten Regeln der Technik

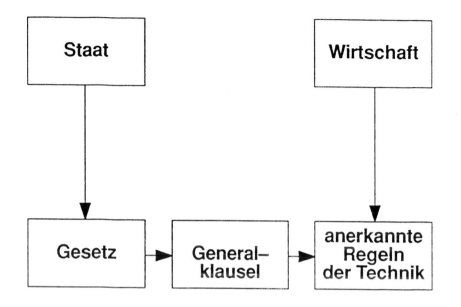

**Prinzip der gleitenden Verweisung**

Bild 2

damit eine Schlüsselrolle besitzen und zwei wichtige Bedingungen zu erfüllen haben:

* In einem Kreis von Experten bildet sich im Konsens eine nach dem Stand wissenschaftlicher Erkenntnis begründete Durchschnittsmeinung (Beteiligung betroffener Kreise).
* Die anwendende Fachwelt hat sich von der Richtigkeit zu überzeugen, d.h. sie muß das Einspruchsrecht haben (Öffentlichkeit mit der Möglichkeit von Schlichtungs- und Schiedsverfahren). Mit diesen beiden Bedingungen hat die Inanspruchnahme technischer Regelwerke durch Verweise im Gesetzestext in Deutschland eine gute und bleibende Tradition, die beim Übergang auf das europäische Normungsverfahren im Prinzip erhalten bleibt. In diesem Sinne wurde der Normenvertrag mit dem DIN am 26.1.1984 im Hinblick auf die Vorgehensweise in Europa erweitert und entspricht damit der am 7.5.1985 verabschiedeten Ratsentschließung zur neuen Konzeption.

Die neue Konzeption beinhaltet die folgenden Aussagen:
- Die Harmonisierung der Rechtsvorschriften beschränkt sich auf die Festlegung der grundlegenden Sicherheitsanforderungen z.B. im Rahmen von Richtlinien, denen die in den Verkehr gebrachten Erzeugnisse genügen müssen.
- Den für die Industrienormung zuständigen Gremien wird die Aufgabe übertragen, technische Spezifikationen auszuarbeiten, die die Beteiligten benötigen, um Erzeugnisse herstellen und in den Verkehr bringen zu können, die den in Richtlinien festgelegten grundlegenden Anforderungen entsprechen.
- Diese technischen Spezifikationen erhalten keinerlei obligatorischen Charakter, sondern bleiben freiwillige Normen.

Gleichzeitig wird jedoch ausgesprochen, daß bei Erzeugnissen, die nach harmonisierten Normen hergestellt worden sind, eine Übereinstimmung mit den in der Richtlinie aufgestellten "grundlegenden Anforderungen" anzunehmen ist. Hersteller haben zwar die Wahl, nicht nach den Normen zu produzieren, in diesem Fall aber liegt die Beweislast für die Übereinstimmung ihrer Erzeugnisse mit den grundlegenden Anforderungen der Richtlinie bei ihnen.

In der novellierten Fassung der 2. Verordnung des Energiewirtschaftsgesetzes von Januar 1987 wurde die gleitende Verweisung der Bedeutung des europäischen Marktes in der EU angepaßt und wie folgt erhalten: "Die Einhaltung der allgemein anerkannten Regeln der Technik oder des in der Europäischen Gemeinschaft gegebenen Standes der Sicherheitstechnik wird vermutet, wenn die technischen Regeln des VDE beachtet worden sind."

## 2. Das Zustandekommen von Normen

Das Zustandekommen von Normen ist unter drei Aspekten zu sehen:
- europapolitisch;
- unternehmenspolitisch;
- organisatorisch.

### 2.1 Der europapolitische Aspekt

Die Normung ist heute mehr denn je ein wirtschaftlicher Faktor erster Qualität, und damit gerät sie zwangsläufig in ein politisches Fahrwasser. Dies nicht so sehr im nationalen Bereich. Hier besteht, abgesichert durch den Vertrag DIN-Bundesregierung, die erwähnte sich immer wieder bewährende Arbeitsteilung. Administrative Eingriffe in diesen Normungsprozeß und eine Konzentration der europäischen Normung auf eine zentrale Normungsinstitution in Brüssel, wie sie vom Grünbuch der KEG ursprünglich vorgeschlagen waren, sind daher nicht notwendig und würden die Bereitschaft der Wirtschaft zur eigenverantwortlichen und selbstverwalteten Mitarbeit an der Normung und damit auch das Niveau der Normen sicher deutlich verringern. Ferner würde sie ein schnelles Reagieren auf die Notwendigkeiten der Wirtschaft unmöglich machen. Wir können heute mit Genugtuung sagen, daß die Resolution des EU-Rates vom 18. Juni 1992 zur Rolle der Europäischen Normung den Absichten des Grünbuches ein Ende gesetzt hat. Als Lehre muß man daraus ziehen, daß das Verfahren der neuen Konzeption weiterhin national getragen sein muß. National heißt aber, die aktive Beteiligung aller Branchen und Verbände sicherzustellen. Das ist das Motiv und das Argument, mit dem sich nationale Anliegen, Besonderheiten und Eigenständigkeiten auch künftig in die europäische Normung einbringen lassen.

## 2.2 Nutzen und Kosten für Unternehmen

Obwohl Nutzen kaum geschlossen quantifizierbar ist, wendete - nach vorsichtigen Schätzungen - die deutsche Wirtschaft für die elektrotechnische Normung 1991 mehr als 160 Millionen DM auf und demonstrierte damit ihr großes Interesse. Diese Tatsache reizt dazu, zumindest eine qualitative Beschreibung des Nutzens in seiner Vielfältigkeit zu versuchen, wobei von jedem die Prioritäten individuell anders gesetzt werden mögen.

### 2.2.1 Der Schutz des Verbrauchers

Verbraucherschutz im gewerblichen und privaten Bereich beinhaltet Personen- und Funktionssicherheit. Beide Ziele sollen durch die Konformität mit den einschlägigen Normen erreicht werden.
Während die Anwendung von Produkten und der Betrieb von Anlagen im gewerblichen Bereich neben der Normenkonformität einen notwendigen und ständigen Aufklärungshintergrund durch die Berufsgenossenschaften erfahren, fehlt dieses in der Regel im privaten Bereich.
Im privaten Bereich ist die gesamte Sicherheitsphilosophie auf die Qualität der Norm und die normenkonforme Herstellung von Geräten und Anlagen konzentriert. So ist z.B. die Qualität der Normung um so höher, je besser sie mögliches Fehlverhalten bereits in der Auslegung von Apparaten berücksichtigt.

### 2.2.2 Einflußnahme auf Normeninhalte

Die Einflußnahme auf Normeninhalte und das Bedürfnis der Beteiligten zur Mitgestaltung im eigenen Sinne, ist eine Voraussetzung für das Funktionieren der Normung. Das Gleichgewicht zwischen unterschiedlichen Interessen sorgt für die Ausgewogenheit der Norm.

## 2.2.3 Kompatibilität

Kompatibilitätsfragen haben in der Technik der Normung schon immer einen hohen Stellenwert verschafft. Dieses bezieht sich sowohl auf die
* physikalische Kompatibilität: anlagentechnische Objekte sind so zu gestalten, daß sie physikalisch zusammenpassen.

als auch auf die
* Kommunikationskompatibilität: Systeme müssen miteinander kommunizieren können.

Kosteneinsparungen durch Rationalisierung und Verhinderung unnötiger Produktvielfalt, Erleichterungen für den Anwender und Wettbewerbsbelebung sind positive Aspekte einer durch Normung gelungenen Kompatibilität.

## 2.2.4 Informationsgewinnung

Normengremien bieten die Möglichkeit, Informationen und Wissen über laufende Entwicklungen, Verfahren und Anforderungen zu erhalten, auf das ansonsten nur sehr schwer zugegriffen werden könnte. Die sich immer schneller entwickelnden Märkte machen es zu einer absoluten Notwendigkeit, daß Unternehmen voneinander lernen. Ein Informations- und Wissenstransfer ist dabei durchaus positiv zu beurteilen, da er nicht einseitig, sondern immer im gegenseitigen Interesse verläuft.

## 2.2.5 Innovationsförderung

Die Forderung nach einer sinnvollen Parallelisierung von Forschungs- und Entwicklungs-Programmen und Normungsaktivitäten wurde bereits 1988 vom Vorsitzenden des Ministerrates der EU in einem veröffentlichten Memorandum gefordert. Demzufolge sind alle F&E-Programme der EU mit geeigneten Schnittstellen zur Normung zu versehen und die Normung möglichst entwicklungsbegleitend einzubeziehen.

Die Notwendigkeit zu dieser Forderung wird für eine Reihe von Warenbereichen gesehen in

* einer abnehmenden Zeit der Produktlebenszyklen;
* einer steigenden Produktkomplexität;
* einer Vermeidung unkontrollierten Wildwuchses.

So eindringlich der Nutzen und die Notwendigkeit entwicklungsbegleitender Normung sind, so schwierig ist die Entscheidung über den richtigen Zeitpunkt, an dem Normung und Entwicklung parallelisiert werden sollten. Dabei ergibt sich folgender Interessenskonflikt:

* Die Normung sollte einerseits möglichst früh in die Entwicklung eingeschaltet werden, um Parallelentwicklungen, Inkompatibilitäten und Zeitengpässe zu vermeiden.

* Die Normung sollte andererseits erst in einem relativ späten Stadium in die Entwicklung einbezogen werden, um innovative Aktivitäten nicht im Keim zu ersticken und die Entwicklung nicht zu früh auf bestimmte Richtungen festzulegen.

Die zeitgerechte Entscheidung zwischen Herstellern und Anwendern kann sinnvollerweise nur auf der Ebene der Normungsgremien getroffen werden.

### 2.2.6 Normengrundlage für das öffentliche Beschaffungswesen

Die Bildung des Europäischen Binnenmarktes eröffnet jedem Unternehmen den gesamten europäischen Wirtschaftsraum als potentielles Absatzgebiet seiner Produkte und Dienstleistungen, ohne Behinderung an den nationalen Grenzen. Dieser freie Warenverkehr ist an Eigenschaften der Waren und Dienstleistungen geknüpft, die in verschiedenen EU-Richtlinien und harmonisierten Normen definiert sind. Dies bedeutet, daß Waren und Dienstleistungen nur dann vermarktet werden dürfen, wenn sie die Anforderungen der zutreffenden EU-Richtlinien und Normen erfüllen.

### 2.3 Organisation des Normenwesens

Das eingehendere Studium der heutigen Situation auf dem Gebiete der Normung zeigt, daß die seit 100 Jahren gepflegten Grundsätze der nationalen Normung in der europäischen Normung prinzipiell weiter Bestand haben. Der Objektivität halber muß allerdings darauf hingewiesen werden, daß Inhalt und Anzahl der deutschen Normen heutzutage nicht mehr allein von den nationalen Normungsgremien gesteuert werden können. Der hohe Harmonisierungs- und Integrationsgrad mit der europäischen und weltweiten Normung macht dies unvermeidlich. Mit der Schaffung des Binnenmarktes haben wir auch ein Stück Normungssouveränität aufgegeben, denn bekanntlich beruht der Normungsprozeß in Europa in seiner letzten Entstehungsstufe auf Mehrheitsentscheidungen. Es wäre falsch, daraus den Schluß zu ziehen, man könne im europäischen Konzert seinen Part reduzieren, denn: wer bei der Normung nicht mitbestimmt, wird mitbestimmt. Die DKE hat darum folgerichtig gehandelt und z.B. 1993 den wesentlichen Aufwand (90 % entsprechend 12400 Teilnehmertagen) der nationalen Gremien mit dem Ziel erbracht, begründete Meinungen auf internationaler (IEC) und regionaler (CENELEC) Ebene vortragen zu können. Begründete Meinungen hängen vorwiegend von einer guten, abgestimmten nationalen Vorarbeit ab, an die hohe Ansprüche zu stellen sind. Es ist zu begreifen, daß Normung heute in ein direkt geknüpftes internationales, regionales und nationales Beziehungsgeflecht eingebunden ist (Bild 3). Die dabei entstehende Belastung spiegelt sich in etwa in der Anzahl der bedienten Gremien bei IEC, CENELEC und DKE.

Bei der IEC
        86     Technische Komitees
     117     Unterkomitees
     einige Hundert Arbeitsgruppen

bei der CENELEC
      72     Technische Komitees und Unterkomitees
      50     Arbeitsgruppen bei der DKE
     396     Komitees und Unterkomitees
     202     Arbeitskreise
   6000     ehrenamtliche Mitarbeiter.

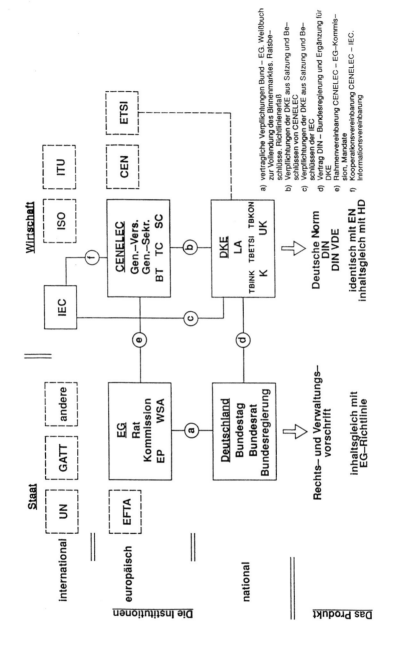

Bild 3 Das Beziehungsgeflecht (Quelle: DKE)

Im Zusammenspiel der drei Normenorganisationen verdienen folgende Punkte Beachtung:
- Organisation und Arbeitsweise von IEC und CENELEC entsprechen sich in vielerlei Hinsicht. Beide haben die Nationalen Elektrotechnischen Komitees als Mitglieder, die ihrerseits für die nationale Normenarbeit in den jeweiligen Ländern zuständig sind. Es gilt der Grundsatz, eigenständige europäische Normenarbeit (CENELEC) nur dann durchzuführen, wenn internationale Arbeitsergebnisse (IEC) nicht in angemessener Zeit zu erwarten oder nicht unverändert in Europa anwendbar sind.
- Eine besondere Rolle spielt die fachliche Zusammenarbeit zwischen IEC und CENELEC. Sie ist seit jeher nicht nur durch die weitgehende Identität der Nationalen Komitees als Mitglieder von CENELEC wie IEC, sondern auch die weitgehende Personenidentität der nationalen Sprecher in beiden Organisationen gegeben. Sie wurde darum durch den Abschluß einer Kooperationsvereinbarung unterstrichen, die eine weitgehende Verflechtung zwischen der europäischen und der internationalen Normenarbeit bewirkt, ohne jedoch den beiderseitigen Handlungsspielraum im Fall divergierender Interessen einzuschränken.
- Abgeschlossene Beratungsergebnisse aus der einen oder der anderen Organisation werden möglichst zeitgleich in beiden Organisationen zur Schlußabstimmung gestellt, so daß bei positivem Abstimmungsergebnis die daraus resultierende deutsche Norm identisch mit der europäischen (EN) und der internationalen (IS) Norm ist (Parallel Voting), [Bild 4].
- Diese enge Kooperation dient dazu, die europäische Vereinheitlichung so durchzuführen, daß damit auch normungsbedingte Schranken gegenüber Drittländern verschwinden, sofern diese Drittländer sich ebenfalls bereit finden, ein internationales Ergebnis als die nationale Norm ihres Landes gelten zu lassen. Der jetzt erreichte Stand der Zusammenarbeit zwischen IEC und CENELEC entspricht der aus deutscher Sicht immer betonten Notwendigkeit, Voraussetzungen für einen möglichst freien Welthandel zu schaffen. Für die praktische Normenarbeit ergibt sich, neben den Beratungen zu Sachfragen und deren internationalen Vertretung, eine zusätzliche Belastung für die deutsche Seite, da die aus der IEC kommenden Texte in englischer und französischer Sprache erscheinen und danach auf

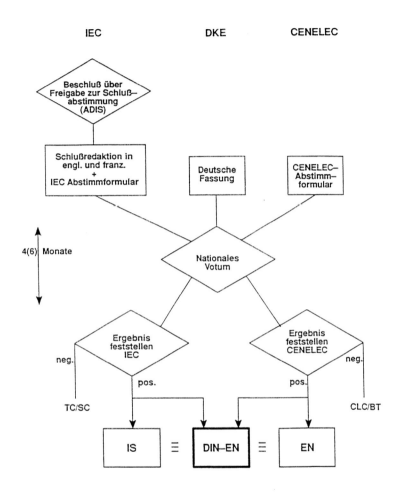

(Vereinfachte Darstellung)

**Arbeitsablauf IEC/CENELEC/DKE bei gemeinsamer Verabschiedung eines IEC-Entwurfs (DIS) als internationale (IS) und Europäische Norm (EN)**

Bild 4

Quelle: DKE

der dreisprachigen CENELEC-Ebene kurzfristig für die Fertigstellung einer deutschen Fassung gesorgt werden muß.

Die deutsche Fassung eines Normentextes hat zwei Aufgaben zu erfüllen:
- Erleichterung bei der Herbeiführung des fachlichen Konsenses aller interessierter Fachkreise während der Bearbeitung.
- Jeder verabschiedete Text einer verabschiedeten EN-Norm muß in das nationale Normenwerk überführt werden.

Dieses ist ganz analog zur staatlichen Umsetzung von EU-Richtlinien in nationales Recht. Das Verfahren der Normenerstellung ist aufwendig und teuer. Es muß aber geleistet werden, wenn die Eigenständigkeit der nationalen Komitees gewahrt bleiben soll. Ideal wäre es, wenn zu jedem Committee Draft (CD) eine Übersetzung rechtzeitig da wäre und rechtzeitig ein Einspruchsverfahren mit der Fachöffentlichkeit durchgeführt werden könnte. Da nur im CD-Stadium sachliche Änderungen verhandelt werden können, müßte zumindest das letzte CD einer Entwicklungsreihe genutzt werden, um seine Vorstellungen noch einbringen zu können. Hat das Dokument den Status des Draft International Standard (DIS) erreicht, kann nur noch mit ja oder nein abgestimmt werden. Die Mehrheit entscheidet und die nationale Übernahme ist in jedem Fall verpflichtend. Interessant ist die Entwicklung der elektrotechnischen Normung in Deutschland hinsichtlich ihres Harmonisierungsgrades. 1992 wurden nur noch 2 % aller Normentwürfe als rein nationale Vorhaben bearbeitet, [Bild 5].

Bei CENELEC ist die Gesamtsituation der EN/HD wie folgt: 11 % beruhen auf rein europäischen Arbeiten (die aber nach Fertigstellung auch noch der IEC zur weltweiten Normung angeboten werden), 17 % sind IEC-Normen mit europäischen Abänderungen und immerhin 72 % stellen unveränderte Übernahmen von IEC-Arbeiten dar, [Bild 6]. Wir können davon ausgehen, daß dieses Zahlenverhältnis auch den Zustand nach Abschluß aller Übernahmearbeiten darstellt. Dieser Harmonisierungsgrad ist einmalig und wird in keinem anderen Industriezweig erreicht. Wo stehen wir heute? Im Endzustand des europäischen elektrotechnischen Normenwerkes einschließlich Informationstechnik rechnet man mit ca. 60 000 Seiten Text (entsprechend ca. 2500 EN und HD).

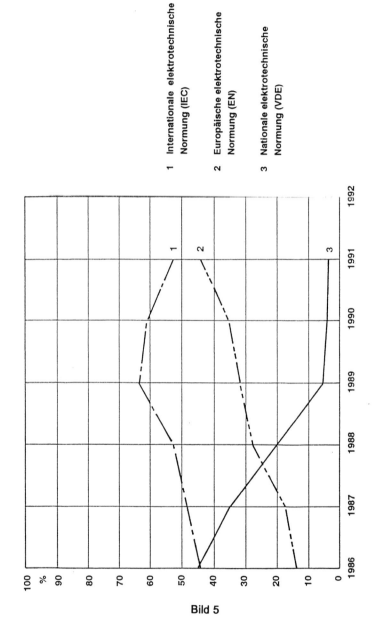

Bild 5  Schwerpunktverschiebungen in der Normungsarbeit (Normungsvorhaben)   Quelle: DKE

1 Internationale elektrotechnische Normung (IEC)
2 Europäische elektrotechnische Normung (EN)
3 Nationale elektrotechnische Normung (VDE)

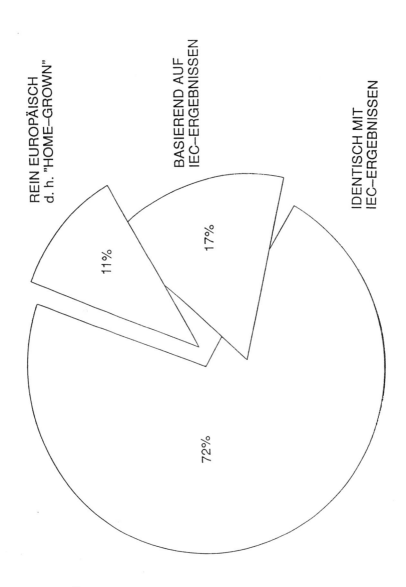

**Übernahmeanteile EN aus IEC** Quelle: DKE

**Bild 6**

Davon wurden bis 1991 über 30 000 Seiten (entsprechend ca. 1000 EN und HD) harmonisiert. In den 30 000 Seiten harmonisierter Normen befinden sich bereits 85 % der sicherheitsrelevanten Normen. Sicherheitstechnische Normen werden ca. 50 % des Gesamtnormenwerkes ausmachen, [Bild 7]. Man erkennt daraus, daß noch ein beachtlicher Teil an Umsetzungsarbeit notwendig ist, bevor man im EU-Binnenmarkt auf ein geschlossenes europäisches Normenwerk zurückgreifen kann. Es war allerdings von großem Vorteil, daß beim Inkrafttreten des Binnenmarktes alle für den grenzüberschreitenden Warenverkehr notwendigen sicherheitstechnischen Normen vorlagen und Handelshemmnisse hier aufgrund noch nicht harmonisierter Normen praktisch ausgeräumt waren.

Dieses Ergebnis war möglich durch aktive und kompetente Gremienarbeit,
- erleichternde Verfahren (Vilamoura),
- Mitarbeit von internationalen Fachverbänden.

Dem letzteren entspricht die Bereitschaft von CENELEC (wie auch CEN), Normungsvorschläge bereits bestehender europäischer Organisationen der Hersteller bzw. der Anwender unter der Bezeichnung "cooperating organisations" zu nutzen. Dies ist sicherlich eine positive Entwicklung. Es sollte jedoch kein Zweifel daran bleiben, daß die offiziellen Stellungnahmen in den Beratungen der Normengremien und die Ausübung von Stimmrechten in den Gremien und bei der Verabschiedung von Normenentwürfen ausschließlich den Nationalen Komitees als Mitglieder von CENELEC zustehen. Nur diese sind in das internationale und regionale Beziehungsgeflecht der Normung eingebunden.

### 3. Bedeutung der Normen für das öffentliche Beschaffungswesen

Das Funktionieren des Binnenmarktes in der Europäischen Union ist an drei Voraussetzungen gekoppelt:
* Die Umsetzung der EU-Richtlinien in nationales Recht;
* Die Erstellung europäisch harmonisierter Normen und deren Übernahme in das nationale Normenwerk;

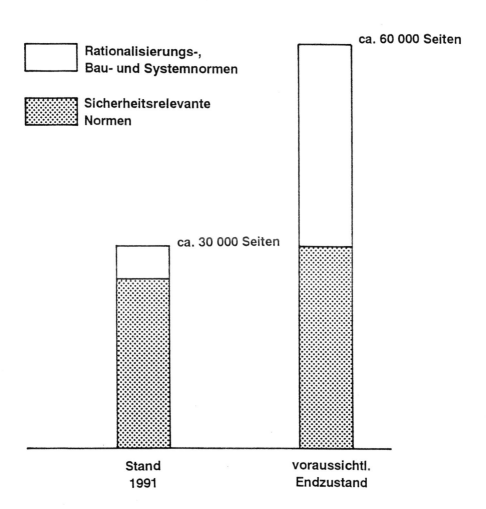

**Das elektrotechnische Normenwerk**

Bild 7

* Die Schaffung gegenseitigen Vertrauens durch das "Globale Konzept für Zertifizierung und Prüfwesen" für Produkte, Verfahren und Dienstleistungen. Künftig wird man bei öffentlichen Auftragsvergaben, die den festgelegten Schwellenwert überschreiten, nach folgender Anwendungshierarchie für technische Spezifikationen vorzugehen haben, [Bild 8].

- Verbindliche Bezugnahme auf europäische Normen, sofern solche bestehen.
- Existieren diese nicht (bzw. noch nicht) sollen die technischen Spezifikationen durch Bezugnahme auf andere in der Gemeinschaft gebräuchliche Normen festgelegt werden (z.B. nationale Normen).
- Zusätzliche Spezifikationen die zur Ergänzung der europäischen Normen oder anderer Normen erforderlich sind, können vom Auftraggeber gefordert werden. Gegenwärtig wird das Verfahren zum öffentlichen Beschaffungswesen begonnen und die Öffnung der Grenzen in Europa für den freien Verkehr von Waren und Dienstleistungen macht sich bereits bemerkbar. Die Vereinheitlichung der nationalen Märkte in Europa erfordert eine Neuorientierung im Denken und Handeln von Auftraggebern und Auftragnehmern. Kompromisse sind mitzugestalten, damit die gemeinsame Zukunft rationell und darum mit erträglichen Regeln und darum kostenminimiert gestaltet werden kann. Der Konformitätsnachweis für Produkte und Dienstleistungen mit europäischen Richtlinien und Normen ist ein auf Dauer angelegtes Ordnungs- und Wettbewerbsinstrument. Die darin gelagerte wirtschaftliche Bedeutung ist erheblich und sollte die aktive deutsche Einflußnahme bei der Ausgestaltung der Normen auch künftig sichern.

**Weiterführende Literatur**
- ETG-Fachbericht 43 Normung und Zertifizierung im EU-Binnenmarkt. VDE Verlag (1993)
- P. Marburger Normung und Recht. EU-Richtlinien und Verweisung auf Normen. VDE-Fachbericht 45, S. 67 (1993)
- M. Lehmann Meilensteine der elektrotechnischen Normung. DKE-Veröffentlichung, Oktober 1992

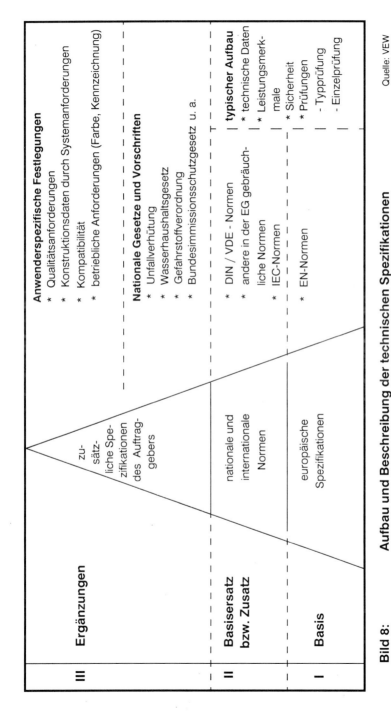

Bild 8: Aufbau und Beschreibung der technischen Spezifikationen

Quelle: VEW

**Akkreditierung und die gegenseitige Anerkennung in Europa**

Dr.-Ing. Thomas Facklam, DATech, Frankfurt

Dr.-Ing. Thomas Facklam, Frankfurt

## Akkreditierung und die gegenseitige Anerkennung in Europa

**Einleitung**

Zur Vollendung des einheitlichen Binnenmarktes hat der Rat der Europäischen Union beschlossen, ein System von Richtlinien nach der neuen Konzeption zu schaffen. Diese neue Konzeption sieht vor, daß die Eigenschaften der Produkte allgemein formuliert werden - Schutzziele - und die nähere Beschreibung der Eigenschaften in den harmonisierten Normen zu finden ist. Produkte, die die geforderten Eigenschaften haben, d. h. die Schutzziele erfüllen, werden mit dem EU-Konformitätszeichen (CE-Zeichen) gekennzeichnet. Ein so gekennzeichnetes Gerät darf in der EU frei vertrieben werden und eine Einschränkung des Inverkehrbringens darf nur mit besonderem Anlaß erfolgen.

Die meisten EU-Richtlinien sehen eine Prüfung und Kennzeichnung der Produkte in Eigenverantwortung der Hersteller vor. Hierdurch wird auch der tatsächlichen Verantwortlichkeit des Herstellers für sein Produkt Rechnung getragen.

**Das deutsche und das europäische Akkreditierungssystem**

In Deutschland hat sich ein duales Akkreditierungssystem etabliert, das - koordiniert vom deutschen Akkreditierungsrat DAR - den gesetzlich geregelten Bereich auf der einen Seite und den gesetzlich nicht geregelten Bereich auf der anderen Seite, vertritt (Bilder 1-5).

Diese hier dokumentierte Trennung, die eine Mehrfach-Zertifizierung und -Akkreditierung befürchten läßt, ist auf der Arbeitsebene inzwischen in vielen Bereichen aufgehoben.

So bedienen sich mehrere Akkreditierungsstellen des gesetzlich geregelten Bereiches (z.B. BAPT, ZLG, ZLS, KBA) der Dienstleistungen aus dem gesetzlich nicht geregelten Bereich und erkennen dessen Ergebnisse an bzw. nutzen diese als Grundlage des eigenen Handelns.

Damit wird sich - in Zukunft noch verstärkt - der Nachteil des komplizierten deutschen Akkreditierungssystems mit der Zeit auflösen und Mehrfach-Zertifizierungen und Akkreditierungen überflüssig machen.

Das deutsche Akkreditierungssystem ist - soweit der nicht geregelte Bereich betroffen ist - in das europäische System der Akkreditierungsstellen (Bilder 6-7) integriert und die Aufnahme Deutschlands in das bereits bestehende multilaterale Abkommen über die Anerkennung im Bereich Prüflaboratorien wird demnächst erfolgen. Im Bereich Akkreditierung von Zertifizierungsstellen wird Deutschland zu den Gründungsmitgliedern des multilateralen Abkommens zählen.

Im gesetzlich geregelten Bereich sind solche Abkommen nicht notwendig, da hier die gegenseitige Anerkennung gesetzlich geregelt ist.

**Maßnahmen für die Vertrauensbildung in Herstellererklärungen bezüglich der Eigenschaften von Produkten und Dienstleistungen**

Entsprechend dem Globalen Konzept der Kommission der EU wird der Hersteller in die Lage versetzt, die Übereinstimmung seines Produktes in eigener Verantwortung ohne zusätzliche Prüfung und/oder Zertifizierung durch Dritte zu erklären.

Dies gilt für den größten Teil der Produktpalette. Lediglich für bestimmte, als besonders gefährlich eingeordnete Produkte, sehen die entsprechenden EU-Richtlinien Drittprüfungen des Produktes und/oder des QS-Systems durch eine notifizierte Stelle vor. Die relevante Richtlinie wird im Anhang genannt.

Außerhalb dieses relativ kleinen Bereiches erklärt der Hersteller in eigener Verantwortung die Übereinstimmung mit den relevanten EU-Richtlinien und bringt das CE-Zeichen an.

Darüber hinaus erklärt der Hersteller immer in eigener Verantwortung, die Einhaltung der sonstigen vom Kunden geforderten Eigenschaften.

Um das Vertrauen in die Aussage des Herstellers zu erhöhen, haben sich verschiedene begleitende Maßnahmen etabliert.

- **Prüfung des Produktes in akkreditierten Herstellerprüflaboratorien**
Der Hersteller hat die Möglichkeit, ein unabhängiges Prüflaboratorium zu betreiben und dieses Prüflaboratorium von einer unabhängigen Stelle (Akkreditierungsstelle) prüfen und überwachen (akkreditieren) zu lassen. Dieses Prüflaboratorium kann dann Prüfberichte als akkreditiertes Prüflaboratorium herausgeben. Diese Prüfberichte geben der Herstellererklärung ein sicheres Fundament, da die Unabhängigkeit und Kompetenz des Prüflaboratoriums von einer anerkannten und unabhängigen Akkreditierungsstelle geprüft und überwacht wird. Der Kunde hat damit eine qualifizierte Herstellererklärung, der er Vertrauen entgegen bringen kann.

- **Zweitprüfung des Produktes**
Die sogenannte Zweitprüfung ist eine Prüfung des Kunden beim Hersteller, um festzustellen, daß die Produkte den geforderten Eigenschaften entsprechen. Dies geschieht bei wertvollen Einzelprodukten durch eine konkrete Prüfung des einzelnen Produktes, bei Serienprodukten wird diese Prüfung auf statistischer Basis erfolgen. Diese Zweitprüfung des Produktes ist für Hersteller und Kunde sehr aufwendig und erfordert, daß der Kunde und der Hersteller in direktem Kontakt stehen, was bei Standardprodukten normalerweise nicht der Fall ist.

- **Zweitprüfung des Qualitätssicherungssystems**
Der Kunde kann sich auch auf die Wirksamkeit des Qualitätssicherungssystems des Herstellers stützen und zur Herstellung des Vertrauens eine Zweitprüfung, d.h. QS-Audits beim Hersteller durchführen.

Die Durchführung von Zweitprüfungen, d.h. Produktprüfungen und/oder QS-Audits beim Hersteller sind sowohl für den Kunden als auch für den Hersteller sehr aufwendig. Insbesondere sind hier die Personal- und Dokumentationskosten beim Kunden und der Aufwand beim Hersteller, durch die häufige Anwesenheit von Kunden die bei Produktprüfungen und QS-Audits den Arbeitsablauf erheblich behindern, zu berücksichtigen.

- **Zertifizierung, d.h. Drittprüfung und Überwachung des QS-Systems**
  Drittprüfung heißt Aktivität eines unabhängigen Dritten. Dies bedeutet, eine Stelle, die sowohl vom Hersteller als auch vom Kunden unabhängig ist. Diese unabhängige Zertifizierungsstelle für QS-Systeme prüft und überwacht die Korrektheit und Wirksamkeit des QS-Systems des Herstellers. Der Kunde kann sich auf die Aussage der QS-Zertifizierungsstelle stützen und von der Wirksamkeit des QS-Systems beim Hersteller ausgehen, ohne selbst beim Hersteller auditiert zu haben. Für die Vertrauenswürdigkeit des QS-Zertifikates sollte die QS-Zertifizierungsstelle für den relevanten Bereich akkreditiert, d.h. wiederum durch eine unabhängige Stelle überprüft und überwacht sein.

- **Drittprüfung des Produktes (Typprüfung)**
  Um die korrekte Konstruktion des Produktes zu überprüfen, kann ein unabhängiges (akkreditiertes) Prüflaboratorium beauftragt werden. Der Prüfbericht aus dem Drittprüflaboratorium hat prinzipiell die gleiche Aussagekraft, wie der Prüfbericht aus dem akkreditierten Firmenprüflaboratorium. D.h. auch hier wird eine qualifizierte Herstellererklärung aufgrund eines Prüfberichtes aus einem akkreditierten Prüflaboratorium abgegeben.

- **Zertifizierung des Produktes**
  Die Produktzertifizierung ist die Maßnahme einer unabhängigen Drittstelle - (akkreditierte) Zertifizierungsstelle -, die folgendes beinhaltet:

Der Prüfbericht über das Produkt, der aus einem akkreditierten oder einem gleichwertig qualifizierten Prüflaboratorium kommen muß, wird auf seine Vollständigkeit und Korrektheit überprüft. D.h. es wird geprüft, ob alle relevanten Anforderungen auch angewendet und bestanden wurden. Für ein Einzelprodukt kann auf diese Grundlage ein Produktzertifikat ausgestellt werden.
Bei Serienprodukten muß die Zertifizierungsstelle geeignete Maßnahmen

ergreifen, d.h. ein Zertifizierungssystem betreiben, die Vertrauen schaffen, daß auch die Produkte der Serie, dem typgeprüften Produkte entsprechen. Solche Maßnahmen sind z.b.: Begutachtung der Produktionsstätte, Marktkontrollen, Beurteilung des QS-Systems des Hersteller.

Die umfassendste Maßnahme zur Vertrauensbildung in die Eigenschaften eines Produktes ist eine Kombination aus

- Typprüfung im akkreditierten Prüflaboratorium
- Zertifizierung des Produktes mit Marktkontrolle
- Zertifizierung des QS-Systems des Herstellers

Alle drei Stellen, die unter den Spiegelstrichen aufgeführt sind, sollten ihrerseits durch eine anerkannte Drittstelle bezüglich ihrer Kompetenz geprüft und überwacht sein. Das heißt, diese Stellen sollten akkreditiert sein.

Das Verfahren der Akkreditierung bietet sowohl den Prüflaboratorien und Zertifizierungsstellen als auch dem Kunden Vorteile, die im vereinten Europa zunehmend Bedeutung erlangen:
- Ein ausgeprägtes Qualitätsbewußtsein der Mitarbeiter wird aufgebaut und führt zu klaren Leistungsvorteilen und damit zu höherem Nutzen für ihre Kunden.
- Die Kompetenzbescheinigung wird auch im europäischen Rahmen anerkannt; sie ist Voraussetzung für die Vergleichbarkeit der Ergebnisse in Europa und sichert die Einhaltung europäischer Qualitätsstandards.
- Für die von akkreditierten Stellen geprüften bzw. zertifizierten Produkten oder Dienstleistungen entstehen Wettbewerbsvorteile.

Die Akkreditierung ist ein Verfahren zur Kompetenzbestätigung.
Akkreditiert werden:
- Prüf- und Kalibrierlaboratorien für die Durchführung bestimmter Aufgaben,
- Zertifizierungsstellen, die Produkte, Qualitätssicherungssysteme bzw. Personal zertifizieren,

- Überwachungsstellen, die Inspektionen von Produkten und Anlagen durchführen.

Die Akkreditierung erfolgt durch unabhängige Akkreditierungsstellen. Diese arbeiten in Europa nach einheitlichen Regeln und Normen (Reihe DIN EN 45000). Sie prüfen u.a. ob wichtige Anforderungen erfüllt sind, wie:
- eine geeignete Organisationsstruktur,
- Unparteilichkeit, Unabhängigkeit und Integrität,
- Fachkompetenz des Personals,
- ein Qualitätssicherungssystem (QS-Handbuch),
- technisch notwendige Ausstattung und technische Kompetenz,
- die Rückführbarkeit und Reproduzierbarkeit von Ergebnissen.

Die Kompetenz des Antragstellers wird durch Fachexperten mit hoher Sachkompetenz und einer speziellen Schulung auf dem Gebiet der Akkreditierung begutachtet. Die im Verfahren der Akkreditierung bestätigte Kompetenz wird durch eine Überwachung in festgelegten Abständen immer wieder überprüft.

In den meisten europäischen Ländern werden Akkreditierungen durch zentrale Stellen vorgenommen. In Deutschland wurde dagegen ein betont fachbezogener Ansatz beim Aufbau des nationalen Akkreditierungssystems gewählt. Um eine hohe Kompetenz beim Verfahren der Akkreditierung zu sichern, hat die deutsche Industrie zusammen mit technisch-wissenschaftlichen Institutionen unabhängige, sektorspezifische Akkreditierungsstellen aufgebaut, in denen die Fachleute unmittelbar die Regeln für die Bewertung der technischen Kompetenz festlegen.

Laboratorien und Zertifizierungsstellen, die in einem Bereich arbeiten, wo Produkteigenschaften oder Dienstleistungen durch Rechtsvorschriften geregelt sind, werden vor allem durch staatlich getragene Stellen akkreditiert. In Absprache mit ihnen arbeiten auch privatwirtschaftlich getragene Stellen in diesem Bereich. Die Akkreditierung ist eine Grundlage für die Notifizierung bei der EU-Kommission als kompetente, unabhängige Stelle, die im Rahmen der EU-Richtlinien arbeitet. Es gibt also Akkreditierungsstellen für verschiedene Sachgebiete sowohl im gesetzlich geregelten als auch im gesetzlich nicht geregelten Bereich. Im gesetzlich nicht geregelten Bereich werden alle Aktivitäten freiwillig auf Vertragsbasis geregelt. Die Trägergemeinschaft für Akkreditierung (TGA) koordiniert die Arbeit der Akkreditierungsstellen im gesetzlich nicht geregelten Bereich. Alle Akkreditierungsstellen in Deutschland arbeiten im Deutschen Akkreditierungsrat zusammen.

**Beschreibung des deutschen Akkreditierungssystems und der Deutschen Akkreditierungsstelle Technik DATech e.V.**

**Organisation und Arbeitsweise des DAR**

Der DAR wurde im März 1991 gegründet. Er ist eine Arbeitsgemeinschaft mit koordinierenden Aufgaben. Er arbeitet nach abgestimmten Verfahrensregeln.

Der DAR ist paritätisch aus Vertretern des gesetzlich geregelten Bereiches bzw. der staatlichen Akkreditierer und des gesetzlich nicht geregelten Bereiches zusammengesetzt. Weiterhin gehören ihm je ein Vertreter des BMWi, des BMA und des DIN an.
Die Mitglieder des DAR repräsentieren entweder eine oder mehrere Akkreditierungsstellen und Bund-Länder-Arbeitskreise (z. B. ARGEBAU), die auf einem der gesetzlich geregelten Bereiche arbeiten.
Die Mitgliedschaft im DAR ist ehrenamtlich.

Die Aufgaben des DAR sind:
- Koordinierung der in Deutschland erfolgenden Tätigkeiten auf dem Gebiet der Akkreditierung und Anerkennung von Prüflaboratorien, Kalibrierlaboratorien, Zertifizierungs- und Überwachungsstellen,
- Führen eines zentralen deutschen Akkreditierungs- und Anerkennungsregisters,
- Wahrnehmung der deutschen Interessen in nationalen, europäischen und internationalen Einrichtungen, die sich mit allgemeinen Fragen der Akkreditierung und Anerkennung beschäftigen.

Zur besseren Koordinierung der Arbeiten werden im DAR Ausschüsse gebildet. Derzeit existieren sie auf folgenden Gebieten:

* DAR-AZ (Ausschuß für Zusammenarbeit)
* DAR-ABT (Ausschuß für Begutachtertraining)
* DAR-AIZ (Ausschuß für Internationale Zusammenarbeit)
* DAR-ATF (Ausschuß für Technische Fragen).

Der **Ausschuß AZ** unterstützt im Auftrag des DAR die Koordinierung zwischen dem geregelten und dem nicht geregelten Bereich und formuliert einheitliche Regeln für Akkreditierungsverfahren, nach denen alle vom DAR mittelbar oder unmittelbar vertretenen Stellen arbeiten (Bilder 2 - 4).

Der **Ausschuß ABT** erarbeitet ein Schulungsprogramm für Begutachter in Akkreditierungsverfahren.

Der **Ausschuß AIZ** unterstützt den DAR bei der Vertretung der Interessen des deutschen Akkreditierungssystems in nationalen, europäischen und internationalen Organisationen.

Der **Ausschuß ATF** unterstützt den DAR bei der Erarbeitung von technischen Empfehlungen zu übergreifenden technischen Fragen.

Die Geschäftsstelle des DAR befindet sich im Referat 7.43 "Zusammenarbeit mit europäischen Institutionen" der Bundesanstalt für Materialforschung und -prüfung (BAM), Berlin.
Sie unterstützt den Vorsitzenden, ist verantwortlich für die Vorbereitung und Durchführung der Sitzungen des DAR und seiner Ausschüsse, ist zentrale Anlaufstelle für alle Fragen des deutschen Akkreditierungswesens und übernimmt die zentrale Registrierung (Datenbank) der im Rahmen des deutschen Akkreditierungssystems erfolgten Akkreditierungen und Anerkennungen.

Beschlüsse des DAR haben empfehlenden Charakter. Sie werden möglichst im Konsens gefaßt. Ist eine Abstimmung ausnahmsweise erforderlich, entscheidet die einfache Mehrheit der anwesenden Mitglieder.

Soweit Beschlüsse des DAR die Aufgaben der von den Mitgliedern vertretenen Akkreditierungs- und Anerkennungsstellen unmittelbar berühren, werden sie von diesen Stellen in eigener Kompetenz umgesetzt.

Alle Akkreditierungsstellen, die im DAR vertreten sind, arbeiten auf der Grundlage der DIN EN 45000 Reihe und von DAR-Beschlüssen. Sie dürfen deshalb mit Zustimmung des DAR die DAR-Urkunden zur Akkreditierung verwenden.
Der DAR als Gremium führt selbst keine Akkreditierungen durch.

**Definitionen**

Allgemeine Fachausdrücke und deren Definitionen werden in Anlehnung an die Norm DIN EN 45020 verwendet.

Darüber hinaus definiert der DAR weitere Fachausdrücke wie folgt:
- **Gesetzlich geregelter Bereich:**
  In Bezug auf Akkreditierung, Zertifizierung und Prüfung gelten als gesetzlich geregelt die Bereiche, in denen durch Rechtsvorschriften Regelungen festgelegt sind. Dazu gehören Akkreditierungen, die im Rahmen von Notifizierungsverfahren durchgeführt werden sowie Akkreditierungen, Zertifizierungen, Prüfungen und mit ähnlichen Begriffen beschriebene Verfahren, die in nicht harmonisierten Rechtsvorschriften enthalten sind.

- **Gesetzlich nicht geregelter Bereich:**
  In Bezug auf Akkreditierung, Zertifizierung und Prüfung gelten als gesetzlich nicht geregelt die Bereiche, in denen keine Rechtsvorschriften der EU oder nationale Rechtsvorschriften existieren und alle Aktivitäten freiwillig auf Vertragsbasis geregelt werden.

- **Notifizierte Stelle:**
  Neutrale Stelle, deren Kompetenz zur Durchführung der Konformitätsbewertungsverfahren im Sinne von EU-Richtlinien durch die nationale Regierung bestätigt und der Europäischen Kommission und den Mitgliedstaaten für bestimmte Prüf-, Zertifizierungs- oder Überwachungsaufgaben im Rahmen von EU-Richtlinien gemeldet wurde. (Können die gemeldeten Stellen die Übereinstimmung mit den Kriterien der DIN EN 45000 Reihe, z. B. durch ihre Akkreditierung nachweisen, so wird davon ausgegangen, daß sie auch den Kriterien der Richtlinie entsprechen).

- **Begutachtungsbausteine:**
  Bausteine eines Begutachtungsverfahrens zur Akkreditierung von Prüflaboratorien, Zertifizierungs- bzw. Überwachungsstellen.

## Akkreditierungsverfahren

### Allgemeine Regelungen

Akkreditierungen unter dem Dach des DAR basieren auf der Normenserie DIN EN 45000.

Im DAR werden allgemeine Regelungen für Akkreditierungsverfahren in Untersetzung dieser Normenserie bestätigt.

Spezielle Regelungen zum Verfahren sowie fachspezifische Kriterien zur Begutachtung sind in den Verfahrensregeln der einzelnen Akkreditierungsstellen formuliert. Sie liegen ausdrücklich in der fachlichen Kompetenz dieser Stellen.

## Die Grundlagen der Tätigkeiten der DATech

### Der Lenkungsausschuß und die diesem verantwortlichen Organe

Der Lenkungsausschuß der DATech ist verantwortlich für die Tätigkeit der DATech als Akkreditierungsstelle. Die Zusammensetzung des LA stellt sicher, daß keine Einzelinteressen dominieren. Er ist mit allen am Akkreditierungssystem interessierten Kreisen direkt oder indirekt besetzt. Für die Durchführung des Management Review der DATech ist der Vorsitzende des Lenkungsausschusses verantwortlich. Er wird bei der Durchführung vom Vorstand und dem Geschäftsführer der DATech unterstützt.

**Lenkungsausschuß (LA)**

Der LA ist für alle Aktivitäten der DATech als Akkreditierungsstelle verantwortlich. In dieser Eigenschaft ist der LA auch für die fachliche Arbeit des Geschäftsführers und der Mitarbeiter der DATech verantwortlich. Ein Einfluß der Organe des Vereins (Vorstand, Mitgliederversammlung) auf die fachliche Arbeit des Geschäftsführers bzw. der Mitarbeiter darf nur über den LA erfolgen.

**Der Lenkungsausschuß (LA) hat insbesondere folgende Aufgaben:**
- Genehmigung und Fortschreibung der Richtlinien für Akkreditierung und die Genehmigung der anzuwendenden Prüfgrundlagen;
- Durchführung und Überwachung der Akkreditierung von Zertifizierungsstellen und Prüflaboratorien
- Einsetzung eines Ausschusses zur Entscheidung über die Akkreditierung von Zertifizierungsstellen und Prüflaboratorien (Akkreditierungsausschuß)
- Überwachung der Tätigkeit des Akkreditierungsausschusses, dazu können die notwendigen Unterlagen zu jedem Einzelverfahren angefordert werden
- Beschlußfassung über Maßnahmen gegenüber akkreditierten Zertifizierungsstellen und Prüflaboratorien oder benannten Begutachtern;
- Koordinierung der Akkreditierungs-, Zertifizierungs- und Prüfaktivitäten im Bereich Elektrotechnik auf nationaler Ebene und der deutschen Interessenvertretung auf europäischer und internationaler Ebene;
- Einsetzung eines Schlichtungsausschusses zur Entscheidung von Beschwerden betreffend Akkreditierung;

**Akkreditierungsausschuß**

Der Akkreditierungsausschuß entscheidet über die Akkreditierung von Zertifizierungsstellen nach den Ergebnissen der Begutachtung unter Einbeziehung des zuständigen Sektorkomitees.

Der Akkreditierungsausschuß entscheidet über die Akkreditierung von Prüflaboratorien nach den Ergebnissen der Begutachtung und der Empfehlung des zuständigen Sektorkomitees.

Der Akkreditierungsausschuß spricht die formelle Akkreditierung aus. Entsprechendes gilt auch für die Aussetzung und Zurückziehung von Akkreditierungen.

Der Akkreditierungsausschuß besteht aus dem Vorsitzenden und dem stellvertretenden Vorsitzenden des LA, dem Geschäftsführer und dem Vorsitzenden des jeweils betroffenen Sektorkomitees. Die Entscheidungen sind einvernehmlich zu treffen. Der Vorsitzende und der stellvertretende Vorsitzende des LA können ihre Entscheidungskompetenz an Mitglieder des LA übertragen, ebenso kann der Vorsitzende des betroffenen Sektorkomitees von einem benannten Mitglied des Sektorkomitees vertreten werden.

Die Akkreditierungsurkunden ("formale Akkreditierungsdokumente" gemäß DIN EN 45003 Abschnitt 10.1) sind vom Vorsitzenden des LA bzw. vom Geschäftsführer zu unterzeichnen.

Der Vorsitzende erstattet dem LA über die Arbeit des Akkreditierungsausschusses regelmäßig Bericht.

**Schlichtungsausschuß**

Bei Beschwerden über Entscheidungen zur Gewährung, Verweigerung, Aussetzung und Zurückziehung von Benennungen und Akkreditierungen, die nicht in Verhandlungen mit den beschwerdeführenden Stellen oder im Rahmen der Sektorkomitees ausgeräumt werden können, wird vom LA ein Schlichtungsausschuß eingesetzt.

Der Schlichtungsausschuß besteht aus einem Vorsitzenden, der im Einvernehmen mit den Parteien vom LA benannt wird, und je zwei Vertretern der Parteien.

Bei erfolglosen Schlichtungsbemühungen wird die Beschwerde an das Schiedsgericht der TGA zur Entscheidung weitergeleitet.

**Geschäftsführung des Vereins**

Der Geschäftsführer und die Mitarbeiter der DATech sind für die Arbeiten als Akkreditierungsstelle dem Lenkungsausschuß der DATech verantwortlich. Ein Einfluß der Organe des Vereins (Vorstand, Mitgliederversammlung) auf deren Tätigkeit ist nur über den LA zulässig.

Falls die Organe des Vereins direkten Einfluß auf den Geschäftsführer bzw. die Mitarbeiter der DATech in fachlicher Hinsicht nehmen, ist der Geschäftsführer der DATech verpflichtet, die Übereinstimmung der geforderten Handlungen mit den Regelungen, die vom LA beschlossen wurden, zu prüfen. Sollte hier ein Widerspruch bestehen, darf der Geschäftsführer die Weisungen der Organe des Vereins bezüglich der fachlichen Tätigkeit der Akkreditierungsstellen nicht befolgen. Vielmehr ist hier der LA zu informieren.

Die Geschäftsführung wird von einem Geschäftsführer wahrgenommen. Der Geschäftsführer ist Leiter der Akkreditierungsstelle im Sinne von DIN EN 45003 Abschnitt 5a).

**Sektorkomitees (SK)**

Das Sektorkomitee (SK) ist ein Komitee der DATech im Sinne von DIN EN 45003 Abschnitt 7.

Das SK hat für seinen Sachbereich die Aufgabe, die DATech im Hinblick auf technische Anforderungen zur Akkreditierung und auf technische Angelegenheiten des Betreibens der Akkreditierungssysteme zu beraten.

Hierbei bereitet das SK die Benennung von technischen Begutachtern nach DIN EN 45002, die Akkreditierung von Zertifizierungsstellen in Anlehnung an DIN EN 45011 und von Prüflaboratorien nach DIN EN 45001 vor und sorgt für die Fortschreibung der Prüfbausteine und der Qualifikationsanforderungen der an den Akkreditierungs-, Zertifizierungs- und Prüfverfahren Beteiligten. Die Bildung von Sektorkomitees ist vom LA zu bestätigen.

Sektorkomitees können sich als selbständige Organisationen (Vereine, Gemeinschaften usw.) oder als Komitees, Arbeitskreise usw. konstituieren. Entsprechend den Verhältnissen auf den Prüfgebieten des Sektorkomitees ist für eine angemessene Beteiligung der betroffenen Stellen und Fachkreise (Hersteller, Anwender, Zertifizierungsstellen und Prüflaboratorien, Behörden usw.) an den sektorkomitee-spezifischen Entscheidungen zu sorgen.

Das SK erarbeitet:
- Prüfbausteine für die technische Begutachtung von Zertifizierungsstellen für das jeweilige Sachgebiet (möglichst auf der Grundlage von Normen),
- Prüfbausteine für die technische Begutachtung eines Prüflaboratoriums für das jeweilige Sachgebiet (möglichst auf der Grundlage von Normen),
- Fragenkatalog für die technische Begutachtung von Prüflaboratorien für das jeweilige Sachgebiet,
- Aufwandsabschätzungen für die technische Begutachtung für das jeweilige Sachgebiet,
- Anforderungen für technische Begutachter von Prüflaboratorien,
- Qualifikationsverfahren für technische Begutachter von Zertifizierungsstellen bzw. Prüflaboratorien,
- Schulungsunterlagen für technische Begutachter von Zertifizierungsstellen und Prüflaboratorien.

Das SK überprüft die Qualifikation von Bewerbern, die als Begutachter benannt werden wollen, und teilt dem DATech-LA das Ergebnis mit.

Das SK wertet die Berichte über die Begutachtung eines Prüflaboratoriums aus und gibt dann eine begründete Empfehlung an den Akkreditierungsausschuß der DATech, ob eine Akkreditierung ausgesprochen werden soll oder nicht.

Das SK entsendet seinen Vorsitzenden oder einen Beauftragten aus dem SK in den Akkreditierungsausschuß der DATech für Akkreditierungen, die das SK betreffen.

Das SK organisiert den SK-internen Erfahrungsaustausch von Zertifizierungsstellen und Prüflaboratorien.

Das SK fungiert als deutsches Spiegelkomitee für die entsprechenden europäischen und internationalen Gremien.

Sektorkomitees arbeiten nach einer vom LA genehmigten Geschäftsordnung.

**Gebühren für die Akkreditierung**

Die Gebühren für die Akkreditierung werden nach dem Kostendeckungsprinzip auf Vorschlag des Lenkungsausschusses von der Mitgliederversammlung festgelegt.
Für die Erst- und Folge-Akkreditierungen von Zertifizierungsstellen bzw. Prüflaboratorien werden Gebühren erhoben, insbesondere für den Aufwand bei der Begutachtung vor Ort, für die Erstellung des Begutachtungsberichts, für die Ausstellung der Akkreditierungsurkunden sowie für den Verwaltungsaufwand.
Für die Überwachung werden ebenfalls Gebühren erhoben.
Die Gebühren werden in einer Gebührenordnung veröffentlicht.

**Arbeitsweise**

Für die Arbeitsweise der DATech gelten die Satzung, die Geschäftsordnung und die "Richtlinien für Akkreditierung" in der jeweils geltenden Fassung.

Die Tätigkeit in den Gremien der DATech ist ehrenamtlich. Die Reisekosten der Gremienmitglieder werden von den sie entsendenden Stellen getragen.

Die Mitglieder der Gremien der DATech, die Begutachter sowie die Beschäftigten der Geschäftsstelle sind verpflichtet, alle ihnen im Zusammenhang mit der Akkreditierung und Überwachung sowie mit der Benennung von Begutachtern bekannt werdenden Informationen vertraulich zu behandeln.

Auskünfte an Dritte über Vorgänge im Zusammenhang mit der Akkreditierung und

Überwachung sowie mit der Benennung von Begutachtern dürfen nur mit ausdrücklicher Genehmigung der Betroffenen weitergegeben werden.

**Registrierung und Veröffentlichung**

Die Geschäftsstelle führt und veröffentlicht ein Verzeichnis über die akkreditierten Zertifizierungsstellen und Prüflaboratorien sowie die vom LA benannten Begutachter, jeweils unter Angabe des Prüfgebiets, für das die Akkreditierung bzw. Benennung oder deren Widerruf gilt.

Die Geschäftsstelle unterrichtet regelmäßig die entsprechenden europäischen Gremien über die ausgesprochenen, ausgesetzten oder widerrufenen Akkreditierungen von Zertifizierungsstellen und Prüflaboratorien, solange dies von der TGA nicht anders geregelt wird.

Die Geschäftsstelle sorgt für die Veröffentlichung der weiteren in DIN EN 45003 Abschnitt 14 genannten Informationen und Unterlagen.

**Qualitätssicherungssystem**

Die DATech arbeitet auf der Grundlage eines Qualitätssicherungssystems zur Sicherstellung der ordnungsgemäßen Durchführung der Akkreditierungstätigkeiten. Die Verfahren sind in einem Qualitätssicherungs-Handbuch festgelegt, das DIN EN 45003 Abschnitt 8.2. entspricht.

**Zusammenarbeit mit Akkreditierungsstellen der TGA und mit der TGA**
Für die Zusammenarbeit gelten die "Akkreditierungsrichtlinien der TGA für die Akkreditierungsstellen". Die Grundlagen der Akkreditierung und der Ablauf sind in den beiliegenden Bildern dargestellt.

**DATech** Deutsche Akkreditierungsstelle Technik e.V.

## Aufgaben des DAR

Koordinierung der in Deutschland erfolgenden Tätigkeiten auf dem Gebiet der Akkreditierung und Anerkennung von Prüf- und Kalibrierlaboratorien, Zertifizierungs- und Überwachungsstellen

Wahrnehmung der deutschen Interessen in nationalen, europäischen und internationalen Einrichtungen, die sich mit allgemeinen Fragen der Akkreditierung bzw. Anerkennung beschäftigen (z.B. ILAC, WELAC, WECC, EAC, EOTC)

Führen eines zentralen deutschen Akkreditierungs-/Anerkennungsregisters

Facklam, 6/94

Bild 1

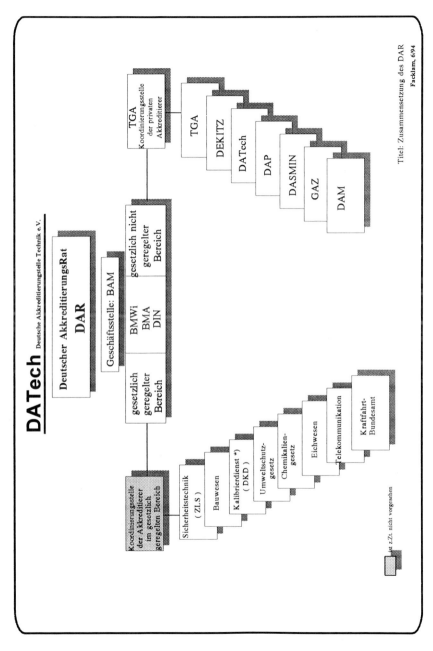

Titel: Zusammensetzung des DAR
Facklam, 6/94

Bild 2

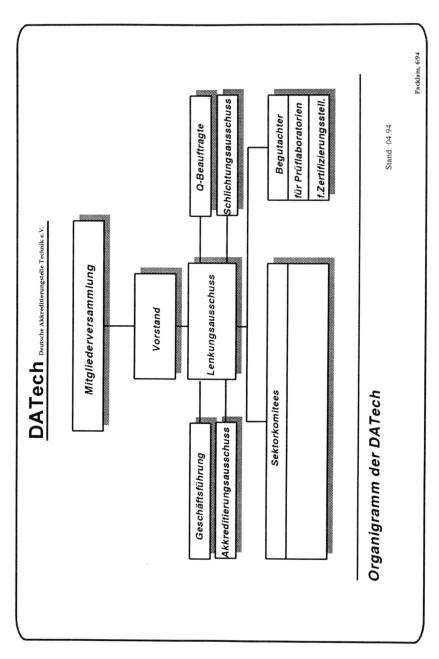

**DATech** Deutsche Akkreditierungstelle Technik e.V.

## Zusammensetzung des Lenkungsausschusses (LA)

| Anwender, Behörden | | Normung, Prüflaboratorien und Zertifizierungsstellen | | Hersteller | |
|---|---|---|---|---|---|
| BMWi | N.N. | DKE | Orth | ZVEI | Greefe |
| BMA | Becker | VDE-PZI | Prof. Warner | ZVEI | Wiechmann |
| ZLS | Feitenhansl (stellv.Vors.) | TUV-Cert. | Schüler | ZVEI/prüfzeichen-fähige Geräte | Dr. Sanneck |
| FuO | Bellwinkel | BMPT,BAPT | Stibitz | ZVEI/nicht prüfz.-fähige Geräte | Dr. Schiweck (Vors.) |
| VDEW | Engel | PEHLA | Dr. Kirchesch | ZVEI | N.N. |
| VDMA | Kirn | Alpha | Heidkrüger | ZVEI/EMV | Rost |

Ständige Gäste: BAM Prof.Dr. Mittmann; DIN Neun; DEKITZ Schock; LGA Dr. Oelmeyer; PTB Prof.Dr. Bachmeier

Stand: 04.94

Facklam, 6/94

**Bild 4**

**DATech** Deutsche Akkreditierungsstelle Technik e.V.

## Sektorkomitees der DATech

| | | |
|---|---|---|
| Elektromagnetische Verträglicheit | Vors.: E. Chun<br>Sekr.: E.H. Lehl | (VDE-PZI)<br>(ZVEI) |
| Hochspannungsgeräte | Vors.: Prof. Schneider<br>Sekr.: Sowade | (FGH)<br>(FGH) |
| Bauelemente der Elektronik | Vors.: H.-J. Mertens<br>Sekr.: P. Zwilling | (Rood)<br>(VDE-PZI) |
| Industrielie Niederspannungsgeräte | Vors.: K. Heitkrüger<br>Sekr.: H. Bernd | (ZVEI) |
| Brandschutz und Sicherungstechnik | Vors.: H. Reingen<br>Sekr.: H. Groh | (F & P)<br>(ZVEI) |
| Sicherheit elektrischer Betriebsmittel | Vors.: G. Wiechmann<br>Sekr.: E.H. Lehl | (Siemens)<br>(ZVEI) |
| Kabel und Leitungen | Vors.: Steckel<br>Sekr.: W. Weidhaas | (ABB)<br>(ZVEI) |
| Elektrische Maschinen und Leistungselektronik | Vors.: Dr. Niedermeier<br>Sekr.: E.H. Lehl | (Siemens)<br>(ZVEI) |

Facklam, 6/94

Bild 5

**DATech** Deutsche Akkreditierungsstelle Technik e.V.

| | Prüfung/Zertifizierung | Akkreditierung |
|---|---|---|
| **Weltweit** | CB - Scheme, IECQ (QSAR) | ILAC, IAF (QSAR) |
| **Europa** (EU, EFTA) | EMCEL, LOVAG, STLA, CCA, HAR, CECC, EMEDCA, ESCIF, EMCIT, ETCOM, ITQS, OSTC, GLATC, POSAT, INTEC (Notifizierung) | EAL, EAC (Notifizierung) |
| **Deutschland** | (TBKon) (Notifizierung) | DAR, TGA, ZLS, BAPT, DATech, DEKITZ |

Prüfung, Zertifizierung und Akkreditierung
Weltweite Struktur mit dem Ziel der gegenseitigen Anerkennung von Prüfergebnissen, Zertifikaten und Akkreditierung

Facklam, 6/94

Bild 6

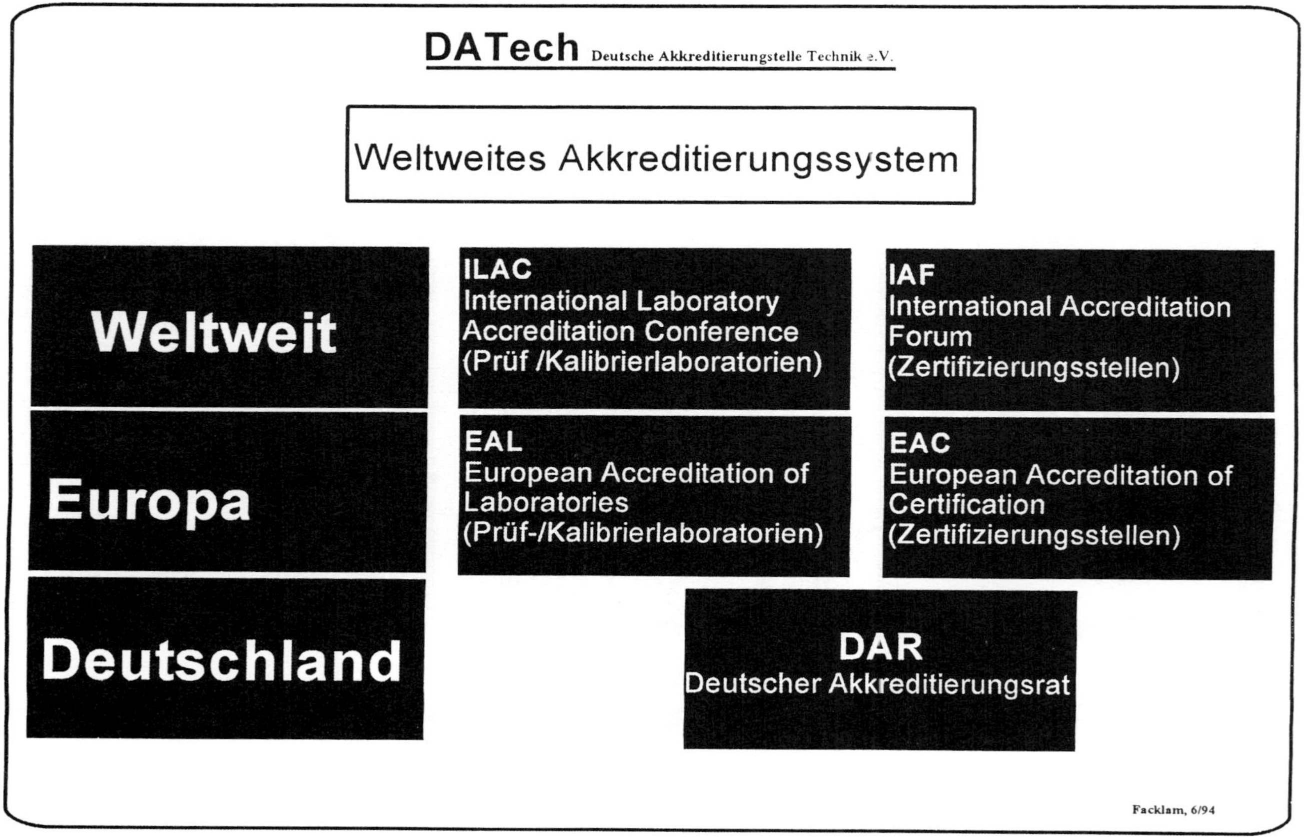

**DATech** Deutsche Akkreditierungsstelle Technik e.V.

Weltweites Akkreditierungssystem

**Weltweit**

**ILAC**
International Laboratory Accreditation Conference
(Prüf-/Kalibrierlaboratorien)

**IAF**
International Accreditation Forum
(Zertifizierungsstellen)

**Europa**

**EAL**
European Accreditation of Laboratories
(Prüf-/Kalibrierlaboratorien)

**EAC**
European Accreditation of Certification
(Zertifizierungsstellen)

**Deutschland**

**DAR**
Deutscher Akkreditierungsrat

Facklam, 6/94

Bild 7

**DATech** Deutsche Akkreditierungsstelle Technik e.V.

## AKKREDITIERUNG

Formelle Anerkennung der Kompetenz eines Prüflaboratoriums, bestimmte Prüfungen oder Prüfarten auszuführen

## AKKREDITIERUNGSSTELLE

Stelle, die ein Akkreditierungssystem für Prüflaboratorien anwendet und verwaltet sowie Akkreditierungen gewährt

Facklam, 6/94

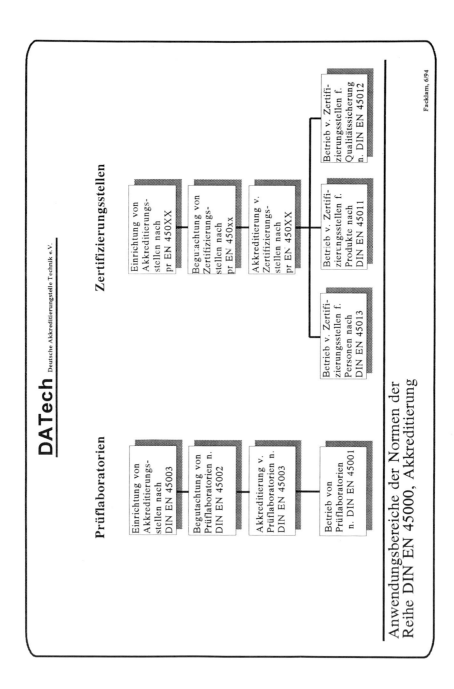

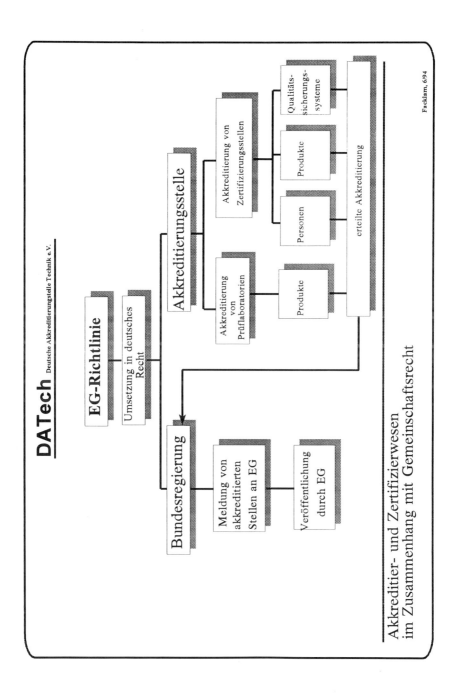

Akkreditier- und Zertifizierwesen
im Zusammenhang mit Gemeinschaftsrecht

# DATech
**Deutsche Akkreditierungsstelle Technik e.V.**

### ANTRAGSVERFAHREN
a) Anfrage
b) Vorgespräch
c) Antrag auf Akkreditierung
d) Bestätigung des Akkreditierungsantrags
e) Antragsprüfung
f) Akkreditierungsvertrag

### BEGUTACHTUNGSVERFAHREN
a) Auswahl der Begutachter im Einverständnis mit dem Antragsteller
b) Beauftragung der Begutachter
c) Fachliche Prüfung der Antragsunterlagen
d) Begutachtung vor Ort
  * Überprüfung der Konformität mit der DIN EN 45000 - Reihe und
  * Überprüfung der fachlichen Kompetenz auf Grundlage spezieller technischer Kriterien der Akkreditierungsstelle
e) Begutachtungsbericht

### AKKREDITIERUNG
a) Prüfung der Begutachtungsergebnisse und Akkreditierungsentscheidung
b) Akkreditierungsurkunde
c) Veröffentlichung im Register

### ÜBERWACHUNGSVERFAHREN
Überwachung akkreditierter Stellen und Verlängerung der Akkreditierung erfolgt entsprechend den Regelungen der Akkreditierungsstellen.

Facklam, 6/94

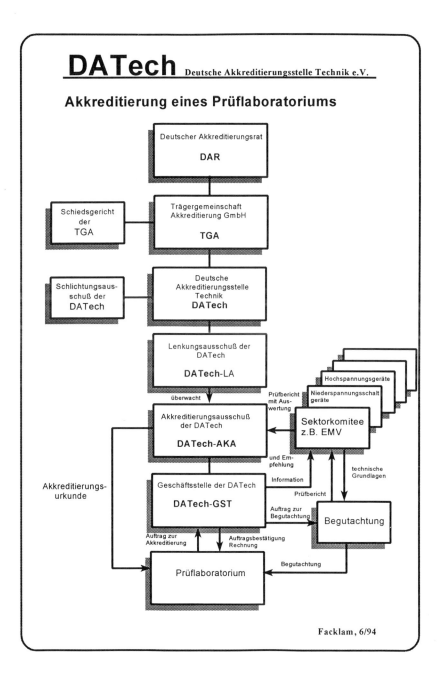

# Die Rolle der traditionellen Sicherheitszeichen im Rahmen des europäischen Prüf- und Zertifizierungswesens

Dipl.-Ing. P. S. Unruh, VDE-Prüfstelle, Offenbach

Dipl.-Ing. P. S. Unruh, Offenbach

## Die Rolle der traditionellen Sicherheitszeichen im Rahmen des europäischen Prüf- und Zertifizierungswesens

### 1 Grundlagen der Zertifizierung

Der Käufer technischer Erzeugnisse erwartet heute zu Recht, sicherheitstechnisch einwandfreie Produkte geliefert zu bekommen. Von der Mängelfreiheit eines Produktes ist dann auszugehen, wenn es den anerkannten Regeln der Technik entspricht. Die anerkannten Regeln der Technik sind niedergelegt in DIN-Normen, IEC und VDE-Normen, Unfallverhütungsvorschriften, gesetzlichen Arbeitsschutzbestimmungen und neuerdings auch in EU-Richtlinien und den zugehörigen harmonisierten Normen. Neben der Verpflichtung nach anerkannten Regeln der Technik sichere Geräte zu bauen, hat der Hersteller die Möglichkeit, sich die Normenkonformität und die sicherheitstechnisch unbedenkliche Verwendungsfähigkeit von einer vom Gesetzgeber anerkannten Prüfstelle bescheinigen zu lassen. Der Hersteller erwirbt damit das Recht, seine Produkte, die er baugleich mit dem Prüfmuster herstellt, mit einem Prüfzeichen zu kennzeichnen. Diese, in Deutschland seit mehr als 7 Jahrzehnten angewandten Regelungen und der damit erreichte allgemeine Sicherheitsstandard waren zu seiner Zeit in Europa einzigartig und wurden mit der Einführung des gemeinsamen Marktes 1993 von der Gemeinschaft in ein vergleichbares, für alle Mitgliedstaaten verbindliches Prüf- und Kennzeichnungssystem für technische Arbeitsmittel überführt.

Wesentlich für dieses Konzept ist, daß ein Hersteller A seinem Kunden B sowie gegebenenfalls den Behörden mitteilen will (muß), daß sein Erzeugnis den anerkannten Regeln der Technik entspricht, was im allgemeinen heißt, daß sein Erzeugnis den hierfür geltenden Normen entspricht. Ein solches Schriftstück - die Konformitätserklärung des Herstellers - kann aus einem einzigen Satz bestehen, z. B. "Das

Erzeugnis X ist in Übereinstimmung mit der Norm Y entwickelt und hergestellt worden". Eine solche Konformitätserklärung ist bereits in der Niederspannungsrichtlinie der Europäischen Gemeinschaft vom 19. Februar 1973 vorgesehen. Damit bekennt sich der Hersteller zu seinem Erzeugnis.

Er kann dies aber auch auf vielfältige Art und weise machen, in dem er sich persönlich hinter sein Produkt stellt und mit seinem - anerkannt guten - Namen wirbt oder indem er den Abnehmer seines Produktes anführt, um damit zu demonstrieren, daß, wenn sogar dieser Abnehmer sein Produkt kauft, es natürlich gut sein muß **(Bild 1)**. Diese Form der Erklärung ist schon sehr alt - aber immer noch hochaktuell.

Qualität ist Dallmayr Tradition:
Das Haus Dallmayr, ehemals königlich bayerischer Hoflieferant, steht für eine große Erfahrung in der Auswahl, Mischung und Röstung edelster Kaffeeprovenienzen.

**Bild 1**

Die Konformitätserklärung wird mit der Einführung des gemeinsamen Marktes insbesondere auch im grenzüberschreitenden Verkehr zunehmend an Bedeutung gewinnen. Die verbindlichen Angaben der Konformitätserklärung des Herstellers wurden erweitert und müssen durch eine Reihe von Unterlagen unterstützt werden:

- Name und Anschrift des Herstellers oder seines in der Gemeinschaft ansässigen Bevollmächtigten,
- Beschreibung des elektrischen Betriebsmittels,

- Bezugnahme auf die Spezifikationen, die der Konformität zugrunde liegen, gegebenenfalls Verweisung auf die harmonisierten Normen,
- Identität des vom Hersteller oder seinem in der Gemeinschaft ansässigen Bevollmächtigten beauftragten Unterzeichners.

Die Konformitätserklärung muß unterstützt werden durch Einführung einer internen Fertigungskontrolle und die Vorhaltung der gesamten technischen Unterlagen für mindestens 10 Jahre nach Auslieferung des letzten Produktes.

Die Konformitätserklärung stellt eine direkte Beziehung zwischen dem Hersteller und dem Abnehmer dar (Bilder 2a und b). Soll über die direkte Beziehung zwischen dem Hersteller und dem Abnehmer hinaus das Erzeugnis durch eine unabhängige Stelle auf Konformität mit den anerkannten Regeln der Technik geprüft werden, so spricht man von Zertifizierung (Bilder 2c ff).

Unter "Zertifizierung der Konformität" gemäß der Europäischen Norm EN 45020 versteht man die Maßnahme durch einen unparteiischen Dritten, die aufzeigt, daß angemessenes Vertrauen besteht, daß ein ordnungsgemäß bezeichnetes Erzeugnis, Verfahren oder auch eine ordnungsgemäß bezeichnete Dienstleistung in Übereinstimmung mit einer bestimmten Norm oder einem normativen Dokument ist.

Die Zertifizierung hat im nationalen Rahmen eine lange Geschichte. Besonders durch die Elektrifizierung in Industrie und Haushalt bürgerte es sich ein, elektrisch betriebene Geräte durch unabhängige Prüfstellen überprüfen und mit einem Gutachten oder einem Prüfzeichen versehen zu lassen. Grundlage für die Erlangung dieser Zertifizierungszeichen (Konformitätszeichen) sind die für diese Erzeugnisse gültigen Normen, in der Bundesrepublik Deutschland zum Beispiel die VDE oder DIN Normen, in Großbritannien die British Standards (BS), in Frankreich die Norm Francaise (NF) usw.

In der Regel ist das Ersuchen eines Herstellers auf Zertifizierung seines Produktes, Verfahrens oder seiner Dienstleistung eine freiwillige Leistung, die vom Gesetzgeber nicht gefordert ist. Sie kann aber sehr wohl vom Abnehmer gefordert werden, der ein berechtigtes Interesse hat, daß die von ihm eingekaufte Leistung den gewünschten (gesetzlichen) Anforderungen genügt.

Ausgenommen von der freiwilligen Zertifizierung sind häufig Erzeugnisse, die als besonders gefährlich eingestuft werden, wie dies in Deutschland seit 1986 für eine Reihe von medizinisch technischen Geräten der Fall ist (Tabelle 1).

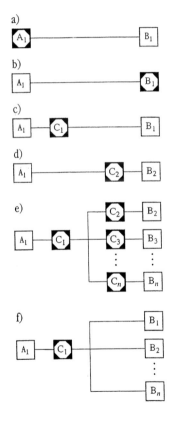

a) Konformitätserklärung des Herstellers
b) Erklärung des Abnehmers
c) inländische Dritt-Partei-Zertifizierung
d) ausländische Dritt-Partei-Zertifizierung
e) internationales Zertifizierungssystem mit *indirektem* Zugang zum Abnehmer
f) internationales Zertifizierungssystem mit *direktem* Zugang zum Abnehmer

**Bild 2**

| Zulassungspflichtige medizinisch-technische Geräte | | |
|---|---|---|
| Gruppe 1 nach §2 MedGV | Nr. 1 | Elektro- und Phonokardiographen, intrakardial |
| | Nr. 2 | Blutdruckmesser, intrakardial |
| | Nr. 3 | Blutflußmesser, magnetisch |
| | Nr. 4 | Defibrillatoren |
| | Nr. 5 | Geräte zur Stimulation von Nerven und Muskeln für Diagnose und Therapie |
| | Nr. 6 | Geräte zur Elektrokrampfbehandlung |
| | Nr. 7 | Hochfrequenz-Chirurgiegeräte |
| | Nr. 8 | Impulsgeräte zur Lithotripsie |
| | Nr. 9 | Photo- und Laserkoagulatoren |
| | Nr. 10 | Hochdruck-Injektionsspritzen |
| | Nr. 11 | Kryochirurgiegeräte (Heizteil) |
| | Nr. 12 | Infusionspumpen |
| | Nr. 13 | Infusionsspritzenpumpen |
| | Nr. 14 | Perfusionspumpen |
| | Nr. 15 | Beatmungsgeräte (nicht manuell) |
| | Nr. 16 | Inhalations-Narkosegeräte |
| | Nr. 17 | Inkubatoren, stationär und transportabel |
| | Nr. 18 | Druckkammern für hyperbare Therapie |
| | Nr. 19 | Dialysegeräte |
| | Nr. 20 | Hypothermiegeräte (Steuerung) |
| | Nr. 21 | Herz-Lungen-Maschine |
| | Nr. 22 | Laser-Chirurgie-Geräte |
| | Nr. 23 | Blutfiltrationsgeräte |
| | Nr. 24 | Externe Herzschrittmacher |
| | Nr. 25 | Kernspintomographen |
| Gruppe 2 nach §2 MedGV | | Implantierbare Herzschrittmacher und sonstige energetisch betriebene Implantate |

Tabelle 1

## 1.1 Geschichte der VDE-Prüfzeichen

Am 22. Januar 1893 wurde in Berlin der "Verband der Elektrotechniker Deutschlands" gegründet. Die damals schon bestehenden elektrotechnischen Vereinigungen schlossen sich zusammen und gründeten den Verband Deutscher Elektrotechniker, den VDE. Als Emil Rathenau, Wilhelm von Siemens, Oskar von Miller und 34 weitere Persönlichkeiten aus Wissenschaft, Wirtschaft und Behörden am 22. Januar 1893 im Hotel Kaiserhof in Berlin den Verband gründeten, sahen sie wohl kaum voraus, welche weitreichenden Konsequenzen ihr Entschluß haben sollte. Ziel war es, die elektrotechnische Wissenschaft und die Sicherheit ihrer Anwendungen zu fördern.

Mit dem VDE entstand eine Organisation, die die Entwicklung der Elektrotechnik nicht nur auf wissenschaftlichem und gesetzgeberischem Gebiet in den folgenden Jahrzehnten prägte. Der Verband sorgte darüber hinaus während des Aufblühens der Elektroindustrie für den Erlaß von Bestimmungen, um Leib, Leben und Anlagen vor der im Fehlerfall auftretenden Zerstörungskraft elektrischer Energie zu schützen: 1894 begann der VDE zeitgleich mit dem Elektrotechnischen Verein Berlin, der eigenständig blieb, damit Sicherheitsvorschriften für elektrische Starkstromanlagen aufzustellen. Sie traten im November 1895 in Kraft. 1901 erhielten die Vorschriften die Bezeichnung "Vorschriften für die Errichtung elektrischer Stromanlagen". Es folgten weitere Bestimmungen für Theater und Warenhäuser, Sicherheitsregeln für elektrische Bahnanlagen und eine Anleitung zur ersten Hilfe bei Unfällen in Elektrobetrieben (1899). Mittlerweile sind seit fast hundert Jahren die Vorschriften des VDE die anerkannten Regeln der Technik auf ihrem Gebiet.

Mit der Entwicklung der Elektrotechnik ging das Bestreben nach Sicherheit im Umgang mit der noch ungewohnten Elektrizität einher. Die Klagen über minderwertige und gefährliche elektrotechnische Erzeugnisse verlangten nach einer Kontrolle. Nur in Einzelfällen prüften die Physikalisch Technische Reichsanstalt und die Prüfungsämter der Elektrizitätswerke nach den bestehenden VDE-Bestimmungen.

Bereits im August 1906 wurde auf einer Sitzung der VDE-Kommission für Installationsmaterial angeregt, für den inzwischen in "Verband Deutscher Elektrotechniker" umbenannten Verband, eine Prüfstelle zu gründen. Doch es dauerte noch bis 1920 bis dieser Plan Realität wurde. Am 1. Oktober 1920 gründete der Verband seine eigene zentrale VDE-Prüfstelle in Berlin. Die von der Prüfstelle erarbeiteten und richtungsweisenden Prüfbedingungen wurden von der 1926 gegründeten "Installationsfragen-Kommission" (IFK) weitgehend übernommen. In ihr vereinigten sich neben Deutschland vor allem die skandinavischen Länder und die Niederlande. Später dehnte die Kommission sich auf Europa aus.

Damit wurde 27 Jahre nach der Gründung des Verbandes Deutscher Elektrotechniker (VDE) die inzwischen weltweit bekannte VDE-Prüfstelle geschaffen, um elektrotechnische Geräte auf Übereinstimmung mit den bestehenden VDE-Vorschriften prüfen zu können. Nach bestandener Prüfung wurden diese Geräte mit dem gesetzlich geschützten VDE-Verbandszeichen versehen. Diese Prüftätigkeit beschränkte sich zunächst auf wenige Produktgruppen: Sicherungen mit eingeschlossenen Schmelzeinsatz bis 60 A, Dosenschalter bis 60 A, Handlampen und Steckvorrichtungen.

Heute werden im VDE-Prüf- und Zertifizierungsinstitut (VDE-Institut), das aufgrund der Vorbereitungen zum EU-Binnenmarkt seit 1990 diesen neuen Namen führt, auf Antrag elektrotechnische Erzeugnisse nach den VDE-Bestimmungen, anderen allgemein anerkannten Regeln der Technik oder nach EU-Richtlinien geprüft und zertifiziert. Dabei bedeutet Zertifizieren in den meisten Fällen, daß die Genehmigung zum Benutzen eines Konformitätszeichens des VDE erteilt wird.

Das Konformitätszeichen des VDE wurde mit Gründung der Prüfstelle am 29. September 1920 in die Zeichenrolle des Reichspatentamtes eingetragen. Es bestand seinerzeit aus einem gleichseitigen Dreieck mit abgerundeten Ecken.

Am 12. Januar 1928 wird das noch heute in unveränderter Form verwendete VDE-Zeichen geschaffen. Es ist das Prüfzeichen mit dem fast alle vom VDE sicherheitstechnisch erfolgreich geprüften Erzeugnisse weltweit versehen sind.

Auch die heute noch eingesetzten Kennfäden in Kabeln und Leitungen wurden zu dieser Zeit (1. September 1921) bereits der VDE-Prüfstelle zugeteilt, sofern durch regelmäßige Entnahmen und Prüfungen von Fertigungsproben seitens der Prüfstelle die Erfüllung der geltenden VDE-Bestimmungen festgestellt worden ist.

1938 wurden VDE-Prüfzeichen für probeweise verwendbare Erzeugnisse eingeführt, das VDE-PR-Zeichen für Installationsmaterial und für Geräte für den Hausgebrauch und ähnliche Zwecke nach VDE-Bestimmungen für probeweise verwendbare Erzeugnisse. Erteilt wurde es für schmiegsame Elektrowärmegeräte nach VDE 0725 (zuletzt nach Ausgabe Oktober 1961) von 1938 bis 1975 und für Stecker nach VDE 0620 aus hartem Thermoplasten auf Grund von VDE 0346/07.54 von 1959 bis 1976.

Für isolierte Leitungen nach VDE-Bestimmungen für probeweise verwendbare Erzeugnisse, insbesondere nach VDE 0283/07.62) wurde ein 1-fädiger VDE-PR-Kennfaden mit gleichen Farblängen schwarz-rot-gelb eingeführt und von 1938 bis 1975 erteilt. Der Kennfaden wurde am 13. Juni 1940 in die Zeichenrolle des Reichspatentamtes eingetragen.

Am 25. April 1951 wurde dann das VDE-Kabelkennzeichen in die Zeichenrolle des Deutschen Patentamtes eingetragen, erweitert 1953 um das VDE-PR-Kabelzeichen (für isolierte Leitungen nach VDE-Bestimmungen für probeweise und verwendbare Erzeugnisse, insbesondere nach VDE 0283/07.62). Es wurde von 1953 bis 1975 erteilt.

Am 1. Januar 1954 wird in der VDE-Prüfstelle ein "Register nicht-genormter Steckvorrichtungen" eingerichtet, in das solche nicht-genormten Steckvorrichtungen aufgenommen wurden, die mit genormten und bereits registrierten nicht verwechselbar sind, wobei die Sicherheit nicht beeinträchtigt werden darf. Diese ursprünglich für Kragen-Steckvorrichtungen angelegte Register wird 1956 auf alle Steckvorrichtungen erweitert. Nachdem etwa 250 Ausführungen registriert worden sind, wird das Registrierungsverfahren durch den VDE-Prüfstellenausschuß am 22.10.1975 mit der Maßgabe aufgehoben, daß genormten Steckvorrichtungen das VDE-Zeichen, dagegen nicht-genormten Steckvorrichtungen das "Gutachten mit Fertigungsüberwachung" zugewiesen wird.

Diese VDE-Register-Nummer ist noch heute in der Anwendung für laufend hergestellte Erzeugnisse, für die keine Genehmigung zum Benutzen der anderen VDE-Prüfzeichen erteilt werden kann, weil sie noch nicht in die Liste der prüfzeichenfähigen Erzeugnisse aufgenommen sind, oder nur in bestimmten, speziellen Anwendungen die VDE-Bestimmungen einhalten.

1966 erläßt der Bundesminister für das Post- und Fernmeldewesen eine Allgemeine Genehmigung nach dem Hochfrequenzgeräte-Gesetz, nach der serienmäßig hergestellte Geräte ab 1. Januar 1971 das VDE-Funkschutzzeichen tragen müssen.

1974, im Anschluß an die Inkraftsetzung der Niederspannungsrichtlinie vereinbaren die Approbationsstellen (Prüfstellen) Belgiens, Deutschlands (VDE-Prüfstelle), Frankreichs, Italiens, der Niederlande und des Vereinigten Königreichs ein Abkommen zur gemeinsamen Kennzeichnung für Kabel und isolierte Leitungen, die den harmonisierten Normen des CENELEC entsprechen. Die Kennzeichnung ist das nationale Prüfzeichen für Kabel und Leitungen gefolgt von der Kennzeichnung "HAR"

oder durch Einlegen des schwarz-rot-gelben Kennfadens. Später treten weitere Approbationsstellen bei.

Am 1. August 1974 erklärt sich die Trägergemeinschaft Sicherheitszeichen (TgS) e.V. durch Vertrag damit einverstanden, daß für bestimmte elektrisch betriebene

Arbeitsmittel das VDE-Zeichen als einheitliches Sicherheitszeichen verwendet wird. Die vorvertraglichen Regelungen vom 1. November 1972 gehen darin auf. Wegen des vom Bundesminister für Arbeit und Sozialordnung für technische Arbeitsmittel eingeführten "GS - geprüfte Sicherheit" wird der geschlossene Vertrag im gegenseitigen Einverständnis vorzeitig zum 31. Dezember 1977 aufgehoben. Die TgS löst sich mit Wirkung vom 31. Dezember 1979 auf.

Ab 15. November 1977 wird in den Zeichengenehmigungs-Ausweisen der VDE-Prüfstelle bestätigt, daß die im Gerätesicherheitsgesetz vom 24. Juni 1968 gestellten Anforderungen von den aufgeführten technischen Arbeitsmitteln erfüllt werden. Soll diese Gesetzeskonformität kenntlich gemacht werden, besonders beim Inverkehrbringen der Arbeitsmittel in der Bundesrepublik Deutschland und Berlin-West, so wird das VDE-Zeichen als Verbandszeichen des VDE und Sicherheitszeichen für elektrotechnische Erzeugnisse auch in Verbindung mit dem GS-Zeichen angebracht, wie hier abgebildet,

zumal in allen anderen Fällen, z. B. für den Export, das VDE-Zeichen allein angebracht werden darf.

Durch Verfügung Nr. 202/1979 des Bundesministers für das Post- und Fernmeldewesen wird am 14. März 1979 geregelt, daß nach dem Gesetz zur Durchführung der EU-Richtlinien über Funkstörungen vom 4. August 1978 zur Kennzeichnung serienmäßig hergestellter Geräte und Leuchten in der Bundesrepublik Deutschland das Funkschutzzeichen des VDE aufgrund einer vorherigen Typenprüfung der VDE-Prüfstelle im Auftrag der Deutschen Bundespost erteilt wird.

Durch Verfügung Nr. 694/1979 des Bundesministers für das Post- und Fernmeldewesen über die "Funk-Entstörung von Fahrzeugen, von Fahrzeugausrüstungen und von Verbrennungsmotoren" wird durch die Allgemeine Genehmigung vom

1. Oktober 1979 festgelegt, daß bestimmte seriengefertigte Fahrzeuge, Außenbordmotoren und Anlagen oder Arbeitsmaschinen als Nachweis für die Einhaltung der Funk-Entstörvorschriften das Funkschutzzeichen des VDE führen müssen.

Das nunmehr seit über 70 Jahren verwendete VDE-Prüfzeichen wurde zu einem Meilenstein in der Geschichte der europäischen Prüfzeichen und schuf einen Sicherheitsstandard, der beispielhaft in der Welt ist.

## 2 Nationale Verfahren der Zertifizierung

Ein nationales Zertifizierungssystem dient der Wirtschaft und dem Verbraucher des eigenen Landes. Es kann freiwillig organisiert sein, wie im Falle des VDE-Prüf- und Zertifizierungsinstitutes, das als satzungsgemäße Einrichtung des Verbandes Deutscher Elektrotechniker e.V. wirkt, oder es kann durch Gesetz gefordert sein, wie dies beispielsweise in der Medizingeräteverordnung (noch) geregelt ist. Auch im Falle einer freiwilligen Zertifizierung kann der Staat die Zertifizierung durch Rechtsvorschriften unterstützen, wie zum Beispiel in der Bundesrepublik Deutschland durch das Gerätesicherheitsgesetz in der Fassung vom 26.08.92.

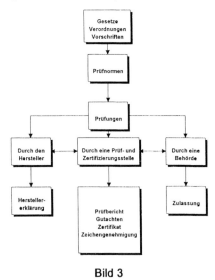

Bild 3

## 2.1 Das Prüf- und Zertifizierungssystem des VDE

Das Prüf- und Zertifizierungswesen des VDE umfaßt die Gesamtheit der prüftechnischen Tätigkeiten, zugehörigen Verwaltungsmaßnahmen und Bestätigungen, die der Verband Deutscher Elektrotechniker e.v. in Durchführung einer seiner satzungsgemäßen Aufgaben wahrnimmt, als da sind:

- die Prüfung elektrotechnischer Erzeugnisse auf der Grundlage von VDE-Bestimmungen im Sinne von VDE 0022 oder von anderen allgemein anerkannten Regeln der Technik. Zu diesen Regeln gehören auch die Europäischen Normen (EN) und die Harmonisierungsdokumente (HD) des CENELEC (Europäisches Komitee für Elektrotechnische Normung),

- die Zertifizierung durch VDE-Prüfzeichen, VDE-Gutachten und andere Konformitätsnachweise bei Übereinstimmung (Konformität) mit VDE-Bestimmungen oder mit anderen allgemein anerkannten Regeln der Technik, wobei für die Zertifizierung durch VDE-Prüfzeichen Genehmigungen zum Benutzen dieser Zeichen ausgestellt werden,

- die Überwachung der Fertigung und die Überprüfung derjenigen Erzeugnisse für die Genehmigungen zum Benutzen eines VDE-Prüfzeichens erteilt worden sind, auf dauernde Einhaltung der Prüfbestimmungen auch im Laufe des Fertigungsprozesses,

- die Durchführung von Prüfungen, Untersuchungen und Überwachungen auf Grund fallweise getroffener Vereinbarungen,

- die Teilnahme an internationalen (weltweiten), regionalen (europäischen) und nationalen (deutschen und ausländischen) Zertifizierungssystemen.

Zum Prüf- und Zertifizierungswesen des VDE zählen unter anderem folgende Arten von Prüfungen:

- sicherheitstechnische Prüfungen hinsichtlich elektrischer, mechanischer, thermischer, toxischer, radiologischer und sonstiger Gefährdungen,

- Prüfungen der elektromagnetischen Verträglichkeit (EMV; Funk-Entstörung und Störfestigkeit) von Geräten und Anlagen,

- Gütebestätigungen für Bauelemente der Elektronik,

- Begutachtung von Bearbeitungs- und Verarbeitungsmaschinen sowie elektrischer Anlagen,

- Schnittstellen-Konformitätsprüfungen für Rechnerbaugruppen,

- Messungen des Schalleistungspegels von Geräten und Anlagen.

Für das Prüf- und Zertifizierungswesen des VDE sind die in **Bild 4** aufgeführten VDE-Prüfzeichen vorgesehen, die jedoch nur mit Genehmigung des VDE-Prüf- und Zertifizierungsinstitutes benutzt werden dürfen.

Das VDE-Zeichen ist eine umfassende Aussage über die Sicherheit eines elektrotechnischen Erzeugnisses hinsichtlich elektrischer, mechanischer, thermischer, toxischer, radiologischer und sonstiger Gefährdungen.

Die Übereinstimmung von technischen Arbeitsmitteln mit dem Gerätesicherheitsgesetz (GSG) vom 24. Juni 1968 in der Fassung vom 23. Oktober 1992 wird mit dem VDE-Zeichen oder dem VDE-GS-Zeichen bestätigt. Das VDE-Zeichen, als Verbandszeichen des VDE und Sicherheitszeichen für elektrotechnische Erzeugnisse, ist in Kombination mit dem, dem Bundesarbeitsminister gehörenden, GS-Zeichen das Identifikationszeichen zur Kennzeichnung der Stelle die das GS-Zeichen erteilt hat.

Bei den Prüfzeichen für Kabel und isolierte Leitungen sind folgende Festlegungen zu beachten:
Das VDE-Kabelzeichen bzw. die VDE-HARmonisierungskennzeichnung kann wahlweise als Aufdruck oder Prägung auf einer Ader oder dem Mantel eines Kabels oder einer isolierten Leitung als waagerechter oder senkrechter Schriftzug verwendet werden.

VDE-Zeichen für Installationsmaterial und Einzelteile sowie Geräte als technische Arbeitsmittel im Sinne des Gerätesicherheitsgesetzes (GSG)

 VDE-GS-Zeichen für Geräte als technische Arbeitsmittel im Sinne des GSG (wahlweise statt des VDE-Zeichens)

◁VDE▷ VDE-Kabelzeichen für Kabel und isolierte Leitungen nach nichtharmonisierten VDE-Bestimmungen sowie für Installationsrohre und -kanäle

◁VDE▷ ◁HAR▷ VDE-HARmonisierungs-Kennzeichnung für Kabel und isolierte Leitungen nach harmonisierten VDE-Bestimmungen.

schwarz rot

VDE-Kennfaden für Kabel und isolierte Leitungen nach nichtharmonisierten VDE-Bestimmungen

schwarz rot gelb
(3 cm) (1 cm) (1 cm)

VDE-HARmonisierungs-Kennfaden für Kabel und isolierte Leitungen nach harmonisierten VDE-Bestimmungen

VDE-Funkschutzzeichen für Geräte, die nach VDE-Bestimmungen oder Postverfügungen funk-entstört sind

VDE-Elektronik-Prüfzeichen für Bauelemente der Elektronik

Zertifizierung mit VDE-Reg.-Nr.

a) VDE-Reg.-Nr.

b)

c) VDE-Reg.-Nr. 9876

„VDE-Gutachten mit Fertigungsüberwachung" Für Installationsmaterial, Einzelteile und Geräte sowie Kabel und isolierte Leitungen

Form b) wahlweise für kleine Einzelteile

Form c) wahlweise für Kabel und isolierte Leitungen

● VDE-ENEC-Zeichengenehmigungen können für alle Leuchtenarten, für die eine Europäische Norm (EN) besteht, erteilt werden - mit Ausnahme von Notleuchten. Hier müssen die Anforderungen nach DIN VDE 0108 beachtet werden.

**Bild 4**

Der VDE-Kennfaden bzw. der VDE-HARmonisierungs-Kennfaden ist in bestimmten Farblängen dem VDE-Prüf- und Zertifizierungsinstitut, in anderen Farblängen ausländischen Prüfstellen zugeteilt.

Wenn die Kabelzeichen nicht aufgebracht bzw. eingelegt werden können, dürfen die Zeichen bei Lieferung in Ringen auf einem Anhängeschild, bei Lieferung auf Wickelkörpern auf einem Klebeschild aufgebracht werden, sofern dies in der entsprechenden VDE-Bestimmung vorgesehen ist. In bestimmten Fällen darf auch das VDE-Zeichen auf der Verpackung benutzt werden.

Das VDE-Funkschutzzeichen ist für Geräte bestimmt, die nach VDF-Bestimmungen oder nach Postverfügungen funkentstört sind. Mit dem Zusatz EMV wird bestätigt, daß die Forderungen der EMV-Richtlinie von dem so gekennzeichneten Produkt eingehalten werden.

Das VDE-Komponentenzeichen wird nur für bestimmte Bauelemente der Elektronik benutzt.

Das ENEC-Zeichen ist ein Zeichen, das für bestimmte Leuchten, die der Europäischen Norm 60598 entsprechen und bestimmten Fertigungsüberwachungen unterliegen, vorgesehen ist. Es kann in Verbindung mit dem VDE-Zeichen als Identifikationszeichen oder mit der dem VDE zugeordneten Identifikationsnummer angebracht werden.

Zum Prüf- und Zertifizierungswesen des VDE gehört ebenfalls die Kennzeichnung von nicht prüfzeichenfähigen Erzeugnissen mit der dem VDE als Verbandszeichen geschützten Buchstabenfolge "VDE" in Verbindung mit der Angabe der VDE-Bestimmung und deren Ausgabedatum.

Für laufend hergestellte Erzeugnisse, für die keine Genehmigung zum Benutzen der bisher aufgeführten Zeichen erteilt werden kann, weil sie noch nicht in das Verzeichnis der prüfzeichenfähigen Erzeugnisse aufgenommen sind oder für sich allein nicht unbedingt die VDE-Bestimmungen erfüllen, sondern nur bei spezieller Anwendung, z.b. als Baugruppe in einem Gerät mit zusätzlichen Schutzmaßnahmen, kann dem Antragsteller ein Überwachungszeichen in Form einer VDE-Register-Nummer zugeteilt werden, wobei die Benutzung von a), b) oder c) freigestellt ist ("Gutachten mit Fertigungsüberwachung").

## 2.2 Akkreditierung der Prüf- und Zertifizierungsstellen

Mit Einführung des Gerätesicherheitsgesetzes wurden Stellen benannt, die autorisiert waren, das GS-Zeichen zu erteilen. Diese Stellen erhielten eine Akkreditierung als eine vom Bundesminister für Arbeit und Sozialordnung durch Rechtsverordnung bestimmte Prüfstelle für Gerätesicherheit. In der Gerätesicherheits-Prüfstellenverordnung sind die Aufgabenbereiche der Prüfstellen vom Bundesminister für Arbeit und Sozialordnung im Benehmen mit den für den Arbeitsschutz zuständigen obersten Landesbehörden festgelegt und werden regelmäßig im Bundesarbeitsblatt bekanntgegeben. Der Benennung geht eine Prüfung voraus, die sicherstellen soll, daß die Prüfstellen gewissen Mindestanforderungen genügen.

An diesem Verfahren wird sich auch mit der Einführung des gemeinsamen Marktes nur wenig ändern. Die Bemühungen der Europäischen Gemeinschaften um einen gemeinsamen Markt verdeutlichen, daß die Gleichwertigkeit von Prüfergebnissen und Zertifikaten nur dann gegeben ist, wenn Prüflaboratorien und Zertifizierungsstellen bestimmte Voraussetzungen technischer, organisatorischer und personeller Art erfüllen. Dies führt zur Akkreditierung bei Einhaltung der Anforderungen der Normenreihe EN 45000, hierbei speziell die Normen:

- EN 45001: Allgemeine Kriterien zum Betreiben von Prüflaboratorien,
- EN 45011: Allgemeine Kriterien für Stellen, die Produkte zertifizieren

In Deutschland wird diese Aufgabe weitgehend von der Deutschen Akkreditierungsstelle Technik (DATech) e.V. wahrgenommen, soweit es sich um den nichtgeregelten Bereich handelt; soweit es sich um den gesetzlich geregelten Bereich, wie zum

Beispiel der Bereich medizinisch-technischer Geräte, handelt, übernimmt die Zentralstelle für Sicherheit der Länder (ZLS) diese Aufgabe. Die Auditierung der formalen wie fachlichen Anforderungen kann von der jeweils anderen Akkreditierungsstelle übernommen werden, sofern Laboratorien sowohl im geregelten wie auch nichtgeregelten Bereich tätig sind und damit beide Akkreditierungen haben müssen.

Akkreditierungsstellen gibt es in fast allen Staaten der EU und EFTA. Erfahrungsaustausch und Koordination sollen einen einheitlichen Maßstab sicherstellen, um auch die Akkreditierungen gegenseitig anerkennen zu können. So ist beispielsweise bei Prüfergebnissen, die in einem akkreditierten Laboratorium ermittelt wurden, davon auszugehen, daß sie entsprechend qualifiziert gemäß den zugrundeliegenden Gerätenormen und entsprechend den Anforderungen der EN 45001 ermittelt wurden.

## 3 Regionale Verfahren der Zertifizierung

Ähnlich dem beschriebenen Zertifizierungssystem des Verbandes Deutscher Elektrotechniker sind auch die Zertifizierungssysteme der anderen europäischen und den meisten Ländern weltweit organisiert.

Möchte ein Hersteller das in seinem Land geprüfte Erzeugnis außerdem in andere Länder liefern, und dabei ebenfalls dem Verbraucher dort mit einem Prüfzeichen des jeweiligen Landes dokumentieren, daß das Gerät auch den Anforderungen in seinem Land genügt, so liegt es nahe, dies ohne vollständige Wiederholung der Prüfung im Ausland zu tun, was zu Systemen der regionalen bzw. internationalen Zertifizierung geführt hat. Dies setzt natürlich voraus, daß die in den betreffenden Ländern der Prüfung zugrunde liegenden Normen weitgehend angeglichen sind.

Die in Westeuropa ansässigen nationalen elektrotechnischen Normenorganisationen haben sich deshalb schon vor langem zu CENELEC (Europäisches Komitee für elektrotechnische Normung) mit Sitz in Brüssel zusammengeschlossen. Die Arbeitsergebnisse sind Harmonisierungsdokumente (HD), Europäische Normen (EN) und in bestimmten Fällen auch Europäische Vornormen (ENV), die nach Umsetzung in nationale Normen Grundlage für die Zertifizierung nach nationalen und regionalen Verfahren bilden, sofern für diese Erzeugnisse überhaupt Prüfzeichen (Konformitätszeichen) vorgesehen sind.

Um die gegenseitige Anerkennung der Prüf- und Zertifizierungsergebnisse zu fördern, hat das CENELEC durch Abkommen mehrere Zertifizierungssysteme eingerichtet. In jeden der CENELEC Mitgliedsländer ist eine Stelle benannt, die in der Lage ist, Prüfergebnisse so zu ermitteln und zu bescheinigen, daß sie von einer anderen am Abkommen beteiligten Stelle anerkannt werden können mit dem Ziel, die Prüfergebnisse zur Basis des eigenen Prüf- oder Normenkonformitätszeichens zu machen bzw. die ermittelten Prüfergebnisse als völlig gleichwertig zu selbst ermittelten Ergebnissen zu betrachten.

Dem Hersteller ist es freigestellt, zu welcher Stelle er zur Erstprüfung geht. Er ist nicht an die Stelle seines Landes gebunden. Insofern besteht seit langem eine Wettbewerbssituation unter den Prüf- und Zertifizierungsstellen der CENELEC Länder. Anders ausgedrückt, besteht für die CENELEC Prüf- und Zertifizierungsstellen der europäische Binnenmarkt schon seit langem. Dem Hersteller wird ermöglicht, mit nur einer vollständigen Prüfung sein Erzeugnis in vielen Ländern, versehen mit den jeweiligen nationalen Prüfzeichen, zu verkaufen. Der Hersteller kann damit seinem Kunden wie auch den Behörden demonstrieren, daß er den gesetzlichen Anforderungen genügt.

Die CENELEC Mitgliedsländer, ihre nationalen Zertifizierstellen (NCB) sowie die angeschlossenen Laboratorien sind in Tabelle 2 zusammengestellt. Darüber hinaus sind in die Tabelle bereits die Stellen mit aufgenommen, die am später beschriebenen CB-Verfahren teilnehmen.

| Land | NCB | Labor | CB | CCA |
|---|---|---|---|---|
| Australien | SAA | | x | |
| Belgien | CEBEC | LCE-CLE | x | x |
| Canada | CSA | CSA | x | |
| China | CCEE | mehrere | x | |
| Deutschland | VDE-PZI | VDE-PZI | x | x |
| Dänemark | DEMKO | DEMKO | x | x |
| Finnland | SETI | SETI | x | x |
| Frankreich | UTE | LCIE | x | x |
| Großbritannien | ASTA | | x | x |
| Großbritannien | BEAB, BSI | ATL, BSI, ERA | x | x |
| Griechenland | ELOT | ELOT | x | x |
| GUS | GOST-CCB | GIP-BENP, GIP-EMP | x | |
| Indien | BIS | BIS | x | |
| Irland | NSAI | EOLAS | x | x |
| Israel | SII | SII | x | |
| Italien | IMQ | IMQ | x | x |
| Japan | IECEE-JP | JCII, JET, JMI | x | |
| Korea | IECEE-KR | KAITECH | x | |
| Luxemburg | SEE | TÜV-Rheinland | | x |
| Niederlande | KEMA | KEMA | x | x |
| Norwegen | NEMKO | NEMKO | x | x |
| Österreich | ÖVE | mehrere | x | x |
| Polen | CBJW | CBJW, BBJ-SEP | x | |
| Portugal | IPQ | IPQ | x | x |
| Schweden | SEMKO | SEMKO | x | x |
| Schweiz | SEV | SEV | x | x |
| Singapur | SISIR | SISIR | x | |
| Slowenien | VDE-PZI | SIQ | x | |
| Spanien | AENOR | LACOME, IAI | x | x |
| Tschechische Rep. | EZU-STL | ETI-EZU | x | |
| Ungarn | MEEI | MEEI | x | |
| USA | DSG, ETL, MET, UL | DSG, ETL, MET, UL | x | |

Tabelle 2

Die Einführung des Binnenmarktes ist also nicht Neues und besteht für die CENELEC Prüf- und Zertifizierungsstellen bereits seit 1971, als das Gütebestätigungssystem für Bauelemente der Elektronik eingerichtet wurde.

## 3.1 CECC-Gütebestätigungssystem für Bauelemente der Elektronik

Für Bauelemente der Elektronik wurde im Rahmen des CENELEC das "Harmonisierte Gütebestätigungssystem für Bauelemente der Elektronik" des CENELEC-Komitees für Bauelemente der Elektronik (CECC) eingerichtet, das einem Anerkennungsverfahren gemäß dem **Bild 2f** folgt. Die deutsche nationale Überwachungsstelle C1 ist das VDE-Prüf- und Zertifizierungsinstitut. Die Deutsche Elektrotechnische Kommission im DIN und VDE (DKE) setzt als national autorisierte Stelle die harmonisierten Spezifikationen des CECC in Normen der Reihe DIN 45900 um.

Das System bietet dem Hersteller einen direkten Zugang zum Abnehmer in allen dem CENELEC angeschlossenen Ländern ohne Einschaltung einer weiteren Stelle. Der Hersteller von Bauelementen nach dem System muß:
- seine Qualitätsüberwachungs-Abteilung und sein Qualitätsüberwachungs-System einer nationalen Überwachungsstelle (ONS) vorgestellt und nach erfolgreicher Überprüfung die Herstelleranerkennung erhalten haben
- nachweisen, daß seine Qualitätsüberwachungs-Abteilung in strikter Übereinstimmung mit den CECC-Regeln geleitet wird und völlig unabhängig von allen für die Fertigung verantwortlichen Abteilungen ist
- über jede zugelassene Bauart Fertigungsunterlagen entsprechend den CECC-Regeln führen
- an jedem Fertigungslos, die in der Spezifikation vorgeschriebenen Kontrollen und Prüfungen durchführen, sicherstellen, daß das Konformitätszeichen oder die Konformitätsbescheinigung nur an freigegebenen Fertigungslosen angebracht wird
- die periodischen Prüfungen der Spezifikation entsprechend ausführen
- der ONS die Prüfberichte für jedes Fertigungslos zur Verfügung halten.

Wenn die Regeln nicht befolgt werden, sind Strafmaßnahmen möglich, die bis zum Entzug der Hersteller-Anerkennung gehen.
Dem Anwender von Bauelementen bietet das System
- den in seinem Wesen liegenden Vorteil der Kontrolle von großen Losen beim Hersteller gegenüber den Eingangskontrollen an kleinen Lieferlosen

- die Sicherheit, daß die mit dem Konformitätszeichen oder der Konformitätsbescheinigung gelieferten Bauelemente Losen entnommen sind, die der Bauartspezifikation entsprechen, nach der sie in Auftrag gegeben wurden
- eine Kostenverringerung durch Vereinbarung seiner internen Beurteilungsverfahren
- den Vorteil, seine Eingangskontrollen reduzieren zu können
- Zugang zu den mannigfaltigen Bezugsquellen, ermöglicht durch Anwendung gleicher Kontrollverfahren und möglicherweise gleicher Bauartspezifikation in den Mitgliedsländern des CECC
- gleichbleibende Technologie der Fertigung und gleichbleibende Eigenschaften des Bauelementes aufgrund systematischer losweiser und periodischer Prüfungen und aufgrund der Tatsache, daß es den Herstellern untersagt ist, ohne Zustimmung der ONS Änderungen vorzunehmen, die sich auf das Verfahren der Bauartzulassung auswirken könnten
- Beweglichkeit, die leichte Anpassung an die Bedürfnisse des Anwenders und den technischen Fortschritt erlaubt, ohne die Strenge der Forderungen des Systems aufzugeben.

### 3.2 CENELEC-Zertifizierungsabkommen (CCA)

Mit dem regionalen CENELEC-Zertifizierungsabkommen (kurz CCA Verfahren genannt) vom 11. Sept. 1973, in der Fassung vom 10. März 1987, dessen deutscher Unterzeichner C1 ebenfalls das VDE-Prüf- und Zertifizierungsinstitut ist, wird vereinbart, daß Prüfergebnisse nach einer harmonisierten Norm von anderen Unterzeichner-Zertifizierungsstellen (NCBs) anerkannt werden. Dies geschieht mit Hilfe einer "Mitteilung von Prüfergebnissen" (Notification of Test Results), die besagt, daß ein bestimmtes dort näher beschriebenes Erzeugnis geprüft und als in Übereinstimmung mit einer harmonisierten Norm befunden worden ist, wie es aus dem der Mitteilung beiliegenden Prüfbericht hervorgeht. Des weiteren wird ausgesagt, daß diese Mitteilung von Prüfergebnissen von einer Stelle ausgestellt worden ist, die am CCA teilnimmt und daß diese Prüfergebnisse von jeder anderen am Verfahren teilnehmenden Stelle als Grundlage für die Erteilung eines nationalen

Konformitätszeichens (Prüfzeichens) oder einer nationalen Zulassung verwendet wird.

Das Verfahren folgt der Darstellung in **Bild 2e**. Der Hersteller muß neben der Prüfung bei der Stelle C1 bei den Stellen C2....Cn in den Ländern vorstellig werden, deren nationale Zulassung er erlangen möchte. Mit der wahlweisen Anwendung der "Accelerated Procedure" übernimmt die Stelle C1 dies für den Hersteller.

Die erfreuliche Inanspruchnahme des CCA wird in **Bild 5** veranschaulicht. Die linke Seite (eines Schnittes durch das Strömungsschaubild von CCA-Dokumenten) zeigt an, wieviel Ausfertigungen (4955 = 100 %) von CCA-Mitteilungen die jeweilige Prüf- und Zertifizierungsstelle ausgestellt hat. Viele der "Mitteilung von Prüfergebnissen" wurden mehreren anderen Zertifizierungsstellen vorgelegt, so daß insgesamt 5635 Mitteilungen zur Umsetzung eingereicht wurden. Die von dem VDE-Prüf- und Zertifizierungsinstitut ausgestellten Mitteilungen wurden bei mehr als 2 anderen Zertifizierungsstellen vorgelegt.

Die rechte Seite gibt an, in welchen Ländern die CCA-Mitteilungen vorgelegt worden sind, um in der Regel ohne Nachprüfung das Konformitätszeichen des betreffenden Landes zu erhalten. Bei näherer Betrachtung zeigt sich naturgemäß eine grobe Übereinstimmung mit den entsprechenden Warenströmen im Export und Import prüfzeichenfähiger elektrotechnischer Erzeugnisse. Natürlich gilt dies nur größenordnungsmäßig, da die einzelnen CCA-Mitteilungen ein sehr unterschiedliches Volumen nach Zahl der in der Serie hergestellten Erzeugnisse und nach dem Produktionswert des Einzelstückes betreffen können. Die breite Streuung der CCA-Mitteilungen auf die beteiligten Länder sollte als Indiz dafür gelten, daß grundsätzlich bei allen am Abkommen beteiligten Prüf- und Zertifizierungsstellen gute Möglichkeiten zur Vermeidung von Mehrfachprüfungen und zur Beschleunigung der Zeichenerteilung bestehen.

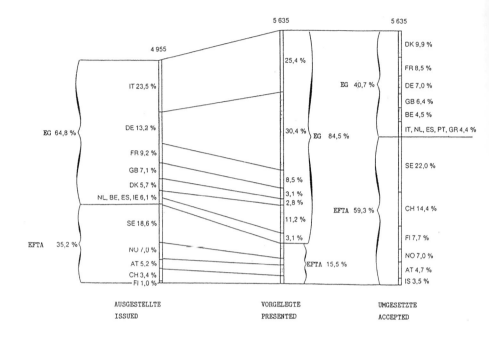

Bild 5

## 3.3 HAR-Abkommen für Kabel und Leitungen

Im CENELEC-Gebiet stellen Kabel und isolierte Leitungen einen Sonderfall dar, sofern sie den harmonisierten Normen entsprechen. Es konnte daher für sie ein besonderes Abkommen, das HAR-Abkommen abgeschlossen werden, in dem ein regionales Verfahren zur Erteilung und zur Benutzung einer Harmonisierungskennzeichnung für Kabel und Leitungen festgelegt ist. Für die Kennzeichnung auf der Ader oder auf dem Mantel von Kabeln und Leitungen besteht die Harmonisierungskennzeichnung aus dem nationalen Konformitätszeichen nach **Bild 4** der Zertifizierungsstelle, die das Erzeugnis geprüft und zertifiziert hat, gefolgt von der zusätzlichen Kennzeichnung HAR. Bei Einlegen von Kennfäden in Kabel und Leitungen ist die Harmonisierungskennzeichnung ein einfädiger schwarz-rot-gelber Kennfaden, dessen Farblängen für die einzelnen Zertifizierungsstellen unterschiedlich festgelegt sind.

Das HAR Abkommen folgt wieder der Darstellung in **Bild 2f**. Ein Hersteller A, dessen Zertifizierungsstelle C1, am HAR-Abkommen teilnimmt, erhält ohne Einschaltung einer weiteren Zertifizierungsstelle eine direkte Aussage für seine Kunden B in den Ländern 1 bis n. Auf Grund dieses Abkommens erkennen die Abnehmer wie auch alle beteiligten Zertifizierungsstellen für Kabel und Leitungen die Harmonisierungskennzeichnung vorbehaltlos an, als wenn diese Erzeugnisse ihr eigenes Konformitätszeichen (Prüfzeichen) führen würden. Von den europäischen Leitungsherstellern ist das HAR-Abkommen in erfreulichem Umfang angenommen worden. Etwa 200 Hersteller halten rund 900 Genehmigungen in Händen.

### 3.4 Abkommen für Leuchten LUM

Für Leuchten gemäß der Europäischen Norm EN 60598 (entspricht DIN VDE 0711) trat am 01.01.93 das LUM-Abkommen in Kraft, das von bislang 15 Zertifizierungsstellen - auch vom VDE-Prüf- und Zertifizierungsinstitut - unterzeichnet ist. Es orientiert sich weitgehend am HAR-Abkommen nach Bild 2f und sieht als gemeinsame Kennzeichnung das ENEC-Zeichen in Verbindung mit der Nummer der Zertifizierungsstelle vor. Die Zertifizierungsstellen können zusätzlich ihr Zeichen anbringen. Die Leuchten unterliegen dem freien Warenverkehr und alle beteiligten Stellen behandeln die Leuchten so als wenn sie ihre eigenes Zeichen tragen würden. Vorausgesetzt wird dabei, daß die Leuchte in einer Fertigungsstätte hergestellt wird, die ein Qualitätssicherungssystem gemäß EN 29002 unterhält und das auf die zu fertigende Leuchtenserie abgestimmt ist. Die Fertigungsstätte ist durch den Erst-Zertifizierer zu besichtigen und die Produktion ist zu überwachen.

### 3.5 EMEDCA-Abkommen für elektromedizinische Geräte

Anfang 1991 wurde von 13 europäischen Prüfstellen das EMEDCA-Abkommen unterzeichnet, das, wie das CCA-Verfahren, die gegenseitige Anerkennung von Prüfergebnissen der unterzeichnenden Prüfstellen als Basis für die Erteilung des eigenen Konformitätszeichens vorsieht. Inzwischen sind weitere Prüf- und Zertifizierungsstellen hinzugekommen. Das Abkommen unterstützt den freien Warenverkehr für elektromedizinische Geräte im europäischen Wirtschaftsraum (EU und EFTA-Länder). Auf Wiederholungsprüfungen soll soweit wie möglich verzichtet werden und die Bearbeitung der Anträge soll beschleunigt erfolgen. Das Verfahren ist offen für Hersteller in Europa, wobei es zulässig ist, daß ein europäischer Hersteller auch eine Fertigungsstätte im außereuropäischen Bereich unterhält, solange die rechtliche Verantwortung für die Herstellung des Produktes in einem EU oder EFTA-Land liegt.

Da es sich bei elektromedizinischen Geräten häufig um komplexe Geräte mit teilweise lebenserhaltenden Funktionen handelt, trägt jede Prüfstelle eine besondere Verantwortung bei der Erteilung ihres Konformitätszeichens. Darüber hinaus sind häufig zusätzliche, über die Anforderungen internationaler Bestimmungen hinausgehende, nationale Anforderungen zu erfüllen. So gilt in Deutschland (noch) die Medizingeräteverordnung, die die Einführung elektromedizinischer Geräte in den Markt regelt und für eine Reihe von Geräten zwingend Prüfungen durch eine im Rahmen der Medizingeräteverordnung zugelassene Prüfstelle vorschreibt.

Vertrauensbildende Maßnahmen, wie die Wiederholung wichtiger Prüfungen und die besonders sorgfältige Beurteilung der Funktionssicherheit auch im Falle von Gerätefehlern, sind deshalb in der Anfangsphase des Abkommens vorgesehen, darüber hinaus sollen regelmäßige Treffen der teilnehmenden Prüfstellen sicherstellen, daß das Verständnis der Normen und der Durchführung der Prüfungen vereinheitlicht wird. Das Verfahren folgt der Darstellung in **Bild 2e**.

Damit leisten die EMEDCA-Gruppe, wie auch alle anderen regionalen Zertifizierungsverfahren, einen wesentlichen Beitrag zum Aufbau des einheitlichen europäischen Binnenmarktes, denn der grenzenlose Warenverkehr kann nur dann befriedigend funktionieren, wenn die sicherheitstechnischen Anforderungen, die an ein Erzeugnis gestellt werden, weitgehend vereinheitlicht sind.

## 3.6 Abkommen für Niederspannungsgeräte

Für nichtprüfzeichenfähige Niederspannungsgeräte, wie zum Beispiel Niederspannungsschaltgeräte und -schaltanlagen wurde 1991 von der Niederspannungsabkommensgruppe LOVAG (Low Voltage Agreement Group) ein Abkommen zur gegenseitigen Anerkennung von Prüfberichten und/oder Konformitätsbescheinigungen sowie zur Ausstellung von LOVAG-Zertifikaten eingerichtet. Daran nehmen fünf Stellen aus fünf Ländern teil. Deutschland ist vertreten durch die Alpha-Gesellschaft zur Prüfung und Zertifizierung von Niederspannungsgeräten e.V. Dieses Zertifizierungssystem ist nach **Bild 2f** strukturiert.

## 4 Internationale Verfahren der Zertifizierung

Im Grundsatz dürfte es zwischen einem internationalen (= weltweiten) und einem regionalen (= europaweiten) Zertifizierungs-Abkommen kaum Unterschiede geben, außer daß der Kreis der teilnehmenden Mitgliedsländer und damit der teilnehmenden Zertifizierungs-Organisationen größer ist und daß mit nationalen Abweichungen zu den international vereinbarten Normen der Internationalen Elektrotechnischen Kommission IEC zu rechnen ist. Seit September 1985 beherbergt die IEC das "IEC-System für Konformitätsprüfungen nach Sicherheitsnormen für elektrotechnische Erzeugnisse" (abgekürzt IECEE), das auf Basis der weltweit angewandten IEC Normen Konformitätsprüfungen durchführt.

Das System geht zurück auf ein System der früher selbständig tätigen "Internationale Kommission für Konformitäts-Zertifizierung elektrotechnischer Erzeugnisse (CEE)", die 1929 gegründet und ursprünglich nur europäische Sicherheitsnormen für elektrotechnische Erzeugnisse für den Hausgebrauch und ähnliche Zwecke erstellt hat, dann aber zusätzlich seit 1963 ein weltweites Konformitäts-Zertifizierungs-System unter dem Namen "CB-Verfahren" (CB = Certification Board) betrieben hat.

Basis dieser Prüfungen nach diesem Verfahren sind die IEC Bestimmungen, die häufig, aber nicht immer den CENELEC Bestimmungen weitgehend entsprechen. In einem Weltmarkt, wie er sich heute darstellt, ist die Harmonisierung der Normen unumgänglich. Deshalb werden mit zunehmender Tendenz die IEC Normen den CENELEC Normen (EN Normen) angeglichen und umgekehrt. Heute gehen schon sehr viele EN Normen auf IEC Normen zurück. Die VDE Normen selbst sind inzwischen weitgehend 1:1 Übersetzungen der EN Normen, wobei die Entstehung der EN und IEC Normen stark von der Deutschen Elektrotechnischen Kommission im VDE beeinflußt wird.

## 4.1 CB-Verfahren

Die praktische Arbeit der Zertifizierung im Rahmen des IECEE vollzieht sich in dem weiterhin so genannten "CB-Verfahren" des offiziellen Kurznamens für "IECEE-Verfahren für die Anerkennung von Prüfergebnissen nach Sicherheitsnormen für elektrotechnische Erzeugnisse". Am CB-Verfahren nehmen zur Zeit fast alle CENELEC-Zertifizierungsstellen teil (ausgenommen Portugal), von den osteuropäischen Stellen diejenigen von Polen, der Tschechischen Republik, Ungarn und Jugoslawien (Slowenien), darüber hinaus Israel und Japan, die GUS, China und seit 1991 auch Kanada als erstes nordamerikanisches Land.

Seit 1992 sind vom Lenkungsausschuß des IECEE auch Laboratorien und nationale Zertifizierstellen in Indien, Singapur und USA anerkannt worden. Mit einer weiteren Ausweitung des Verfahrens ist auch in Zukunft zu rechnen. Dabei ist aber immer zu beachten, daß die Teilnahme einer Zertifizierungsstelle produktspezifisch ist, d.h. sie kann sich für nur eine Prüfbestimmung bzw. die sich daraus ergebende Produktpalette anerkennen lassen, oder sie kann mit Produktkategorien am CB-Verfahren teilnehmen. Vor Anwendung des Verfahrens ist also immer zu prüfen, ob für das fragliche Produkt ein Zertifikat ausgestellt werden kann, das in dem Zielland auch anerkannt werden kann.

Wie beim regionalen Zertifizierungs-Verfahren nach **Bild 2e** besteht das weltweite CB-Verfahren darin, daß Prüfungen einer CB-Zertifizierungsstelle von den anderen CB-Zertifizierungsstellen anerkannt werden. Grundlage hierfür ist das CB-Zertifikat zusammen mit dem zugehörigen Prüfbericht. Bei der Umsetzung eines CB-Zertifikates in eine Berechtigung zum Führen eines nationalen Prüfzeichens (Konformitätszeichen) hat jede Zertifizierungsstelle das Recht, das jeweilige Erzeugnis daraufhin zu prüfen, ob es mit dem Prüfbericht übereinstimmt und ob Abweichungen von der eigenen nationalen Norm berücksichtigt worden sind. Als solches berechtigt ein CB-Zertifikat nicht, ein Prüfzeichen anzubringen, sondern es vereinfacht die Erlangung anderer nationaler Prüfzeichen innerhalb der CB-Mitgliedsländer.

Während früher nur Antragsteller mit Fertigungsstätten in einem am CB-Verfahren teilnehmenden Land akzeptiert wurden, die darüber hinaus die Prüfung auch nur bei "ihrer" Prüfstelle durchführen lassen konnten, so sind die Regeln seit kurzem dahingehend vereinfacht, daß
- auch Hersteller aus nicht am CB-Verfahren teilnehmenden Ländern ein CB-Zertifikat beantragen können,
- Hersteller grundsätzlich zu jeder CB-Prüfstelle ihrer Wahl gehen können und nicht mehr nur noch zu der Prüfstelle im eigenen Land,
- immer nur noch eine Prüfstelle an der Ausstellung eines CB-Zertifikates beteiligt ist.

Damit ist das CB-Verfahren in der praktischen Umsetzung weitgehend dem bereits beschriebenen CCA-Verfahren angeglichen. Lediglich bei der Antragstellung aus einem nicht am CB-Verfahren teilnehmenden Land wird eine Zusatzgebühr für die organisatorische Unterhaltung des gesamten Systems gefordert, die sonst durch die Beiträge der teilnehmenden Länder aufgebracht wird.

### 4.2 IECQ-Verfahren

Für Bauelemente der Elektronik wurde das IEC-Konformitäts-Zertifizierungssystem für Bauelemente der Elektronik (IECQ) eingerichtet, dadurch daß die CECC-Verfahrens-Regeln weitgehend übernommen worden sind. Zu den nationalen Überwachungsstellen, die auf Grund einer Besichtigung in das IECQ-System aufgenommen worden sind, gehört ebenfalls das VDE-Prüf- und Zertifizierungsinstitut.

## 4.3 Bilaterale Abkommen

Neben den regionalen und internationalen Zertifizierungsverfahren hat das VDE-Prüf- und Zertifizierungsinstitut auch bilaterale Abkommen mit verschiedenen ausländischen Prüf- und Zertifizierungsinstituten geschlossen. Diese Abkommen sind meist zusätzlich zu den internationalen Zertifizierungsverfahren abgeschlossen worden. Während in Zertifizierungsverfahren nur nach harmonisierten Normen und gegebenenfalls nach nationalen Abweichungen geprüft werden kann, können in bilateralen Verträgen auch die nationalen Normen anderer Prüfstellen als Grundlage für die Prüfungen herangezogen werden.

### 4.3.1 Underwriters Laboratories

Bereits 1975 wurde mit der amerikanischen Prüfstelle Underwriters Laboratories, Inc., ein Abkommen getroffen, mit dem Ziel, für bestimmte Erzeugnisse Prüfungen nach den einschlägigen Bestimmungen der jeweils anderen Prüfstelle durchzuführen. Diese Vereinbarung war in der Vergangenheit insofern besonders bedeutsam, als die Vereinigten Staaten von Amerika bis 1991 an keinem internationalen Zertifizierungsverfahren teilnahmen und die in den USA der Prüfung zugrundegelegten UL-Prüfbestimmungen nicht den internationalen IEC-Bestimmungen entsprachen. Das VDE-Prüf- und Zertifizierungsinstitut bietet damit deutschen und europäischen Herstellern die Möglichkeit, ihre Geräte auch nach UL-Bestimmungen prüfen zu lassen, mit dem Ziel der Erstellung eines Prüfberichtes, der von UL in einem Auditverfahren für die Zertifizierung übernommen wird (Tabelle 3).

Die Aufnahme der USA in das CB-Verfahren hat bislang keinen Einfluß auf die Nutzung des bilateralen Abkommens, da die USA bislang nur die Ausstellung und Anerkennung von CB-Zertifikaten nach IEC 950, der Sicherheitsbestimmung für Geräte der Informationstechnologie beantragt haben. Eine Erweiterung der Bestimmungen, für die die USA am CB-Verfahren teilnehmen möchten, ist aber in Kürze zu erwarten.

| UL Prüfbestimmungen, nach denen das VDE-Institut prüfen kann | | |
|---|---|---|
| Electric Office Appliance and Bussines Equipment | UL | 114 |
| Commercial Electric Cooking Appliance | UL | 197 |
| Household Refrigerators & Freezers | UL | 250 |
| Commercial Refrigerators & Freezers | UL | 471 |
| Information-Processing and Bussines Equipment | UL | 478 |
| Electric Heating Appliances | UL | 499 |
| Electric Medical and Dental Equipment | UL | 544 |
| Home Laundry Equipment | UL | 560 |
| Household Dishwashers | UL | 749 |
| Household Electric Ranges | UL | 858 |
| Electric Time Indicating & Recording Appliances | UL | 863 |
| Clock operated switches | UL | 917 |
| Fluorescent Lamp Ballasts | UL | 935 |
| Household Food Preparing Machines | UL | 982 |
| Humidifiers | UL | 998 |
| Electric Flatirons | UL | 1005 |
| Vacuum-Cleaning Machines/Blower Cleaner | UL | 1017 |
| Houshold Cooking Appliances | UL | 1026 |
| Hair-Clipping & Shaving Appliances | UL | 1028 |
| Household Electric Coffee Makers and Brewing-Type Appliances | UL | 1082 |
| Laboratory Equipment | UL | 1262 |
| EMI Filters | UL | 1283 |
| Personal Hygiene and Health Care Appliances | UL | 1431 |
| Telecommunications Equipment | UL | 1459 |
| Motor-Operated Massage and Exercise Machines | UL | 1647 |
| Information Processing Equipment | UL | *) 1950 |

**Tabelle 3**

*) Die UL 1950 entspricht als Einzige der aufgeführten Normen im Wesentlichen der IEC 950 mit Abweichungen hinsichtlich der Anforderungen an Bauteile im Gerät.

## 4.3.2 Japanisches Ministerium für Handel und Industrie

Im Zuge der Öffnung des japanischen Marktes für europäische Erzeugnisse hat das japanische Ministerium für internationalen Handel und Industrie (MITI) das VDE-Prüf- und Zertifizierungsinstitut des Verbandes Deutscher Elektrotechniker (VDE) e.V. in Offenbach als eine "beauftragte ausländische Inspektionsstelle" (designated foreign inspection body) anerkannt. Sie ist damit berechtigt, bei solchen elektrotechnischen Firmen Inspektionen durchzuführen, die sich auf der Grundlage des japanischen Kontrollgesetzes für elektrische Geräte und Bauteile um die "Registrierung als ausländische Hersteller" bemühen. Diese Beauftragung bedeutet, daß das VDE-Prüf- und Zertifizierungsinstitut die ministeriellen Richtlinien für die Beauftragung von ausländischen Inspektionsstellen nach Maßgabe des obigen Gesetzes erfüllt.

Das VDE-Prüf- und Zertifizierungsinstitut war damit 1986 die erste kontinental-europäische Stelle, die das Zulassungssiegel des Ministeriums seit Bekanntgabe der Richtlinien im April 1984 erhalten hat. Inzwischen haben eine Reihe weiterer Prüfinstitute in Deutschland und Europa die Zulassung erhalten.

Dieses für die Bundesrepublik Deutschland erfreuliche Ereignis war ein Ergebnis langjähriger Verhandlungen zwischen der Kommission der Europäischen Gemeinschaft und der japanischen Regierung, die Öffnung des japanischen Marktes zu fördern, dadurch daß ausländische und einheimische Firmen unter dem japanischen Normen- und Zertifizierungssystem in gleicher Weise gehandelt werden. Damit gelangen ausländische Hersteller in die Lage, nach dem Kontrollgesetz für elektrische Geräte und Bauteile registriert zu werden. Eine Voraussetzung für diese Registrierung ist eine Besichtigung der Fabrikationsstätten und Einrichtungen des Herstellers durch Beamte des MITI, die festzustellen haben, ob die Einrichtungen mit den technischen Festlegungen der ministeriellen Richtlinien übereinstimmen. Die neuen Richtlinien vereinfachen und verbilligen das Verfahren in der Weise, daß die Besichtigung statt von MITI-Beamten von einer "beauftragten ausländischen Inspektionsstelle" durchgeführt wird.

1989 wurde das VDE-Prüf- und Zertifizierungsinstitut dann auch als "ausländische Prüfstelle" anerkannt. Das bedeutet, daß das VDE-Prüf- und Zertifizierungsinstitut die ministeriellen Richtlinien für die Beauftragung von ausländischen Inspektionsstellen und Prüfstellen nach Maßgabe des obigen Gesetzes erfüllt.

Die Anerkennung selbst erstreckt sich auf 78 Normen der IEC. Da das VDE-Prüf- und Zertifizierungsinstitut schon seit Jahren nach diesen IEC-Normen im Rahmen des CB-Verfahrens, dem auch Japan 1986 beigetreten ist, Prüfungen durchgeführt und Zertifizierungen ausgesprochen hat, nahm das Verfahren der Anerkennungen selbst nur fünf Monate in Anspruch.

Hersteller, die Elektroprodukte nach Japan exportieren und die Vorteile einer Prüfung in dem VDE-Prüf- und Zertifizierungsinstitut in Anspruch nehmen wollen, müssen folgendes beachten:
- Zunächst ist über das VDE-Prüf- und Zertifizierungsinstitut bei dem japanischen Ministerium für Handel und Industrie die Registrierung als ausländischer Hersteller zu beantragen.
- Nach erfolgter Registrierung kann der Hersteller bei dem VDE-Prüf- und Zertifizierungsinstitut eine Überprüfung beantragen, ob sein Kategorie -A-Produkt den technischen Anforderungen von MITI entspricht. Dabei darf nicht außer acht gelassen werden, daß das VDE-Prüf- und Zertifizierungsinstitut offiziell ermächtigt werden muß, den Antragsteller dem MITI gegenüber zu vertreten.

Die Unterstützung deutscher Hersteller im Handel mit Japan ist besonders wichtig, denn erstens ist für viele Produkte, die im japanischen Markt eingeführt werden sollen, Prüfzeichenzwang und zweitens müssen alle Unterlagen in Japanisch vorgelegt werden.

Da das VDE-Prüf- und Zertifizierungsinstitut nicht nur Inspektionsstelle des MITI ist, sondern auch ermächtigt ist, Geräteprüfungen durchzuführen, kommt der Unterstützung deutscher Hersteller durch das VDE-PZI besondere Bedeutung zu.

In Zusammenarbeit mit JET werden die im VDE-PZI durchgeführten Prüfungen und die zur Zertifizierung notwendigen Unterlagen ins japanische übersetzt und dann von JET beim Japanischen Ministerium für internationalen Handel und Industrie (MITI) eingereicht.

### 4.3.3 Canadian Standards Association (CSA)

Um den Warenaustausch zwischen Deutschland und Kanada zu erleichtern, haben das VDE-Prüf- und Zertifizierungsinstitut und die kanadische Prüfstelle CSA 1992 einen Vertrag auf Gegenseitigkeit geschlossen, der die Durchführung von bestimmten Prüfungen nach den Prüfbestimmungen der jeweils anderen Stelle regelt und der die Überwachung der Fertigung sowie die Erstinspektionen nach den jeweils eigenen Richtlinien durch den Vertragspartner ausführen läßt.

Während die Werksinspektionen für alle deutschen Firmen und Produktgruppen durchgeführt werden, beschränkten sich die Prüfungen von Geräten zuerst auf die Bereiche

· Datenverarbeitungseinrichtungen
· Medizintechnische Geräte
· Laborgeräte
· Industrieelektronik/Stromversorgungen

die dadurch gekennzeichnet sind, daß die CSA Normen für die genannten Erzeugnisse weitgehend den auch vom VDE umgesetzten IEC Bestimmungen entsprechen.

Inzwischen sind viele weitere Produkte, insbesondere im Industriegerätebereich oder bei den Bauteilen dazu kommen. Ziel beider Stellen ist es, "Full Service Agent" der jeweils anderen Stelle zu sein. Das bedeutet für einen deutschen Hersteller, daß das VDE-Prüf- und Zertifizierungsinstitut alle für die kanadische Zulassung notwendigen formalen Angelegenheiten regeln kann, die Prüfungen durchführen und eine vorläufige Zeichengenehmigung aussprechen kann. Lediglich das offizielle Zertifikat wird dann noch von der kanadischen Zertifizierungsstelle nachgereicht.

## 5 Künftige europäische Zertifizierung

Die aufgeführten Zertifizierungsverfahren erlauben die Aussage, daß für das VDE-Prüf- und Zertifizierungsinstitut der Binnenmarkt schon lange existiert, und daß daher 1993 auf dem klassischen Gebiet des Prüf- und Zertifizierungswesen des VDE nicht mit größeren Umwälzungen zu rechnen war. Die guten Erfahrungen, die die Zusammenarbeit mit europäischen Prüf- und Zertifizierungsstellen gebracht hat, bestätigen, daß der eingeschlagene Weg richtig war und weiter verfolgt werden sollte.

Der von vielen Prüfstellen und normungsetzenden Gremien begangene Weg, die Anforderungen an Produkte zu vereinheitlichen, um den freien Warenverkehr in den verschiedenen europäischen Ländern dadurch zu sichern, daß einmal ermittelte Prüfergebnisse von anderen Prüfstellen übernommen werden könnten, wurde praktisch von der EU in einem neuen "globalen Konzept für das Prüf- und Zertifizierungswesen in der EU" umgesetzt.

Mit der vom Rat der Europäischen Gemeinschaften eingeführten "Neuen Konzeption auf dem Gebiet der technischen Harmonisierung und Normung" ist die Normung in Westeuropa in ein neues Zeitalter getreten, das CEN und seine Schwester CENELEC vor gewaltige Aufgaben stellt.

Das Konzept ist eine Abkehr von der bisherigen Politik der Europäischen Gemeinschaften, bis ins Einzelne gehende Festlegungen in technischen Anhängen zu den EU-Richtlinien zu treffen, sie also gesetzlich zu verankern. Ausnahme war die 1973 erlassene Niederspannungsrichtlinie, die wie das Gerätesicherheitsgesetz die Einhaltung des Standes der Technik verlangt. Die neue EU-Konzeption ist ein Mittelweg zwischen der Totalregulierung in technischen Anhängen und der Generalklausel in der Niederspannungsrichtlinie. Die EU-Richtlinien neuer Art enthalten sogenannte grundlegende Anforderungen hinsichtlich Sicherheit, Gesundheit usw. und die fehlenden Details sind in europäischen Normen festzulegen, die aber nicht verbindlich werden, sondern deren Einhaltung wie bei dem Gerätesicherheitsgesetz zu der widerlegbaren Vermutung führen, daß die danach gefertigten Erzeugnisse gesetzeskonform sind.

## 5.1 Die Niederspannungsrichtlinie von 1973

Ein weiter Bereich elektrotechnischer Erzeugnisse wird durch eine spezielle Richtlinie, die Niederspannungsrichtlinie erfaßt. Die Niederspannungsrichtlinie wurde bereits 1973, 20 Jahre vor den heute neu verabschiedeten Richtlinien in Kraft gesetzt. Sie ist beispielgebend gewesen für alle Richtlinien des neuen Konzeptes.

Die Niederspannungsrichtlinie ermächtigte die CENELEC Prüf- und Zertifizierungsstellen in Europa, die Übereinstimmung von elektrotechnischen Erzeugnissen mit den Anforderungen der Niederspannungsrichtlinie zu zertifizieren. Sie ist damit ein Rechtsinstrument, das der europäischen Gemeinschaft schon sehr früh zur Verfügung stand, einheitliche Rechtsregeln zu schaffen, die in allen Mitgliedstaaten angewandt wurden. Die Vorgaben hatten verpflichtenden Charakter und waren für Hersteller und Behörden verbindlich. Die Erzeugnisse der Hersteller mußten bestimmten Anforderungen genügen, und die Behörden mußten sicherstellen, daß nur solche Erzeugnisse an den Markt gebracht wurden, die mit diesen Anforderungen übereinstimmten.

Die Niederspannungsrichtlinie regelt, daß nur solche elektrischen Betriebsmittel zur Verwendung mit einer Nennspannung zwischen AC 50 und AC 1000 V an den Markt gebracht werden können, die entsprechend den in der Gemeinschaft gegebenen Stand der Sicherheitstechnik so hergestellt sind, daß sie bei einer ordnungsgemäßen Installation und Wartung sowie einer bestimmungsgemäßen Verwendung die Sicherheit von Menschen und Nutztieren sowie die Erhaltung von Sachwerten nicht gefährden. Dies ist gegeben, wenn die Produkte den allgemein anerkannten Regeln der Technik entsprechen und so genutzt werden, wie der Hersteller dies vorgesehen hat. Für Produkte, die diesen Anforderungen genügen, darf der freie Warenverkehr innerhalb der Gemeinschaft nicht aus Sicherheitsgründen behindert werden.

Näheres dazu regeln die Artikel 5 bis 8, die festlegen, daß insbesondere solche Erzeugnisse den Anforderungen der Niederspannungsrichtlinie genügen, die den Sicherheitsanforderungen harmonisierter Normen entsprechen. Soweit noch keine harmonisierten Normen vorliegen, erfüllen auch solche Erzeugnisse die Anforderungen der Niederspannungsrichtlinie, die den speziellen Sicherheitsanforderungen im herstellenden Mitgliedsstaat entsprechen, soweit die dort angewandten Sicherheitsanforderungen die gleiche Sicherheit bieten wie die, deren Erfüllung im eigenen Hoheitsgebiet gefordert wird.

Im Anhang zur Niederspannungsrichtlinie werden die wichtigsten Sicherheitsziele definiert, denen die Erzeugnisse entsprechen müssen und die von angewandten Normen abgedeckt sein müssen. Nach Artikel 10 müssen alle Mitgliedsstaaten davon ausgehen, daß die Bestimmungen der Artikel 5 bis 7 erfüllt sind, wenn ein Normenkonformitätszeichen einer gemeldeten Stelle auf dem Erzeugnis angebracht ist.

In ihrer Gestaltung ist die Niederspannungsrichtlinie den neuen Richtlinien sehr ähnlich. Da die CE-Kennzeichnung von allen neuen Richtlinien eingeführt wird, wurde es notwendig die Niederspannungsrichtlinie entsprechend zu ändern. Dies ist mit der Richtlinie 93/68/EWG geschehen, die festlegt, daß ein Produkt, bevor es an den Markt gebracht wird, mit der CE-Kennzeichnung zu versehen ist, die bestätigt, daß das Produkt den Anforderungen der Richtlinie genügt, hierbei insbesondere den wesentlichen Anforderungen des Anhangs 1 der Direktive.

Es ist vorgesehen, daß die Direktive bis zum 1. Juli 1994 von den Mitgliedsstaaten angenommen und veröffentlicht wird, und daß die CE-Kennzeichnung frühestens ab 1. Januar 1995 angebracht werden kann. Ab 1. Januar 1997 besteht dann die Verpflichtung die CE-Kennzeichnung auf allen Produkten anzubringen, die in den Geltungsbereich der Niederspannungsrichtlinie fallen.

## 5.2 CE-Kennzeichnung als Richtlinienkonformitätsaussage

Allen EU-Richtlinien neueren Datums gemein ist die Einführung eines einheitlichen europäischen Zeichens, der CE-Kennzeichnung nach **Bild 6** für die Bereiche der technischen Sicherheit, des Gesundheitsschutzes, des technischen Arbeitsschutzes oder Umweltschutzes, und der elektromagnetischen Verträglichkeit. Es vereinfacht die Kontrolle durch die nationalen Behörden ganz wesentlich, wenn der Nachweis der Konformität mit den einschlägigen technischen Normen bzw. den grundlegenden Anforderungen der Richtlinie durch eine Kennzeichnung geführt werden kann, die in allen Mitgliedsstaaten auf gemeinsamer Rechtsgrundlage nach einheitlichen Kriterien angebracht wird. Dies dient dem Abbau technischer Handelshemmnisse und fördert den grenzüberschreitenden Warenverkehr. Die CE-Kennzeichnung ist insoweit eine Konformitätserklärung des Herstellers mit einer Richtlinie und richtet sich an die mit der Umsetzung der Richtlinien befaßten Behörden.

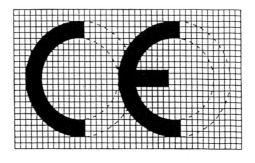

Bild 6

## 5.3 Verfahren zur Anbringung der CE-Kennzeichnung

Die Befähigung, die CE-Kennzeichnung auf seinen Produkten anzubringen, erwirbt ein Hersteller, indem er in geeigneter Weise die Erfüllung von sicherheitstechnischen Anforderungen nach den zugrundeliegenden EU-Vorschriften nachweist. Diese Konformitätsbewertung ist nach dem Konzept der Europäischen Gemeinschaften in verschiedene Module aufgeteilt, die sowohl die Entwurfs- als auch die

Produktionsphase eines Produktes abdecken. In der Regel muß ein Produkt in beiden Phasen auf Konformität mit den Anforderungen der Richtlinien geprüft werden. Die bewertende Stelle ist entweder der Hersteller oder eine außenstehende Stelle. Welche Module angewendet werden dürfen, wird in den einzelnen Richtlinien festgelegt und ist abhängig von der Produktart, den von dem Produkt ausgehenden Gefährdungen und anderer Faktoren. Bei einfachen Produkten mit geringen Sicherheitsanforderungen könnte die Richtlinie das Modul "A", die Herstellererklärung, als Grundlage für die Anbringung der CE-Kennzeichnung vorsehen, bei komplexen Produkten mit hohen Sicherheitsanforderungen könnten die Module B in Verbindung mit C bis F (alternativ) oder auch das Modul "G" zur Anwendung kommen, das eine Einzelprüfung durch eine anerkannte Prüfstelle als Zugangsvoraussetzung zum europäischen Binnenmarkt fordert.

Die Module fordern im Einzelnen als Voraussetzung zur eigenverantwortlichen Anbringung der CE-Kennzeichnung:

**Modul "A"**
Der Hersteller gibt ohne Hinzuziehen Dritter eine Konformitätserklärung ab.

**Modul "B"**
Der Hersteller läßt in der Entwurfphase seines Produktes eine EU-Baumusterprüfung von einer anerkannten Stelle durchführen. Die Module "C" bis "F" müssen zusätzlich alternativ angewendet werden.

**Modul "C"**
Der Hersteller gibt aufgrund der Baumusterprüfung eine Konformitätserklärung ab.

**Modul "D"**
Der Hersteller gibt aufgrund der Baumusterprüfung eine Konformitätserklärung ab und unterhält ein zugelassenes Qualitätssicherungssystem für Produktion und Prüfung.

**Modul "E"**
Der Hersteller gibt aufgrund der Baumusterprüfung eine Konformitätserklärung ab und unterhält ein zugelassenes Qualitätssicherungssystem für Überwachung und Prüfung.

**Modul "F"**

Der Hersteller läßt sein Produkt nach erfolgter Baumusterprüfung noch einer Typprüfung am fertigen Produkt unterziehen.

**Modul "G"**

Der Hersteller läßt sein Produkt einer Typprüfung unterziehen.

**Modul "H"**

Der Hersteller erklärt die Konformität auf Basis eines umfassenden Qualitätssicherungssystems für Entwicklung, Produktion und Prüfung.

Bei den Modulen "F" und "G" erklärt eine der EU gemeldete Drittstelle die Konformität durch Ausstellen einer Konformitätsbescheinigung.

Die aufgeführten Module sind meist nicht als solche in die Direktiven aufgenommen, sondern inhaltlich in die Direktiven eingearbeitet. Die Module geben den Rahmen vor, an den sich alle Ersteller von Direktiven halten müssen.

Erlaubt es die Direktive dem Hersteller, sich auf sein Qualitätssicherungssystem zu berufen, dann muß dieses nach den Forderungen der EU-Bestimmungen von einer zuständigen Stelle anerkannt und überwacht sein. Hauptinhalt eines solchen Qualitätssicherungssystems ist die vollständige Beschreibung und Reproduzierbarkeit des gesamten Fertigungsvorganges von der Entwicklung über die Arbeitsvorbereitung, die Fertigung und Prüfung bis hin zur Auslieferung an den Kunden, zugeschnitten auf die jeweils gefertigten Produkte.

Die CE-Kennzeichnung kann dann, und nur dann auf einem Produkt angebracht werden, wenn für dieses Produkt eine EU-Richtlinie erstens verabschiedet ist und zweitens der Zeitpunkt bereits eingetreten ist, ab dem eine CE-Kennzeichnung vorgesehen ist.

## 5.4 CE-Kennzeichnung als umfassende Aussage

Die in Europa mit dem globalen Konzept für die Konformitätsbewertung einheitlich geregelten Zugangsvoraussetzungen eines Produktes zum Markt sollen erreichen, daß ein Produkt ohne Handelshemmnis im freien Warenverkehr in der europäischen Gemeinschaft eingesetzt werden kann, ohne Rücksicht darauf, in welchem Land es produziert wurde und welche gegebenenfalls einzuschaltende Drittstelle die Zugangsvoraussetzungen zum Markt geschaffen hat.

Wesentlich für die CE-Kennzeichnung ist, daß sie dokumentiert, daß das Produkt auf dem es angebracht ist, allen grundlegenden Anforderungen gerecht wird, die für ein bestimmtes Produkt gelten. Fällt das Produkt unter mehrere Richtlinien (z.B. die Richtlinie für die Sicherheit und die Richtlinie für die elektromagnetische Verträglichkeit), so bedeutet die Anbringung der Kennzeichnung die Konformität mit allen diesen Richtlinien. Der für die Anbringung der Kennzeichnung Verantwortliche muß sicherstellen, daß die Übereinstimmung mit diesen Richtlinien gegeben ist. Die Einzelheiten zur Anbringung der CE-Kennzeichnung werden ebenfalls in der EU-Richtlinie geregelt. Nur die CE-Kennzeichnung kann Konformität mit Gemeinschaftsrichtlinien anzeigen, die an die Stelle aller diesbezüglichen einzelstaatlichen Rechtsvorschriften treten. Daher tritt die CE-Kennzeichnung an die Stelle der nationalen staatlichen Zeichen, deren Anbringung Pflicht ist, ersetzt aber nicht die VDE-Zeichen als national und international anerkannte Verbandszeichen.

Die CE-Kennzeichnung ist vor allem für die Marktinspektoren in den Mitgliedsstaaten bestimmt und als solche beansprucht sie nicht, ein Qualitäts-, Sicherheits- oder Umweltschutz-Zeichen zu sein. Die Gefahr, daß der Verbraucher die CE-Kennzeichnung aber als ein solches Zeichen ansieht, ist groß. Gerade in Deutschland, wo Zeichen im allgemeinen als Prüfzeichen angesehen werden, die, von unabhängigen Prüfinstituten erteilt, die Sicherheit eines Erzeugnisses belegen, kann es zu Mißverständnissen in der Bedeutung der Zeichen kommen. Unklar ist noch, ob man der CE-Kennzeichnung ansehen kann, ob und wenn ja in welcher Art, ein Prüfinstitut bei der Herstellererklärung - eine CE-Kennzeichnung ohne Zusätze ist nicht mehr als eine Herstellererklärung nach altem Muster, angebracht auf dem Produktverantwortlich mitgewirkt hat.

Die CE-Kennzeichnung steht für die Übereinstimmung eines Erzeugnisses mit **allen** Anforderungen, die sich aus **allen** Richtlinien ergeben, die auf das Produkt angewendet werden können. Aber welche Richtlinien das sind, ist der Darstellung der CE-Kennzeichnung nicht zu entnehmen. Während ein VDE-GS-Zeichen klar die Sicherheit bestätigt oder ein VDE-Funkschutzzeichen eindeutig die Einhaltung der Funkschutzverordnungen dokumentiert, bleibt die CE-Kennzeichnung da sehr wage. Sie bestätigt lediglich, daß das Erzeugnis zum Zeitpunkt seiner Inverkehrbringung den zu diesem Zeitpunkt gültigen Richtlinien entsprach.

In der Zeit, in der die Termine für die Einführung der CE-Kennzeichnung je nach Richtlinie noch unterschiedlich geregelt sind, kann der Hersteller entscheiden, mit der CE-Kennzeichnung die Übereinstimmung seines Produktes mit nur einer Richtlinie zu dokumentieren. Die mit jeder CE-Kennzeichnung abzugebende Konformitäts- oder Herstellererklärung gibt in diesen Fällen Auskunft, welchen Gemeinschaftsrichtlinien das betreffende Produkt genügt. Der Hersteller hat also zum Beispiel die Möglichkeit, mit der CE-Kennzeichnung ab sofort die Einhaltung der EMV-Direktive zu bestätigen, und die Übergangsfrist der Maschinenrichtlinie auszunutzen und die Einhaltung der Maschinenrichtlinie erst später mit der bereits angebrachten CE-Kennzeichnung zu bestätigen.

Spätestens jedoch mit auslaufen der letzten Übergangsfrist bestätigt der Hersteller mit der CE-Kennzeichnung die Einhaltung aller Richtlinien, deren Geltungsbereiche sein Produkt erfassen. Dies heißt, daß spätestens dann auch das Produkt allen Anforderungen entsprechen muß, die sich aus den verschiedenen Richtlinien ergeben. Umkonstruktionen können notwendig werden.

Nach dem Willen der Kommission der Europäischen Gemeinschaften muß die CE-Kennzeichnung in einer Mindestgröße von 5 mm auf dem Erzeugnis und, falls dies nicht möglich ist, auf der Verpackung des Produktes gut sichtbar, leserlich und dauerhaft angebracht werden. Die CE- Kennzeichnung wird vom Hersteller oder seinem in der Gemeinschaft niedergelassenen Vertreter bzw. dem für das Inverkehrbringen des Erzeugnisses Verantwortlichen angebracht. Die angebrachte CE-Kennzeichnung bedeutet, daß die natürlich oder juristische Person, die die Anbringung durchführt und veranlaßt, sich vergewissert, daß das Erzeugnis allen einschlägigen zwingenden Gemeinschaftsvorschriften entspricht.

### 5.5 CE-Kennzeichnung und GS-Zeichen

Nach § 3, Abs. 4 des neuen Gerätesicherheitsgesetzes dürfen technische Arbeitsmittel mit dem vom Bundesminister für Arbeit und Sozialordnung bekanntgemachten Zeichen "GS = geprüfte Sicherheit" versehen werden, wenn eine zugelassene Stelle auf Grund einer Bauartprüfung eine Bescheinigung ausgestellt hat, die unter anderem belegt, daß das technische Arbeitsmittel nach den allgemein anerkannten Regeln der Technik sowie den Arbeitsschutz- und Unfallverhütungsvorschriften so beschaffen ist, daß es bei bestimmungsgemäßem Gebrauch Benutzer und Dritte soweit wie möglich schützt. Die Möglichkeit der Kennzeichnung gilt allerdings nur insoweit, als Rechtsverordnungen nach §4 GSG nichts anderes aussagen.

§ 4, Abs. 1 gestattet der Bundesregierung nach Anhörung des Ausschusses für technische Arbeitsmittel und mit Zustimmung des Bundesrates Rechtsverordnungen zu erlassen zur Erfüllung von Verpflichtungen aus zwischenstaatlichen Vereinbarungen oder zur Durchführung von Rechtsakten des Rates oder der Kommission der Europäischen Gemeinschaft. Kurz gesagt regelt der Absatz die Umsetzung von Direktiven nach der neuen Konzeption in deutsches Recht.

§ 4, Abs. 1a gestattet dem Bundesminister für Gesundheit durch Rechtsverordnung zu bestimmen, daß die medizinisch-technischen Geräte, von deren Funktionssicherheit Leben und Gesundheit eines Menschen abhängen können, nur dann in den Verkehr gebracht werden können, wenn, unter anderem, die Geräte einer Bauartprüfung unterzogen worden sind. Die Anforderungen an die Bauartprüfung sind im

Wesentlichen die gleichen wie in der bereits geltenden Medizingeräteverordnung und bereits abgestimmt auf die Umsetzung der Richtlinie über Medizinprodukte.

Alle EU-Richtlinien und deren Umsetzungen in nationales Recht fordern die CE-Kennzeichnung für die von der Richtlinie erfaßten Produkte. Diese Forderung schließt aber nicht aus, daß die Geräte auch noch mit anderen Zeichen versehen werden können, sofern Dritte bezüglich der Bedeutung oder der graphischen Gestaltung der CE-Kennzeichnung nicht in die Irre geleitet werden.

### 5.6 CE-Kennzeichnung und VDE-Zeichen

Da die CE-Kennzeichnung die Übereinstimmung mit einer Rechtsvorschrift angibt, bleiben nationale private Zeichen, die die Konformität mit internationalen oder nationalen Normen dokumentieren, weiterhin mit diesem Zeichen vereinbar und können zusätzlich angebracht werden, wenn die Sichtbarkeit und Lesbarkeit der CE-Kennzeichnung dadurch nicht beeinträchtigt wird. Auch Verwechslungen von zusätzlichen Zeichen mit der CE-Kennzeichnung sind auszuschließen.

Das VDE-Prüf- und Zertifizierungsinstitut bietet bereits heute die Möglichkeit, neben den nationalen Konformitäts- und Sicherheitszeichen, auch Zertifikate auszustellen, die in den beschriebenen Zertifizierungsverfahren einen einfachen und kostengünstigen Weg anbieten zur Erlangung weiterer nationaler Prüfzeichen europaweit und weltweit. Während das GS-Zeichen wie auch die CE-Kennzeichnung die Konformität mit Gesetzen bzw. Richtlinien dokumentieren, in denen gefordert wird, daß ein Produkt sicher sein muß, bietet das VDE-Zeichen darüber hinausgehend eine qualifizierte Aussage darüber, daß das betreffende Produkt auch normenkonform ist. Dies ist insbesondere dann wichtig, wenn ein Hersteller nachweisen will, daß sein Erzeugnis tauglich ist für den europäischen Markt auch außerhalb der Länder des EU- und EFTA-Wirtschaftraumes sowie für den weltweiten Markt.

Die Anbringung eines der VDE-Zeichen ist damit eine wesentlich weitergehende Aussage über die sicherheitstechnische Beschaffenheit eines Erzeugnisses als es "nur" die für jeden Hersteller verpflichtende Anbringung der CE-Kennzeichnung ist.

## 6 Verfahren zur Erlangung von Prüfzeichen

Die Verfahrensschritte, die ein Antragsteller einheimischer oder gleichermaßen ausländischer bei dem VDE-Prüf- und Zertifizierungsinstitut zur Erlangung eines Prüfzeichens oder Zertifikates zu durchlaufen hat, sind im wesentlichen gleich für die meisten Prüfstellen des In- und Auslandes. Der Antrag an das VDE-Prüf- und Zertifizierungsinstitut kann formlos in deutsch oder englisch eingereicht werden. Er muß Angaben enthalten über den Antragsteller, den Genehmigungsinhaber und zur Fertigungsstätte. Der Genehmigungsinhaber ist die juristische Person, die für die Herstellung des Produktes verantwortlich ist. Das Produkt muß soweit beschrieben sein, wie es voraussichtlich zur Erstellung der Antragsbestätigung und Kostenabschätzung notwendig ist. Entsprechende Anlagen sollten dem Antrag beigefügt werden. Weiterhin muß erkennbar sein, welche Prüfung durchgeführt werden soll und nach welcher Bestimmung zu prüfen ist. Genehmigungen zum Benutzen eines VDE-Zeichens werden ausgestellt, wenn der Antragsteller die Satzung, die Prüfordnung und die Gebührenordnung des VDE-Prüf- und Zertifizierungsinstitutes anerkennt, es sich bei dem Antragsteller um eine Firma handelt, die einen ordnungsgemäßen Fertigungsbetrieb unterhält und das Prüfmuster den Anforderungen genügt. Voraussetzung für die Erteilung eines VDE-Prüfzeichens ist die Besichtigung der Fertigungsstätte, die gewährleisten soll, daß die Serie entsprechend dem geprüften und genehmigten Erzeugnis in gleichbleibender Qualität gefertigt werden kann.

Ergeben sich bei der Prüfung Beanstandungen, so werden diese dem Antragsteller mitgeteilt und er erhält die Möglichkeit zur Nachbesserung seines Produktes. Ist das Ergebnis der Prüfung letztendlich positiv, wird die Zeichengenehmigung ausgestellt.

Mit der Zeichengenehmigung erhält der Genehmigungsinhaber die Berechtigung auf allen, im Zeichengenehmigungsausweis genannten Erzeugnissen, das im Ausweis aufgeführte VDE-Prüfzeichen anzubringen. Darüber hinaus darf dieses Prüfzeichen auch in Drucksachen, Prospekten usw. verwendet werden, wenn klar erkennbar ist, auf welches Erzeugnis sich das Zeichen bezieht. Die Anbringung des Prüfzeichens ist mit einer Lizenzgebühr verbunden.

Das genehmigte und im Zeichengenehmigungsausweis beschriebene Produkt ist in der dem VDE-Prüf- und Zertifizierungsinstitut vorgelegten Form zu fertigen. Jede Änderung der Konstruktion, die einen Einfluß auf das sicherheitstechnische Verhalten des Gerätes haben kann, sowie alle Änderungen die in das Typenschild eingehen (z.B. Namensänderungen des Genehmigungsinhabers), müssen dem VDE-Prüf- und Zertifizierungsinstitut mitgeteilt werden, und sind von diesem gegebenen falls nach einer Nachprüfung zu genehmigen.

Entsprechend seiner Satzung (VDE 0024) bzw. der Geschäftsordnung für das VDE-Prüf- und Zertifizierungsinstitut und um die Unabhängigkeit des VDE-Prüf- und Zertifizierungsinstitutes in Bezug auf seine Prüf- und Überwachungstätigkeit zu wahren, erfahren Dritte keine firmenspezifischen Einzelheiten aus der Prüf- und Überwachungstätigkeit. Vorschläge für die Gestaltung der Erzeugnisse oder für die Behebung etwaiger Mängel dürfen deshalb von dem VDE-Prüf- und Zertifizierungsinstitut nicht gemacht werden. Lediglich die Beratung über die Interpretation der einer Entwicklung oder Prüfung zugrundeliegenden nationalen und internationalen Normen kann angeboten werden, abgestimmt auf die vorgelegten Erzeugnisse.

Damit bietet das VDE-Prüf- und Zertifizierungsinstitut den Herstellern einen Service, der ihren Erzeugnissen eine sicherheitstechnisch einwandfreie Entwicklung und Produktion gewährleistet, ihre Vermarktung durch ein verkaufsförderndes Zeichen im In- und Ausland unterstützt und den unbedenklichen und freien Warenverkehr in der Welt sichert. Im Gegensatz zu den Intentionen der EU, die europäische Zeichenvielfalt einzuschränken, werden sich die VDE-Zeichen und andere nationale Zeichen neben der CE-Kennzeichnung behaupten als zusätzliche und bewährte Garantie dafür, daß der Hersteller mit solchermaßen gekennzeichneten Erzeugnissen diese bei einer unabhängigen Institution hat prüfen lassen und damit dem Verbraucher etwas in die Hand gibt, das dieser sicherheitstechnisch unbedenklich verwenden kann.

VDE - Vertrauen Durch Experten

**Schrifttum:**

Warner, A.:
Zertifizierung von elektrotechnischen Erzeugnissen nach nationalen, regionalen und internationalen Verfahren
etz Bd. 107 (1986) S. 800 - 805

Bier, M, Dreger, G.:
IEC Gütebestätigungssystem (IECQ) für Bauelemente der Elektronik
etz Bd. 109 (1988) S. 24- 28

Berghaus, H.:
Europäische Aktivitäten im Bereich der Zertifizierung - Die Intention der Brüsseler EU-Kommission
DIN-Mitt. 68 (1989) S. 128 - 131

Becker, U.:
Zertifizierung im Hinblick auf das Gerätesicherheitsgesetz
DIN-Mitt. 68 (1989) S. 210 - 213

Warner, A.:
Quo vadis, Zertifizierung
DIN-Mitt. 68 (1989) S. 313 - 317

Döttinger, K., Spägele, S.:
Zertifizierung von Produkten und QS-Systemen im Hinblick auf den europäischen Markt
DIN-Mitt. 70 (1991) S. 12 - 15

Warner, A.:
Zertifizierung - Definition und Anwendung
etz Band 114 (1993), S. 840 - 843

**Erfahrungen mit dem deutschen Akkreditierungssystem, dargestellt am Beispiel des Sektorkomitees Kabel und Leitungen**

Dipl.-Ing. Rolf-Dieter Steckel, ABB Kabel & Draht, Mannheim

Dipl.-Ing. Rolf-Dieter Steckel, Mannheim

# Erfahrungen mit dem deutschen Akkreditierungssystem, dargestellt am Beispiel des Sektorkomitees Kabel und Leitungen

Im nachfolgenden Bericht wird über das deutsche Akkreditierungssystem am Beispiel des Sektorkomitees Kabel und Leitungen berichtet. Hierbei werden die Grundlagen für die Akkreditierung von Prüflaboratorien an Hand von Prüfaufgaben und Prüfbausteinen erläutert.

Welterhin wird auf die erarbeiteten Fragebögen für die Auswahl von technischen Begutachtern eingegangen.

Abschließend werden die für das Gebiet Kabel und Leitungen bis heute ausgesprochenen Akkreditierungen für Prüflaboratorien und Zertifizierungsstellen aufgelistet, sowie der Begutachtungsumfang diskutiert.

## 1. Sektorkomitee Kabel und Leitungen

Das Sektorkomitee hatte am 10.6.1992 seine konstituierende Sitzung. Es wurde gegründet, um die fachliche Arbeit sowie die Koordinierung der Zertifizierungs- und Prüfaktivitäten innerhalb der DATech für das Gebiet der Kabel und Leitungen zu bearbeiten. Dieses Gebiet wurde von den 6 seinerzeit existierenden Sektorkomitees der DATech noch nicht abgedeckt. Das Komitee setzt sich aus Mitarbeitern von Energieversorgungsunternehmen, industriellen Anwendern, Prüf- und Zertifizierungsinstituten sowie Kabel- und Leitungsherstellern zusammen. Leider ist es uns nicht gelungen, einen direkten Mitarbeiter der Behörde zu gewinnen. Wir haben jedoch eine korrespondierende Mitarbeit aus dem Wirtschaftsministerium in unserem Komitee.

In Abstimmung mit der DATech wurde zunächst der Aufgabenbereich des Sektorkomitees festgelegt.

## Sektorkomitee Kabel und Leitungen innerhalb der DATech

**Aufgabenbereiche**

Der Aufgabenbereich des SK bezieht sich auf
   Kabel und Leitungen inklusive Garnituren und Zubehör
mit Schwerpunkt bei den Produkten gemäß DIN VDE- und IEC-Normen, HD's und EN's.

Das SK fungiert als deutsches Spiegelgremium für die entsprechenden regionalen und internationalen Sektorkomitees.

Dieser Aufgabenbereich deckt die Starkstrom- wie die Nachrichtenseite ab und gilt für Kabel und Leitungen mit deren Zubehör. Weiterhin ist auch der Bereich der blanken Übertragungsleitungen mit ihren Armaturen einbezogen.

Das Sektorkomitee hat einen Akkreditierungszeitraum von fünf Jahren bei jährlicher Überprüfung festgelegt.

Nach der Geschäftsordnung der DATech sind von den Sektorkomitees die nachfolgenden Unterlagen zu erarbeiten:

**Aufgaben der Sektorkomitees innerhalb der DATech**
- Prüfaufgaben für die technische Begutachtung eines Prüflaboratoriums
- Prüfbausteine für die technische Begutachtung eines Prüflaboratoriums
- Prüfgrundlagen für die technische Begutachtung von Prüflaboratorien
- Anforderungen für technische Begutachter von Prüflaboratorien
- Qualifikationsverfahren für technische Begutachter
- Schulungsunterlagen für technische Begutachter

Mit Priorität wurden zunächst die Produktbereiche Nieder- und Mittelspannungskabel bearbeitet. Diese Bereiche mußten in kurzer Zeit abgearbeitet werden, da praktisch zur gleichen Zeit bereits Akkreditierungsprozesse abliefen.

## 2. Prüfaufgaben

Bei der Erstellung der Prüfaufgaben wurde auf die gültigen Produktnormen Bezug genommen. Als Beispiel seien die Prüfaufgaben für ein VPE-isoliertes Mittelspannungskabel gezeigt.

Gemäß den Anforderungen aus den Produktnormen sind die einzelnen Prüfaufgaben aufgelistet. Für die Begutachtung von Prüflaboratorien ist damit ein Werkzeug erstellt worden, nach dem eine Beurteilung der Prüfmöglichkeiten für die verschiedenen Produktnormen einfach vorgenommen werden kann.
Zwischenzeitlich sind die Prüfaufgaben für alle Starkstromkabel und Starkstromkabelgarnituren erstellt worden. In Arbeit sind die Prüfaufgaben für Starkstromleitungen und VDE-zeichenfähige Fernmeldekabel.

## 3. Prüfbausteine

Zu den Prüfaufgaben gehören die entsprechenden Prüfbausteine. Diese stellen eine Beschreibung der Prüfeinrichtung, die zur Prüfdurchführung erforderlich sind. In der Kabelbranche ist hier eine Unterteilung in elektrische und nicht elektrische Prüfungen vorgenommen worden, wobei letztere meist mechanische Prüfungen sind.
Als Beispiel seien die Prüfbausteine für die Leiterwiderstandsmessung und der Bestimmung von Außenmaßen gezeigt.

Mit diesen Prüfbausteinen liegt ein Fragenkatalog für die Begutachtung von Prüflaboratorien vor. Die Bausteine sind so angelegt, daß sie im allgemeinen für mehrere Produktnormen angewandt werden können. Der Katalog wird mit den in Arbeit befindlichen Prüfaufgaben ergänzt.

Tabellen 1 und 2

| DATech Sektorkomitee Kabel und Leitungen | Prüfaufgaben zur Produktnorm DIN VDE 0273 / 12.87 ... A2 / 10.91 | | Ausgabe 07.93 Seite 1/4 | |
|---|---|---|---|---|
| Lfd. Nr. | PRÜFAUFGABE | Prüfung nach | | Prüfbaustein |
| | | DIN VDE 0472 | CENELEC | IEC | |
| 1 | Leiterwiderstand, spez. Widerstand der Schirmaufbauelemente | Teil 501 | - | 228-2 Abschnitt 2.1 | E1 |
| 2 | Spannungsfestigkeit | Teil 508 Prüfart B | - | 502 Abschn. 14.4 | E2 |
| 3 | Teilentladung mit Einrichtung zur zyklischen Aufheizung von Proben | Teil 513 | - | 885-2 und 885-3 | E3 |
| 4 | Verlustfaktor in Abhängigkeit von Temperatur | Teil 505 Prüfart B o.D | - | 502 Abschnitt 16 | E5 |
| 5 | Stoßspannungsfestigkeit | Teil 511 | - | 230 | E4 |
| 6 | Aufbau des Leiters und Schirmes, Außendurchmesser | Teil 401 Prüfart A | HD 505.1.1 Abschnitt 8.3 | 811-1-1 Abschnitt 8.3 | N1 |
| 7 | Wanddicken von Isolierhüllen, innere Leitschicht bei Sektorleitern, äußere Leitschicht bei Sektorleitern und Wanddicke der inneren Schutzhülle und des Außenmantels | Teil 402 Prüfart A Prüfart B | HD 505.1.1 Abschnitt 8.1 Abschnitt 8.2 | 811-1-1 Abschnitt 8.1 Abschnitt 8.2 | N2 |

| DATech Sektorkomitee Kabel und Leitungen | Prüfaufgaben zur Produktnorm DIN VDE 0273 / 12.87 ... A2 / 10.91 | | Ausgabe 07.93 Seite 2/4 | |
|---|---|---|---|---|
| Lfd. Nr. | PRÜFAUFGABE | Prüfung nach | | Prüfbaustein |
| | | DIN VDE 0472 | CENELEC | IEC | |
| 8 | Wanddicken der Isolierhüllen, innere Leitschicht bei Rundleitern, Gleichmäßigkeit der Wanddicke, Durchmesser über Isolierhülle, Rundheit der Ader | Teil 403 | - | - | N22 |
| 9 | Unregelmäßigkeiten von innerer Leitschicht und Isolierhülle | Teil 404 | - | - | N23 |
| 10 | Wärmedehnung | Teil 615 | HD 505.2.1 Abschnitt 9 | 811-2-1 Abschnitt 9 | N16 |
| 11 | Längsschrumpfung von PE-Mänteln | Teil 630 | - | - | N18 |
| 12 | Biegeverhalten mit anschließender Teilentladung | Teil 603 Prüfart C | - | 502 Abschnitt 16 | N3 |
| 13 | Mechanische Eigenschaften von Isolierhülle, innerer Schutzhülle und Mantel vor und nach der Alterung im Wärmeschrank | Teil 602 | HD 505.1.1 Abschnitt 9 | 811-1-1 Abschnitt 9 | N4 |
| | | Teil 303 Alterungsart A | HD 505.1.2 AM1 Abschnitt 8.1.3.1 | 811-1-2 AM1 Abschnitt 8.1.3.1 | |
| | Prüfung der gegenseitigen Beeinflussung am vollständigen Kabel | Alterungsart D | HD 505.1.2 Abschnitt 8.1.4 | 811-1-2 Abschnitt 8.1.4 | |

## Tabellen 3 und 4

| DATech Sektorkomitee Kabel und Leitungen | Prüfaufgaben zur Produktnorm DIN VDE 0273 / 12.87 ... A2 / 10.91 | | | Ausgabe 07.93 Seite 3/4 |
|---|---|---|---|---|
| Lfd. Nr. | PRÜFAUFGABE | | Prüfung nach | | | Prüfbaustein |
| | | DIN VDE 0472 | CENELEC | IEC | |
| 14 | Wasseraufnahme, gravimetrisch | Teil 802 | HD 505.1.3 Abschnitt 9.2 | 811-3-1 Abschnitt 9.2 | N8 |
| 15 | Längsschrumpfung von Isolierhüllen | Teil 628 | HD 505.1.3 Abschnitt 10 | 811-1-3 Abschnitt 10 | N17 |
| 16 | Wärme-Druckbeständigkeit | Teil 609 | HD 505.3.1 Abschnitt 8 | 811-3-1 Abschnitt 8 | N9 |
| 17 | Spannungsrißbeständigkeit | Teil 810 Verfahren 2 | - | - | N20 |
| 18 | Rußgehalt | Teil 702 | HD 505.4.1 Abschnitt 11 | 811-4-1 Abschnitt 11 | N19 |
| 19 | Härteprüfung nach Shore D | Teil 631 Prüfart A Prüfart B | - | - | N21 |
| 20 | Längswasserdichtheit im Schirmbereich | Teil 811 Prüfart B | - | 794-1F5 | N24 |

| DATech Sektorkomitee Kabel und Leitungen | Prüfaufgaben zur Produktnorm DIN VDE 0273 / 12.87 ... A2 / 10.92 | | | Ausgabe 07.93 Seite 4/4 |
|---|---|---|---|---|
| Lfd. Nr. | PRÜFAUFGABE | | Prüfung nach | | | Prüfbaustein |
| | | DIN VDE 0472 | CENELEC | IEC | |
| 21 | erweiterte Typprüfung elektrische Langzeitprüfung | DIN VDE 0273/A1 und A2 | | | |
| | Anfangsfestigkeit, Restfestigkeit | Teil 508 Prüfart A o.B | - | - | E2 |
| | Langzeitprüfung | DIN VDE 0273 A1 | | | E8 |
| | Watertree-Bild | DIN VDE 0273 A2 | - | - | N25 |

# Tabellen 5 und 6

| DATech Sektorkomitee Kabel und Leitungen | Prüfbaustein | N 1 | Ausgabe 05.93 Seite 1/1 |
|---|---|---|---|

**Art der Prüfung**

Bestimmung der Außenmaße
Leiterabmessung, Maße des Schirmes und Außendurchmesser

**Prüfung nach** DIN VDE 0472 Teil 401/6.84

**Prüfgeräte und Prüfmittel**

1  Bügelmeßschraube
   nach DIN 863 Teil 1 .......... o

2  Feinanzeiger
   nach DIN 879 Teil 1
   Skalenteilungswert .......... o

3  Meßschieber
   nach DIN 862 .......... o

4  Meßband
   nach DIN 6403
   Skalenteilungswert .......... o

5  Meßmikroskop, Meßprojektor
   Fabrikat
   Vergrößerung
   Ablesemöglichkeit .......... o

6  Optisch/Elektronische Meßeinrichtungen
   Fabrikat
   Vergrößerung
   Ablesemöglichkeit .......... o


| DATech Sektorkomitee Kabel und Leitungen | Prüfbaustein | E 1 | Ausgabe 05.93 Seite 1/1 |
|---|---|---|---|

**Art der Prüfung**

Bestimmung des Leiterwiderstandes und des spezifischen Widerstandes der Schirmaufbauelemente

**Prüfung nach** DIN VDE 0472 Teil 501/04.83

**Prüfgeräte und Prüfmittel**

1  Widerstandsmeßeinrichtung mit den Fehlergrenzen
   G ≠ 2 % des Nennwertes + 20 m V
   Fabrikat
   Fehlergrenzen .......... o

2  Widerstandsmeßeinrichtung mit den Fehlergrenzen
   G = 2 ‰ des Nennwertes + 5 m V,
   Fabrikat
   Fehlergrenzen .......... o

3  Widerstandsmeßeinrichtung mit den Fehlergrenzen
   G = 2 ‰ des Nennwertes + 0,01 m V mit geeigneter Einspannvorrichtung (getrennte Strom- und Spannungsklemmen) .......... o

4  Gleichspannungsquelle
   Fabrikat
   Art/Bereich .......... o

5  Temperaturmeßeinrichtung
   Art .......... o

185

## 4. Technische Begutachter

Eine Aufgabe der Sektorkomitees ist, Anforderungen zur Auswahl von technischen Begutachtern zu erarbeiten. Es wurde hierfür ein ausführlicher Fragenkatalog erstellt, der die Qualifikation eines Begutachters für unseren Bereich beurteilen läßt. Der Katalog baut auf den grundsätzlichen Anforderungen der DATech auf und ist um einen fachspezifischen Bereich erweitert.

Bis heute konnten wir für die Begutachtung von Prüflaboratorien vier hervorragende Fachleute aus unserem Gebiet gewinnen. Eine Erweiterung des Personenkreises ist in Diskussion.

## 5. Ausgesprochene Akkreditierungen

Für das Gebiet des Sektorkomitees Kabel und Leitungen wurden bis heute die in nachfolgendem Bild aufgelisteten Akkreditierungen ausgesprochen.

**Sektorkomitee Kabel und Leitungen**

*1) Akkreditierte Prüflabore*

Forschungsgemeinschaft für Hochspannungs-
und Hochstromtechnik e. V., Mannheim

VEW EUROtest GmbH, Dortmund

VDE Prüf- und Zertifizierungsinstitut, Offenbach

Prüflaboratorium des IEH der Universität Karlsruhe, Karlsruhe

*2) Akkreditierte Zertifizierungsstelle*

VDE Prüf- und Zertifizierungsinstitut, Offenbach

Der Akkreditierungsumfang der Prüflaboratorien ist unterschiedlich und dem jeweiligen Tätigkeitsfeld der Labors angemessen. Die Labors decken alle elektrischen oder die elektrischen und nicht elektrischen Prüfungen für eine oder mehrere Produktnormen ab. Damit haben Kunden die Möglichkeit, eine vollständige Prüfung für einen Artikel im gewünschten Umfang durchführen zu lassen.

Leider gibt es im Regelwerk der DATech keine Angaben über einen Mindestumfang von Prüfungen für ein zu akkreditierendes Labor. So wäre es theoretisch möglich, daß ein Labor für eine einzige Prüfung akkreditiert wird. Dies ist nach Meinung des Sektorkomitees Kabel und Leitungen nicht im Sinne der Kunden. Es will deshalb einen Mindestumfang von Prüfungen als eine Voraussetzung für eine Akkreditierung empfehlen, z. B. alle elektrischen oder alle nicht elektrischen Prüfungen für eine Produktnorm. Wir würden uns wünschen, daß diese Empfehlung von der DATech angenommen wird. Natürlich sind hiervon Spezialprüfungen ausgenommen.

Ausgenommen von dieser kleinen Anmerkung sind unsere Erfahrungen mit dem deutschen Akkreditierungssystem positiv.

II. Erfahrungen und Meinungen zum Europäischen Konzept für das Prüf- und Zertifzierungswesen aus deutscher Sicht

Prüfen und Zertifizieren als Bestandteil der anwenderorientierten Qualitätssicherung im Bereich eines Energieversorgungsunternehmens

Dr.-Ing. Robert Bach, Dipl.-Ing. Thomas Niemand, VEW AG, Dortmund

Dr.-Ing. Robert Bach, Dipl.-Ing. Thomas Niemand, Dortmund

# Prüfen und Zertifizieren als Bestandteil der anwenderorientierten Qualitätssicherung im Bereich eines Energieversorgungsunternehmens

## 1. Einleitung

Der europäische Binnenmarkt eröffnet dem Anwender elektrotechnischer Produkte aufgrund weitgehend harmonisierter Normen und Rechtsvorschriften die Möglichkeit, in wesentlich größerem Umfang als bislang vom erweiterten Anbieterkreis Gebrauch zu machen. Die vom Rat der Europäischen Gemeinschaft erlassene EU-Sektorenrichtlinie verpflichtet sogar die Versorgungsunternehmen der betroffenen Sektoren oberhalb definierter Schwellenwerte zu einem europaweiten Vergabeverfahren [1]. Da die in der Richtlinie vorgesehene Drittlandsklausel in einigen europäischen Ländern, so auch in Deutschland, nicht in nationales Recht umgesetzt wurde, besteht in Zukunft die Gefahr, daß allen weltweit operierenden Anbietern gleiche Chancen bei der Auftragsvergabe eingeräumt werden müssen. Über diese juristische Frage besteht allerdings z. Z. noch Rechtsunsicherheit.

Vor diesem Hintergrund stellt sich die Frage, wie der Anwender elektrotechnischer Erzeugnisse seine heute erreichte Produktqualität im Sinne einer zuverlässigen Energieversorgung sichern und ausbauen kann. Der anwenderorientierten Qualitätssicherung [2] kommt dabei gerade wenn es um die Beschaffung von qualitativ hochwertigen Betriebsmitteln geht eine zentrale Bedeutung zu. Ihre konsequente Einführung im Unternehmen erleichtert die Auswahl geeigneter Lieferanten und stellt sicher, daß durch Prüfungen die Anforderungen der technischen Spezifikationen nachgewiesen werden.

## 2. Lieferantenauswahl im Rahmen der EG-Beschaffungsrichtlinie

Eine begrenzte Zahl von Lieferanten und Unternehmen, je nach Produkt entweder schwerpunktmäßig im eigenen Versorgungsgebiet oder bereits heute über die Landesgrenzen hinaus gelegen, bestimmen das Bild heutiger Ausschreibungen. Mit der Mehrzahl dieser Unternehmen bestehen langjährige Geschäftsbeziehungen. Die Produkte, Betriebsmittel und Anlagen sind oft seit Jahrzehnten in den Netzen im Betrieb. Die Qualität, Zuverlässigkeit und Instandhaltung ist aus diesen Betriebserfahrungen bekannt. Die Fortentwicklung der Anlagen in Punkto Sicherheit, Zuverlässigkeit, Umweltverträglichkeit und Wirtschaftlichkeit ergibt sich gerade aus dem engen Kontakt, der das heutige Handeln von Ingenieuren der Hersteller- und Anwenderseite bestimmt. All diese Verfahrens- und Verhaltensweisen dienen nicht zuletzt dem Ziel, Vertrauen zu schaffen. Besteht auch bei den Anwendern der Wunsch, an diesem System festzuhalten, so muß mit der Ausweitung der Märkte und der Zunahme der Zahl von Lieferanten diese Vertrauensbildung weiterentwickelt und auf eine andere Grundlage gestellt werden.

Im Hinblick auf die EG-Beschaffungsrichtlinie sind für den Anwender demnach zwei Dinge von grundlegender Bedeutung. Einerseits muß die Zulassung eines neuen Lieferanten auf der Grundlage nichtdiskriminierender Regeln und Kriterien, d.h. für alle Unternehmen nach einheitlichen Verfahren vorgenommen werden. Dies erfordert eine stärkere Systematisierung der heutigen Vorgehensweise. Andererseits wurden die Voraussetzungen für eine gegenseitige Anerkennung von Prüfergebnissen und Zertifikaten, die die Sicherheit, Normenkonformität, und Gebrauchstauglichkeit von Produkten bestätigen, im europäischen Binnenmarkt entwickelt. Ihre Nutzung steht nun den Anwendern offen.

Aus den bereits geschilderten Beziehungen zwischen Hersteller und Anwender hat sich in der Vergangenheit auch eine bestimmte Art und Weise der Zulassung von neuen Lieferanten und deren Produkten entwickelt. Im Mittelpunkt stand dabei fast ausschließlich das Produkt selber. Durch Produktuntersuchungen und Probeaufträge versuchte man die Gebrauchstauglichkeit der Anlagen und Betriebsmittel vor dem generellen Einsatz zu klären. Entscheidend war jedoch bislang, daß der Auftraggeber als späterer Anwender die Möglichkeit der freien Lieferantenauswahl besaß. Er war nicht nur in der Lage Hersteller oder Dienstleistungsunternehmen aufgrund von fachlichen Mängeln abzulehnen, sondern es war ihm überhaupt freigestellt Kontakte mit weiteren Unternehmen aufzunehmen.

Diese Situation hat sich mit der, in der Bundesrepublik Deutschland seit dem 1. März 1994 geltenden, EU-Sektorenrichtlinie grundlegend verändert. Nun ist der Auftraggeber nach Bekanntmachung über das Bestehen eines Prüfungssystems im EU-Amtsblatt verpflichtet, alle sich um Teilnahme bewerbenden Unternehmen zu prüfen. Der Beurteilung der Leistungsfähigkeit von neuen, aber aufgrund der Nichtdiskriminierung auch der bereits zugelassenen Lieferanten und Unternehmen, kommt vor dem Hintergrund dieses europaweiten Wettbewerbs eine wachsende Bedeutung zu. Die Prüfung wird zweckmäßigerweise durch den Auftraggeber selbst vorgenommen. Dies schließt jedoch nicht aus, daß aus Rationalisierungsgründen unter den Versorgungsunternehmen, die in der Regel gleiche oder ähnliche Anlagen und Betriebsmittel einsetzen, eine gegenseitige Anerkennung der Prüfungsergebnisse vorgenommen werden kann. Des weiteren besteht bei einigen als Dienstleister auftretenden EVU die Möglichkeit, sowohl die bereits vorliegenden Ergebnisse zu kaufen, als auch weitere Präqualifizierungen als Dienstleistung ausführen zu lassen.

Das folgende Bild zeigt ein Beispiel, wie die Lieferantenauswahl und die Auswahl von Dienstleistungsunternehmen unter dem Gesichtspunkt der Qualitätssicherung in die Technischen Spezifikationen des Auftraggebers neben den anderen Anforderungen aufgenommen werden können. In dem Anhang sind zusätzlich eine dieser Werknormen (in Bild 1 grau unterlegt) wiedergegeben, um zu verdeutlichen, wie die neuen Verfahrensweisen bei der EU-weiten Vergabe von Lieferaufträgen konkret geregelt werden können.

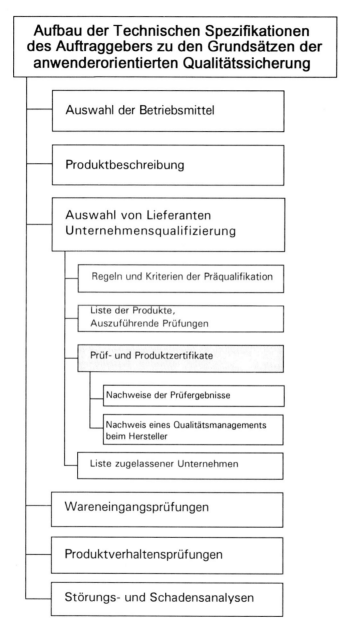

Bild 1: Beispiel für den Aufbau der QS-Werknormen eines Auftraggebers

**Lieferantenprüfung**

Das Prüfungssystem sollte nach Möglichkeit mehrstufig aufgebaut sein. Gut bewährt hat sich ein System, welches mit der Vorprüfung anhand von Fragebögen beginnt, hierauf aufbauend die Auditierung von Herstellern, Verfahren und Produkten vornimmt, Musterlieferungen verlangt, die im Prüflaboratorium eingehend untersucht werden und schließlich im Rahmen von Probeaufträgen weitere montage- und betriebsbegleitende Untersuchungen durchführt.

Wesentlicher Punkt dieser Lieferantenprüfung ist die Feststellung der Qualitätsfähigkeit. Für besonders wichtige Produkte, d.h. für investitionsintensive Anlagen oder für Betriebsmittel, die hohe zusätzliche Kosten nach sich ziehen, wird der Auftraggeber zukünftig vermehrt die Vorlage eines Zertifikates nach der DIN ISO 9000-Normenreihe fordern. Jedoch wird dieses Qualitätssicherungszertifikat, welches im wesentlichen das ordnungsgemäße System bescheinigt, eine zusätzliche Auditierung der Produktionsstätte durch den Auftraggeber nicht gänzlich ersetzen, da der Prüfschwerpunkt dieses Audits auf der Herstellung und Eignung des Produktes liegt. Das Auditorenteam sollte sich daher neben der Kenntnis der Qualitätsnormen insbesondere durch eine hohe Fachkompetenz für das jeweilige Produkt auszeichnen.

**Qualitätssicherung im Dienstleistungsbereich**

Auch im Dienstleistungsbereich hält der Qualitätsgedanke mehr und mehr Einzug. Einige Versorgungsunternehmen haben Prüfungssysteme für Montage- und Tiefbaufirmen erstellt. Hier sollen künftig nur noch qualifizierte Unternehmen, die über ein Qualitätsmanagementsystem verfügen, eingesetzt werden. Nur mit einer solchen Verantwortungsverlagerung kann das umfangreiche Personal, das heute im wesentlichen die Bauaufsicht vornimmt, für andere Aufgaben im Unternehmen eingesetzt werden.

Neben der positiven Bewertung der Lieferanten und Unternehmen im Rahmen dieses Prüfungssystems, wird die generelle Zulassung zusätzlich von der Vorlage von europaweit gültigen und anerkannten Prüfnachweisen für die Produkte abhängig gemacht.

## 3. Anerkennung von Prüf- oder Produktzertifikaten

**Akkreditierte Prüflaboratorien**

Die Normenreihe EN 45000 stellt im wesentlichen die Grundlage für die zukünftige Anerkennung von Prüfungen bzw. den daraus resultierenden Prüf- oder Produktzertifikaten über die Normenkonformität, Sicherheit und Gebrauchstauglichkeit dar. Die Normenreihe regelt dabei die Begutachtung von Prüflaboratorien und Personal, die letztlich zur Akkreditierung führt. Im Rahmen einer Akkreditierung müssen Prüflaboratorien unter anderem den Nachweis dafür erbringen, daß sie in der Lage sind, Prüfungen einheitlich nach international gültigen Normen durchzuführen und für bestandene Typprüfungen entsprechende Prüfbescheinigungen auszustellen. Die Akkreditierung wird dabei nur für die Prüfungen ausgesprochen, für die ein solcher Nachweis erbracht werden kann. Für ein dauerhaftes Fortbestehen der Akkreditierung über Jahre hinweg, ist eine regelmäßige Überprüfung der Laboratorien zwingend vorgeschrieben. Dadurch wird sichergestellt, daß bei einer Prüfung in einem solchen Labor aktuelle Normen zugrunde liegen und ein intaktes Qualitätsmanagementsystem implementiert ist, mit dem unter anderem bewirkt wird, daß immer nach den zugrundeliegenden Prüfverfahren und Kalibrierplänen gearbeitet wird und daß diese durch eine regelmäßige Kontrolle z.B. durch interne Audits überwacht werden. Die Akkreditierung erfordert aber nicht nur ein Qualitätsmanagementsystem, sondern darüber hinaus noch die Beachtung weiterer Aspekte wie beispielsweise den der Unabhängigkeit und der Vertraulichkeit. Prinzipiell kann auch das Prüffeld eines Herstellers akkreditiert werden, sofern dieser in der Lage ist, alle in der Norm aufgeführten Kriterien zu erfüllen und die Unabhängigkeit seines Prüflabors und -personals nachweisen kann.

In jedem Fall stellen akkreditierte Prüflaboratorien in Zukunft einen wichtigen Bestandteil im Rahmen des EU-Beschaffungssystems dar, weil nur durch die Prüfung in einem solchen Labor zweifelsfrei der Nachweis für die Normenkonformität, Sicherheit und Gebrauchstauglichkeit der zu beschaffenden Produkte erbracht ist. Und gerade dies ist ein zentraler Punkt, wenn es um die Beurteilung von Produkten europaweit verteilter Hersteller geht.

**Prüf- bzw. Produktzertifikate**

Eine in einem akkreditierten Prüflaboratorium bestandene Typprüfung ist die Grundlage für die Ausstellung einer anerkannten Prüfbescheinigung. Dabei besteht die Möglichkeit Teiltypprüfungen von verschiedenen akkreditierten Prüflaboratorien durchführen zu lassen. Liegen für alle in einer Norm spezifizierten Prüfungen Prüfbescheinigungen eines akkreditierten Labors vor, so kann von einer wiederum akkreditierten Zertifizierungsstelle ein Prüfzertifikat ausgestellt werden. Unterhält der Hersteller ein nach der Normenreihe DIN ISO 9000 zertifiziertes Qualitätsmanagementsystem und legt er diesen Nachweis zusammen mit den Prüfbescheinigungen einer akkreditierten Zertifizierungsstelle vor, so wird anstelle des Prüfzertifikates ein Produktzertifikat ausgestellt. Durch ein solches Produktzertifikat wird einerseits die Normenkonformität, Sicherheit und Gebrauchstauglichkeit der Anlagen und Betriebsmittel bestätigt, andererseits ist durch das Qualitätsmanagementsystem sichergestellt, daß alle Produkte des Unternehmens mit dem geprüften Muster identisch sind.

Ein Produktzertifikat hat abgesehen von einer zeitlichen Begrenzung auch nur solange Gültigkeit, wie sich keine Änderungen der, dem Zertifikat zugrundeliegenden Bedingungen ergeben. Nach Anpassung der Normen oder Änderung wesentlicher Fertigungseinrichtungen und -bedingungen ist eine erneute Typ- oder Teiltypprüfung erforderlich.

Das System der heutigen Vergabe von Prüfzeichen ist dagegen dadurch gekennzeichnet, daß aufgrund einer bestehenden Norm einmal geprüfte Produkte das Prüfzeichen über Jahre hinweg erhalten, ohne das eine vorgeschriebene systematische Überprüfung durchgeführt werden muß. Damit wird ein erster wesentlicher Unterschied zu den Produktzertifikaten offensichtlich, bei denen eine systematische Überprüfung in regelmäßigen Abständen vorgeschrieben ist. Ein zweiter wesentlicher Unterschied zu den heute angewendeten Prüfzeichen ist die Tatsache, daß das Produktzertifikat im Gegensatz zu dem für nur einige Produkte vergebenen Prüfzeichen künftig für alle Produkte beantragt und ausgestellt werden kann.

**"Erweiterte" Prüf- oder Produktzertifikate**

Für den Anwender ist hier wichtig, daß sich diese Prüf- oder Produktzertifikate eben nur auf die in Normen festgelegten Prüfnachweise beschränken. Die EU-Beschaffungsrichtlinie gibt dem Anwender bei der Ausschreibung des Bedarfs elektrotechnischer Produkte die Möglichkeit, in den **technischen Spezifikationen** Zusatzanforderungen zu stellen. Die Einhaltung dieser unternehmensspezifischen Festlegungen, die in der Regel die bestehenden nationalen, europäischen und internationalen Normen ergänzen, werden durch diese Zertifikate aber nicht bescheinigt. Gerade in diesem, die Auslegung und Qualität der gewünschten Produkte stark beeinflussenden Bereich, ist es dringend ratsam sog. "erweiterte" Produktzertifikate, die auch die Prüfnachweise für diese ergänzenden Festlegungen beinhalten, zu verlangen.

Dabei ist aber prinzipiell auch der Fall möglich, bei dem der Anwender für die Prüfung der zusätzlichen Anforderungen ein eigenes oder das akkreditierte Prüflabor eines Dritten beauftragt und auf diese Weise vom Hersteller ein, nur auf die Typprüfung begrenztes Produktzertifikat fordert.

## 4. Schlußfolgerungen

Prinzipiell wurden schon früher, wie eingangs beschrieben, von einigen größeren Stromversorgungsunternehmen, z.B. Wareneingangskontrollen oder auch im Störungsfall Schadensanalysen zur Aufdeckung von Serienfehlern durchgeführt. All diese Prüfungen haben zur Folge, daß die statistische Fehlerhäufigkeit in den betreffenden Unternehmen entsprechend weit unter dem bundesdeutschen Durchschnitt liegt. Daraus läßt sich leicht die hohe Effizienz errechnen, die durch solche Qualitätssicherungsmaßnahmen erreichbar ist.

Auch bei dem in der Zukunft erforderlichen hohen Prüfungsaufwand, kann man davon ausgehen, daß sich dieser durch die damit erwirkte hohe Qualität der eingesetzten Produkte und Dienstleistungen rechnet.

Mit der Entscheidung für den europäischen Binnenmarkt ist zwangsläufig auch die Entscheidung für die beschriebenen Beschaffungsverfahren gefallen. Die Versorgungsunternehmen haben oberhalb des definierten Schwellenwertes gar keine andere Möglichkeit bei der Auftragsvergabe anders zu verfahren.

Einige Energieversorgungsunternehmen werden ab 1996 für alle Produkte, die der EU-weiten Auftragsvergabe unterliegen, die Vorlage von "erweiterten" Produktzertifikaten verlangen. Aus Sicht der anwenderorientierten Qualitätssicherung ist dies unumgänglich. In der bis dahin verbleibenden Übergangsfrist wird schrittweise - beginnend mit den wichtigsten Produkten - ein zertifiziertes Qualitätsmanagementsystem beim Hersteller vorausgesetzt. Traditionelle Prüfzeichen wie z.B. das in der Kabeltechnik verwendete VDE-Zeichen werden beschränkt auf diese Übergangsfrist akzeptiert. Etwa zur gleichen Zeit werden einige Stromversorger von den für sie tätigen Kabeltiefbaufirmen die Vorlage eines Zertifikates nach den Qualitätsnormen DIN ISO 9001 oder 9002 verlangen.

Durch diese Vorgaben soll den Lieferanten und Dienstleistungsunternehmen die Möglichkeit gegeben werden, sich auf die geänderten Randbedingungen einzustellen. Beispielhaft zeigt die in der Anlage wiedergegebene Werknorm, als Teil der in Bild 1 dargestellten Technischen Spezifikationen, wie hierbei verfahren werden kann.

In den Versorgungsunternehmen scheint jedoch nur durch den Übergang zum beschriebenen Verfahren eine Beibehaltung der heutigen Produktqualität im neuen europäischen Binnenmarkt garantiert zu sein.

**Literatur**

[1] K.-H. Krefter (Hrsg.):
 EG-Beschaffungsrichtlinie; Technische Aspekte der EG-Richtlinie für die Auftragsvergabe im Bereich der Energieversorgung
 VWEW-Verlag, Frankfurt am Main 1992

[2] K.-H. Krefter, Th. Niemand:
 Anwenderorientierte Qualitätssicherung im elektrischen Verteilungsnetz
 Elektrizitätswirtschaft, VDEW-Verlag; Jg. 92 (1993) Heft 17/18

| Versorgungs-AG | Prüf- und Produktzertifikate | Seite 1 |
|---|---|---|

## 1. Anwendungsbereich

Diese Werknorm gilt für alle Betriebsmittel, Anlagen und Leistungen, für die ein Lieferanten/Unternehmensprüfungssystem besteht. Sie enthält die für die jeweiligen Produkte oder Leistungen vom Auftraggeber verlangten Nachweise. Da sich im europäischen Markt das Prüf- und Zertifizierungswesen entsprechend der Europanormenreihe EN 45000 derzeit noch im Aufbau befindet, gilt in Abweichung des beschriebenen Verfahrens, die in Abschnitt 6 ergänzte Übergangsregelung.

## 2. Zweck

Prüf- und Produktzertifikate, die auf der Grundlage der Normenreihe EN 45000 von akkreditierten Prüflaboratorien und Zertifizierungsstellen ausgestellt sind, bestätigen die Normenkonformität, Sicherheit und Gebrauchstauglichkeit von Produkten. Dieser Nachweis ist Grundlage der Vertrauensbildung zwischen dem Auftraggeber und Anbietern.

## 3. Definitionen

* Prüfbescheinigung
  Eine Prüfbescheinigung ist ein von einem akkreditierten Prüflaboratorium für eine positiv abgeschlossene Prüfung im akkreditierten Bereich ausgestellter anerkannter Nachweis. Dabei kann sich eine Prüfbescheinigung auf die komplette Typprüfung beziehen oder nur auf Teiltypprüfungen beschränkt sein.

* Prüfzertifikat
  Auf der Grundlage einer oder mehrerer Prüfbescheinigungen auch unterschiedlicher Prüflaboratorien von einer akkreditierten Zertifizierungsstelle erteilter europaweit anerkannter Nachweis. Die Zertifizierungsstelle beglaubigt als unabhängige dritte Stelle die Vollständigkeit und Korrektheit der vorliegenden Prüfbescheinigungen und stellt ein Prüfzertifikat aus, wenn alle in einer Produktnorm vorgeschriebenen Prüfungen ordnungsgemäß ausgeführt und durch entsprechende Prüfbescheinigungen nachgewiesen sind.

* Qualitätsmanagement-Zertifikat
  Nachweis der Aufrechterhaltung eines Qualitätsmanagementsystems nach einer der Normen DIN ISO 9001 bis 9003. Das QM-Zertifikat (bis vor kurzem Qualitätssicherungszertifikat) wird nach einer umfassenden Auditierung des Unternehmens durch eine akkreditierte Stelle erteilt. Die Gültigkeit des Zertifikates ist in der Regel auf 3 Jahre begrenzt.

* Produktzertifikat
  Zusammenfassender Nachweis der Normenkonformität und Gebrauchstauglichkeit einerseits und des Vorhandensein eines zertifizierten Qualitätsmanagementsystems andererseits. Das Produktzertifikat hat für den Anwender die größte Bedeutung, da sichergestellt, daß alle die Fertigung verlassenden Produkte mit dem geprüften Muster identisch sind. Es wird ausgestellt, wenn die kompletten, in den Normen spezifizierten Typprüfungen nachgewiesen sind.

| Versorgungs-AG | Prüf- und Produktzertifikate | Seite 2 |
|---|---|---|

* "Erweitertes" Produktzertifikat
  Ein erweitertes Produktzertifikat im Sinne des Auftraggebers erfüllt nicht nur die Forderungen der Normen, sondern auch die zusätzlichen technischen Spezifikationen des Auftraggebers und weist diese ebenfalls durch Prüfbescheinigungen aus akkreditierten Prüffeldern nach. Ansonsten gilt die Definition des Produktzertifikates.

## 4. Forderungen

Die Freigabe zur Lieferung an den Auftraggeber wird zukünftig von der Vorlage eines "erweiterten" Produktzertifikates abhängig gemacht. Ein weiterer Teil dieser Werknorm gibt Auskunft über die von dieser Vorgehensweise betroffenen Betriebsmittel und Anlagen.
Für die Mehrzahl der Produkte ist der Nachweis der bestandenen Typprüfung durch ein Produktzertifikat ausreichend. In Einzelfällen sind zusätzliche unternehmensspezifische Forderungen und deren Nachweis durch ein akkreditiertes Prüflaboratorium in den technischen Spezifikationen des Auftraggebers für Betriebsmittel und Anlagen enthalten.
Die Vergabe von Dienstleistungsaufträgen wird ab 1996 vom Vorhandensein eines Qualitätsmanagementsystems und dessen Nachweis abhängig gemacht.

## 5. Prüfungen

Alle Prüfungen müssen soweit möglich in akkreditierten Prüflaboratorien in Einzelfällen auch unter deren Aufsicht durchgeführt werden.

## 6. Übergangsregelung

Da sich das neue europäische Konzept für Prüfen und Zertifizieren noch im Aufbau befindet und auch Zertifikate zum Qualitätsmanagementsystem z. Z. nicht flächendeckend vorliegen, soll den Lieferanten / Unternehmen die Möglichkeit eingeräumt werden, sich auf die Forderungen des Auftraggebers hinsichtlich der Vorlage von Produktzertifikaten einzustellen und die notwendigen Vorbereitungen zu treffen.

So wird in Abhängigkeit der Produkte und Leistungen eine schrittweise Einführung des Verfahrens bis in das Jahr 1996 hinein vorgenommen. Während der Übergangsfrist werden die heute bei einigen Produkten verwendeten Prüfzeichen (z. B. VDE-Zeichen für Kabel) weiter anerkannt. Jedoch treten im Rahmen der systematischen Lieferantenqualifizierung neue Forderungen (z. B. DIN ISO 9000) schon jetzt hinzu.

Die traditionellen Prüfzeichen werden ab 1996 durch die Produktzertifikate, die in regelmäßigen Abständen einer vorgeschriebenen systematischen Überprüfung unterliegen, abgelöst. Dies ist erforderlich, um eine Gleichbehandlung der europäischen Anbieter, wie sie von der EU-Sektorenrichtlinie vorgeschrieben wird, zu gewährleisten.

Der Nachweis der Qualitätsfähigkeit von Dienstleistungsunternehmen, u. a. durch Vorlage eines Zertifikates des Qualitätsmanagementsystems wird ebenfalls für spezifizierte Leistungen z. B. für den Leitungstiefbau ab 1996 erforderlich.

**Entwicklung und Praxis des Prüf- und Zertifizierungswesens im Bereich der Hochspannungs-Schaltanlagen**

Dipl.-Ing. Wolfgang Degen, Dr.-Ing. Norbert Trapp, Siemens AG, Berlin

Dipl.-Ing. Wolfgang Degen, Dr.-Ing. Norbert Trapp, Berlin

# Entwicklung und Praxis des Prüf- und Zertifizierungswesens im Bereich der Hochspannungs-Schaltanlagen

### Einleitung

Entsprechend der Bedeutung von Hochspannungsschaltgeräten und -anlagen als Sicherheitselemente in Stromversorgungsnetzen sind von jeher für die Herstellung und den Betrieb dieser Geräte besonders hohe Qualitätsanforderungen zu erfüllen. Neben den Gerätenormen waren es im Wesentlichen die Betriebserfahrungen und die Herstellererfahrungen, die in der Vergangenheit die erforderliche Zuverlässigkeit garantierte. So hatte jeder Hersteller seine eigene, durch Erfahrung aber auch durch Normung geprägte Vorgehensweise für Entwicklungsaufgaben.

Durch eine entsprechende Ablauforganisation und ein sinnvolles Qualitätsmanagement waren die Voraussetzungen für die Arbeit gegeben. Im Schaltwerk Hochspannung (SWH) der Siemens AG konnten und können sich die Ingenieure in der Entwicklung neben bewährten Berechnungsverfahren auf modern eingerichtete Prüffelder und Labore stützen, die über alle gängigen Prüf- und Meßeinrichtungen verfügen und laufend durch Hinzunahme neuer, zweckdienlicher Untersuchungsverfahren bezüglich ihrer Effektivität sowie ihrer Untersuchungsbreite und der Informationstiefe der Prüfergebnisse ergänzt werden.

Aus der Sicht eines Herstellers von Hochspannungs-Schaltgeräten soll am Beispiel der Siemens Prüffelder dargestellt werden, wie die Prüfpraxis aussieht und welche Änderungen sich durch das europäische Zertifizierungswesen ergeben haben.

## Die Bedeutung des Prüf- und Zertifizierungswesens

Für die Akquistion von Schaltgeräten war dem Kunden gegenüber zu jeder Zeit der Nachweis einer ordnungsgemäß durchgeführten Entwicklung mit dem erfolgreichen Abschluß der Typprüfungen erforderlich. Dazu dienten die Prüfurkunden, die die herstellereigenen Versuchs- und Prüffelder in eigener Verantwortung ausstellten (Bild 1).

Nutznießer der vorbildlichen Entwicklungsmöglichkeiten im SWH war und ist nicht zuletzt der Kunde. Das herstellereigene Prüffeld bietet die Möglichkeit, rasch auf spezielle Kundenwünsche zu reagieren. Außerdem ist die Entwicklung im eigenen Prüffeld kostengünstiger als in externen Prüfanlagen. Durch höhere Frequentierung des Prüffeldes kann intensiver und konsequenter entwickelt werden, woraus letztendlich eine Erhöhung der Qualität des fertigen Produktes resultiert.

Der Hersteller, der eigene Prüffelder unterhält, wird für den Kunden stets ein kompetenter Partner sein, da er die Entwicklung vielschichtig betreibt und mit sensiblen Meß- und Prüftechniken, die optimal auf die jeweilige Entwicklungsaufgabe abgestimmt sind, eine größere Prüfschärfe erreicht. Er erlangt hierbei eine tiefe Kenntnis aller Werkstoffeigenschaften und Funktionsabläufe und ist in der Lage, sich an die Grenzen der Belastbarkeit sowohl von Werkstoffen als auch Geräten heranzutasten.

Diese Arbeiten im herstellereigenen Prüffeld ermöglichen die fortlaufende, begleitende Einbindung theoretischer Untersuchungen. Durch den unmittelbaren Zugriff auf Versuchswerkstätten, wodurch nach kürzesten Vorbereitungszeiten eine Verifizierung neuer Ideen durch das Experiment erfolgen kann, erreicht man kürzere Entwicklungszeiten, verbesserte Qualität und geringere Entwicklungskosten. Aus der Nutzung eigener Prüffelder ergeben sich durch die intensive Zusammenarbeit kompetenter Partner sowohl für den Kunden als auch für den Hersteller entscheidende Vorteile.

Diesen hohen Ansprüchen folgend, unterhält das Schaltwerk Hochspannung Berlin eine breit gefächerte Palette von Prüffeldern, in denen alle Entwicklungsschritte, von der Grundlagenuntersuchung über erste Prüfungen an einem Versuchsgerät und Kontrollen am Prototypschalter bis hin zur Typprüfung am ersten Liefergerät durchgeführt werden.

## SIEMENS

# Test Document

Report-No.: QPH 2943/89 E     Copy-No.:     Content: 11  Sheets

Apparatus tested: Circuit-breaker 3AQ1 E; 72.5 ... 245 kV; 1600 ... 3150 A; 25 ... 40 kA; 50/60 Hz

Date of Test: December 1988

Applied Test Specifications:

IEC-Publication 56 - 4th Edition 1987
IEC-Publication 694 - 1st Edition 1980
DIN 57670 / VDE 0670, part 102 and part 104

Test performed:

Mechanical type- and endurance test according to the above specifications.

Test Result:

The circuit-breaker 3AQ1 E has passed all tests as described. After 6000 operations it maintained its full functional capability. The requirements of the above test specifications have been met.

Siemens Aktiengesellschaft
Schaltwerk Hochspannung

1000 Berlin 13

15.06.89

**Bild 1**

Im einzelnen stehen ein Hochspannungsprüffeld, ein Schaltleistungsprüffeld für Schaltleistungsprüfungen in direkten und synthetischen Prüfkreisen, ein Mechanisches Prüffeld für Prüfungen zur mechanischen Festigkeit sowie für Erwärmungsprüfungen, ein Ableiterprüffeld sowie ein Physiklabor für die genannten Prüfungen zur Verfügung.

Durch die Beibehaltung der bewährten Vorgehensweise, d.h. Prüfung im herstellereigenen Prüffeld, bei gleichzeitiger Akkreditierung der Prüffelder nach DIN EN 45000 läßt sich nicht nur der Aufwand für die Zertifizierungsmaßnahmen begrenzen, es ist auch dadurch ein international gültiger Nachweis der Herstellerkompetenz erreicht worden.

**Stand der Europäischen Normung**

Während fachspezifische Prüfanforderungen in der Normung schon immer die Grundlage für die Prüfung der Produkte darstellen, wird durch die Europäische Gemeinschaft ein einheitliches Verfahren für das Q-Management und die Zertifizierungspolitik in Form der DIN EN 29000 und DIN EN 45000 vorgegeben.

Ein besonders gutes Beispiel für eine sehr weit fortgeschrittene und gut harmonisierte europäische und internationale Normung ist das Gebiet der Schaltgeräte. Dies gilt sowohl für Hochspannungsschaltgeräte und fabrikfertige Schaltanlagen als auch für Niederspannungsschaltgeräte. Bei IEC werden sie betreut durch die Komitees 17 A und C bzw. bei CENELEC durch die technischen Komitees 17 A und C. Der Grund dafür ist, daß insbesondere Hochspannungsschaltgeräte und -anlagen von relativ wenigen Herstellern gebaut werden, die sehr stark exportorientiert sind.

Ein weiterer Grund für die gute Abstimmung zwischen IEC und CENELEC ist, daß die Fachleute, die auf dem Gebiet der Hochspannungsschaltgeräte und -anlagen sowie der Niederspannungsschaltgeräte in Normenausschüssen tätig sind, in beiden Gremien weitgehend identisch sind. Dazu kommt, daß die europäischen Länder in diesen IEC-Gremien praktisch dominieren.

Informelle Zusammenkünfte der für diese Normenarbeit in IEC und CENELEC verantwortlichen Fachleute sorgen für Abstimmung der Normungsvorhaben, insbesondere soweit bereichsübergreifende Themen angesprochen sind. Ein Beispiel hierfür ist die elektromagnetische Verträglichkeit.

Im allgemeinen werden die IEC-Normen der Kommission 17 A und C unverändert von CENELEC übernommen. Dazu gehört, daß Anregungen, die an CENELEC herangetragen werden, an IEC weitergeleitet und dort bearbeitet werden. Ein Beispiel ist ein Katalog von Wünschen, die UNIPEDE für Hochspannungs-Leistungsschalter, Trennschalter, Lastschalter und SF6-isolierte Schaltanlagen aufgestellt hat. In Abstimmung mit CENELEC wurden diese Themen in einer von UNIPEDE, CAPIEL und IEC gebildeten Gruppe vordiskutiert, um dann als Normenvorschlag bei IEC SC 17A und C eingereicht zu werden. Zur Bearbeitung der Themen, die auf diesem Wege nicht abschließend geklärt werden konnten, wurden IEC-Arbeitsgruppen gebildet. Diese Themen betreffen Typprüfverfahren und Verfahren zum Nachweis der mechanischen und elektrischen Lebensdauer von Schaltgeräten.

Schwierigkeiten bei der Übernahme von IEC-Normen treten dort auf, wo Richtlinien der Europäischen Kommission gelten. Dies sind im wesentlichen die Richtlinien für das öffentliche Beschaffungswesen, Druckbehälterrichtlinien, Richtlinien für elektromagnetische Verträglichkeit, Bau- und Maschinenrichtlinien sowie die Niederspannungsrichtlinie. Hier sind europäische Normen zu schaffen, die auf diese Richtlinien abgestimmt sind. Damit können sich Abweichungen von der IEC-Norm ergeben. Dies hat dazu geführt, daß umfangreiche Diskussionen mit der Europäischen Kommission in Brüssel zu führen sind, um zu klären, wie weit die einzelnen Richtlinien auf Schaltgeräte und Schaltanlagen anzuwenden sind. Ein Beispiel sind SF6-isolierte Hochspannungsschaltanlagen, die zunächst der Druckbehälterrichtlinie unterworfen wurden. Erst in jüngster Zeit konnte erreicht werden, daß diese Richtlinie nicht die Behälter von SF6-isolierten Anlagen betrifft.

Andererseits gibt es aber auch Fälle, wo derartige Richtlinien zu CENELEC-Normen führen, die schließlich von IEC übernommen wurden. Dies betrifft beispielsweise druckbeanspruchte Hohlporzellane, wie sie als Stützisolatoren und Kammerporzellane für Hochspannungsfreiluftschalter eingesetzt werden.

Die EU-Binnenmarktpolitik insgesamt zeichnet sich auf technischem Sektor durch ein Übermaß an Normen und eine Überregulierung im Bereich der Zertifizierung aus, was bereits bei anderen Produktgruppen zu einer Tendenz zur Einheitstechnik und Einheitsqualität geführt hat. Neue Normungsaktivitäten sollten auf nur wirklich benötigte Normen begrenzt bleiben.

**Maßnahmen für eine europaweite Anerkennung der Prüfergebnisse**

Herstellerprüffelder haben bisher in eigener Kompetenz die erforderlichen Prüfungen durchgeführt, und die Ergebnisse aus internationalen Statistiken über die Zuverlässigkeit von Schaltgeräten bestätigen, daß diese Arbeiten mit einer hohen Eigenverantwortung ausgeführt wurden. Mit der Schaffung der europäisch harmonisierten Normenreihe DIN EN 45000 wird darüber hinaus die "Akkreditierung eines Prüflaboratoriums" gefordert. Darunter ist die formelle Anerkennung der Kompetenz eines Prüflaboratoriums, die Zulassung für bestimmte Prüfungen oder Prüfungsarten zu verstehen.

Diese formelle Überprüfung von Prüffeldern war in Deutschland in der Vergangenheit die Ausnahme. Allerdings waren die Prüffelder Mitglieder in der PEHLA. Die PEHLA (Prüfung elektrischer Hoch-Leistungs-Apparate) ist eine Vereinigung der Betreiber von Hochleistungsprüffeldern in Deutschland und der Schweiz. Zweck der PEHLA ist es, ihre Prüffelder Verbrauchern und Herstellern zur Prüfung von elektrischen Hochleistungsapparaten zur Verfügung zu stellen. Zur Wahrung der Objektivität von PEHLA-Prüfungen werden diese grundsätzlich in Gegenwart eines Beobachters aus einem anderen Prüffeld durchgeführt. Erfolgt beispielsweise eine Prüfung im Siemens PEHLA-Prüffeld, so wird ein Beobachter eines anderen Gesellschafters, z. B. der AEG, hinzugezogen. Durch diese Art der Selbstkontrolle der Hersteller wurde in der Vergangenheit ebenfalls eine Unabhängigkeit der Prüffelder erreicht.

Durch die Öffnung des europäischen Binnenmarktes am 1.1.1993 haben sich die Verhältnisse grundlegend verändert. In vielen Mitgliedsstaaten der EU existieren bereits akkreditierte Prüffelder und Laboratorien, die mit ihrem Status werben. So war aus Wettbewerbsgründen ein Handeln gefordert.

Ein zweiter Grund sind aber Forderungen von ausländischen Kunden, die nunmehr teilweise Prüfdokumente von akkreditierten Prüffeldern verlangen. Während in der Vergangenheit die Qualitätserzeugnisse auch ohne Akkreditierung auf dem

Weltmarkt hervorragend verkauft wurden, waren zumindest für den europäischen Markt Änderungen zu erwarten.

Die technische Regelsetzung ist die Grundlage für das Konformitäts-Bewertungsverfahren. Die Normen der Reihen DIN EN 29000 und 45000 sind Basis für Qualitätsmanagement, Prüfung, Zertifizierung und Akkreditierung. Die staatliche Einbindung ist bei der Normung durch den Normenvertrag geregelt, bei der Akkreditierung durch den DAR (Deutscher Akkreditierungs Rat) als gemeinsames Gremium von Staat und Industrie.

Bereits frühzeitig wurde von der Siemens AG entschieden, die für die Akkreditierung der Prüffelder nach DIN EN 45001 notwendigen Schritte einzuleiten.

Am 23. März 1992 erteilte die Deutsche Akkreditierungsstelle Technik (DATech) e. V. dem Prüffeld der Schaltwerke der Siemens AG in Berlin die Akkreditierung nach DIN EN 45001. Damit wurde bestätigt, daß das Prüffeld gemäß der genannten Europanorm die Kompetenz besitzt, bestimmte Prüfungen an Hochspannungsschaltgeräten und -anlagen sowie an Geräten der elektrischen Energietechnik nach den einschlägigen Prüfvorschriften auszuführen. Die Akkreditierung erfolgte unter der DAR-Registriernummer: DAT-P-017/92-00. Sie ist gültig bis 23. März 1997.

Bild 2 zeigt die vom Deutschen Akkreditierungs-Rat ausgestellte Urkunde.

Das Prüffeld der Schaltwerke erhielt die Akkreditierung in seinen zwei unterschiedlichen Funktionen: zum einen als Prüffeld des Herstellers Siemens AG, zum anderen als Mitglied in der PEHLA.

Die PEHLA wiederum ist Mitglied in der STL (Short-circuit Testing Liasion). Weitere Mitglieder sind z. B. CESI oder KEMA. Die Mitglieder der STL verpflichteten sich zur gegenseitigen Anerkennung ihrer Testdokumente. Sie stellt ein Forum für internationale Zusammenarbeit zwischen Prüforganisationen dar. Hauptziel ist die einheitliche Anwendung von IEC-Vorschriften bei der Typprüfung von Apparaten der elektrischen Energieversorgung und der einheitlichen Ausführung der daraus resultierenden Prüfdokumente.

Deutsche Akkreditierungsstelle Technik (DATech) e.V.

vertreten im

# Deutschen AkkreditierungsRat

# Akkreditierung

Die **Deutsche Akkreditierungsstelle Technik (DATech) e.v.** bestätigt hiermit, daß das Prüflaboratorium

> Prüffeld der Schaltwerke
> Siemens AG
> Nonnendammallee 104-107
> 1000 Berlin 13

die Kompetenz nach DIN EN 45001 besitzt, Prüfungen in den Bereichen

> Hochspannungsschaltgeräte und -anlagen sowie
> Geräte der elektrischen Energietechnik

auszuführen.

Die Akkreditierung ist gültig bis: **23.03.1997**

Die Anlage ist Bestandteil der Urkunde und besteht aus **6** Seiten.

DAR-Registriernummer: DAT-P- **017/92-00**

Frankfurt/M., den **23.03.1992**

_____
Geschäftsführer
Leiter der Akkreditierungsstelle

Akkreditierungsstelle in der TGA - Trägergemeinschaft für Akkreditierung GmbH

**Bild 2**

Siehe Hinweise auf der Rückseite

1990 wurde von der Europäischen Kommission die EOTC (European Organisation for Testing and Certification) gegründet. Ihre Aufgabe ist die Anerkennung sog. Agreement Groups, Gruppen von Zertifizierungsstellen aus europäischen Ländern, die auf dem gleichen Sektor tätig sind und gegenseitige Anerkennungsabkommen geschlossen haben. Die Anerkennung der STL als solche Agreement Group erfolgte am 27. März 1992.

Durch die Akkreditierung ihrer Prüffelder ist das Schaltwerk bestens gerüstet für die Anforderungen, die der Europäische Binnenmarkt an sie richtet. Man ist nun in der Lage, neben Herstellererklärungen Testdokumente für Typprüfungen im akkreditierten Prüffeld herauszugeben. Diese Typprüfdokumente sind neben den Qualitätssicherungs-Zertifikaten (z. B. Anerkennung durch DQS) Voraussetzung für die Erstellung eines Produktzertifikates. Produktzertifikate werden durch die zuständige Zertifizierungsstelle (PEHLA-Zert) herausgegeben. Sie belegen, daß der Hersteller eines Gerätes über ein anerkanntes Qualitätssicherungssystem verfügt und außerdem das jeweilige Produkt einer umfassenden Typprüfung erfolgreich unterzogen hat.

## Sicherheitszeichen im europäischen Prüf- und Zertifizierungswesen

Die Umwandlung der EG in die EU ist nicht nur eine Sache des Buchstabenwechsels. Die Übertragung von Kompetenzen der Mitgliedstaaten auf die Union wirkt sich nicht zuletzt auch bei den Schaltgeräten aus.

Die verschiedenen EU-Richtlinien sehen in Form von Modulen verschieden Möglichkeiten zum Nachweis der Richtlinienkonformität vor, im Falle der Hochspannungs Schaltgeräte gilt die Herstellererklärung.

Die Richtlinien enthalten sogenannte "grundlegende Anforderungen" (essential requirements) und definieren Schutzziele wie Sicherheit und Gesundheit bzw. elektromagnetische Verträglichkeit. Als Richtlinien, die Anwendung finden sind die "Maschinenrichtlinie" und die "EMV Richtlinie" zu nennen.

Die Richtlinien sind in der Regel so abstrakt und umfassend formuliert, daß häufig nicht eindeutig entschieden werden kann, ob ein Produkt erfaßt ist.

Hochspannungs-Schaltgeräte sind elektrische Betriebsmittel und fallen z. Zt. unter die Maschinenrichtlinie. Die vorhandenen beweglichen Teile dienen jedoch nicht zum Zwecke der Verarbeitung, Behandlung, Fortbewegung und Aufbereitung eines Werkstoffes im Sinne einer Maschine. Die Schaltgeräte sind außerdem als Sicherheitsbauteil anzusehen, so daß nach u.E. keine CE-Kennzeichnung anzubringen ist. Der Hersteller des Gerätes muß jedoch eine EU-Konformitätserklärung nach der Maschinen-Richtlinie Anhang II C ab 1.1.1995 mitliefern.

Hochspannungs-Schaltgeräte werden wohl kaum durch elektromagnetische Vorgänge gestört, können aber selbst elektromagnetisch stören und fallen damit unter die EMV-Richtlinie. Inwieweit hier die CE-Kennzeichnung erforderlich ist oder nur die Pflicht der EMV-Angaben in den Unterlagen besteht, ist noch nicht hinreichend geklärt.

Die CE-Kennzeichnung bestehend aus den Buchstaben "CE" (für Conformite Europeenne) stellt ein Verwaltungszeichen dar und ist als Art Reisepaß im Europäischen Binnenmarkt zu verstehen. Die Kennzeichnung bedeutet, daß die wesentlichen Anforderungen der für ein Erzeugnis zutreffenden EU-Richtlinien erfüllt und ein Konformitätsverfahren durchgeführt worden ist. Sie richtet sich als Nachweis für die Richtlinienkonformität ausschließlich an die Überwachungsbehörden, sollte jedoch nicht als "Qualitätszeichen" mißverstanden werden.

In Bild 3 ist die schematische Vorgehensweise zur sachlichen Prüfung der CE-Kennzeichnungspflicht dargestellt.

Die CE-Kennzeichnung bezieht sich auf alle Richtlinien, die eingehalten werden. Es ist also nur eine CE-Kennzeichnung anzubringen, auch wenn mehr als eine Richtlinie Anwendung findet.

Die CE-Kennzeichnung bedeutet für die Hersteller eine erhöhte Selbstverantwortung der Unternehmer.

Zusätzlich zur Anbringung des CE-Kennzeichens hat der Hersteller eine EU-Konformitätserklärung für das Produkt auszustellen und dem Produkt bzw. der Lieferung beizufügen.

Durch den Verweis auf die entsprechenden Gerätebestimmungen in den EU-Richtlinien wird die Erfüllung der Anforderungen dieser Bestimmungen praktisch vorausgesetzt.

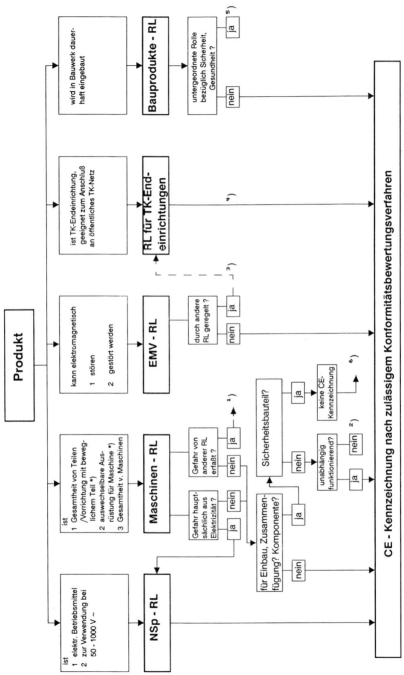

Bild 3

Es besteht jedoch die Gefahr, daß durch die CE-Kennzeichnung (Richtlinienkonformität) auch die Erfüllung der Sicherheitsbestimmungen (Normenkonformität, z.B. VDE-Zeichen oder anderes nationales Prüfzeichen) nachgewiesen werden soll. Dies kann nicht im Interesse der Hersteller sein, es ist eine klare Abgrenzung notwendig.

**Wie wird die Sicherheit, Normenkonformität und Gebrauchstauglichkeit von Schaltanlagen nachgewiesen?**

Bevor mit der Qualitätsnormenreihe DIN EN 29000 ein Standard und mit der Normenreihe DIN EN 45000 die Basis für Qualifikationsnachweise für die Akkreditierung geschaffen wurden, gab es zunächst nur eine Normung der Qualitätsbegriffe, später Vorläufernormen wie z.b. die kanadische Qualitätsnorm CSA Z299.1, die schon früher besonders für exportorientierte Hersteller Bedeutung hatte. In der Praxis waren diese Normen in ein internes Qualitätssystem eingebunden und wurden regelmäßig in ihrer Anwendung durch Auditierung überwacht. Die gleiche Vorgehensweise wird auch heute für die akkreditierten Prüffelder bzw. für die QS-Organisation eines Herstellers angewandt.

In der Praxis sind alle Tätigkeiten zur Qualitätsplanung, Qualitätslenkung, Qualitätssicherung und Qualitätsverbesserung durch ein entsprechendes Qualitätsmanagement zu realisieren. Das Qualitätsmanagement-System entspricht der DIN ISO 9000 Reihe, ist durch ein dem Produkt und Kundenkreis entsprechendes international anerkanntes Zertifizierungsunternehmen (z.B. Deutsche Gesellschaft zur Zertifizierung von Qualitätsmanagementsystemen, DQS) zertifiziert und wird überwacht (Bild 4). Die Prüffelder und Labors haben die fachliche Befähigung und Kompetenz, entsprechend dem Stand der Technik, durch Akkreditierung durch die DATech nachzuweisen (Bild 2).

Wegen der Vielfalt der im Betrieb möglichen Einsatzfälle werden entsprechend diesen Vorgaben bei der Entwicklung der Geräte umfangreiche Prüfungen an Prototypen oder Versuchsmustern durchgeführt. Nach Abschluß aller Entwicklungsprüfungen wird durch die Typprüfungen die einwandfreie Funktion an einem oder mehreren serienmäßig gefertigten Geräten nachgewiesen. Dabei handelt es sich um die gemäß den gültigen Vorschriften DIN/VDE bzw. IEC oder ANSI geforderte

# ZERTIFIKAT

Die

DQS Deutsche Gesellschaft zur Zertifizierung
von Qualitätsmanagementsystemen mbH

bescheinigt hiermit, daß das Unternehmen

SIEMENS AG
Bereich Energieübertragung und -verteilung
Geschäftsgebiet Hochspannung
Vertrieb Hochspannung
Paul-Gossen-Str. 100, D - 8520 Erlangen
Schaltwerk Hochspannung
Nonnendammallee 104, D - 1000 Berlin 13

ein

Qualitätsmanagementsystem

eingeführt hat und anwendet.

Durch ein Qualitätsaudit der DQS wurde der Nachweis erbracht,
daß dieses Qualitätsmanagementsystem die Forderungen der folgenden Norm erfüllt:

DIN ISO 9001

Qualitätssicherungssysteme
Modell zur Darlegung der Qualitätssicherung
in Design/Entwicklung, Produktion, Montage und Kundendienst
(identisch mit ISO 9001 : 1987, EN 29 001 : 1987)

| | |
|---|---|
| Dieses Zertifikat ist gültig bis | 10. Oktober 1995 |
| Zertifikat-Registrier-Nr.: | 16 030 - 02 |
| Frankfurt am Main, | 11. Oktober 1992 |
| Erstausstellung: | Oktober 1989 |

PRÄSIDENT       GESCHÄFTSFÜHRER

Geschäftsstellen: D-60433 Frankfurt am Main, August-Schanz-Straße 21   D-10787 Berlin, Burggrafenstraße 6

NACHDRUCK

Deutscher Akkreditierungsrat

TGA-ZQ-91003

**Bild 4**

mechanische Typprüfung einschließlich einer Klimatypprüfung, die Schaltleistungstypprüfungen sowie die dielektrischen Typprüfungen. Es ist bekannt, daß teilweise die Geräte zur Absicherung der Zuverlässigkeit der Ergebnisse mit höheren als in den Vorschriften geforderten Beanspruchungen geprüft werden. Als Ergebnis der erfolgreichen Typprüfungen werden Prüfzertifikate des akkreditierten Prüffeldes erstellt (Bild 5).

**Erfahrungen mit dem deutschen Akkreditierungssystem**

Der Zeitraum seit Einführung der akkreditierten Prüffelder ist insgesamt zu kurz, um bereits eine Wertung vornehmen zu können. Ein erster Eindruck zeigt jedoch, daß es bei der Akquisition in Europa, und dort besonders in Ländern mit staatlich betriebenen EVUs unerläßlich ist, Prüfzertifikate aus akkreditierten Prüffeldern vorzulegen.

Insgesamt dient die derzeitige Praxis des Prüf- und Zertifizierungswesens eindeutig dem Abbau technischer Handelshemmnisse durch europaweite Harmonisierung der nationalen Rechtsvorschriften und Normen, i.a. basierend auf internationalen Normen, und der gegenseitigen Anerkennung von Prüfergebnissen und Zertifikaten. Durch einheitliche Verfahren auf der Basis von gleichwertigen und gegenseitig anerkannten nationalen Akkreditierungssystemen und durch vergleichbare technische Kompetenz, die fachspezifisch nachgewiesen werden muß, ist eine Vergleichbarkeit der Prüfergebnisse und Zertifikate eindeutig gegeben.

Dennoch befinden wir uns noch in einer Übergangsphase, in der einige EU-Staaten das EU-Recht schon anwenden, andere jedoch noch nicht. Das führt zumindest vorübergehend zu Wettbewerbsverzerrungen. Im Welthandel haben diese zusätzlichen Qualitätsanforderungen bisher keine Bedeutung, sondern stellen im Vergleich zu außereuropäischen Anbietern eher einen Wettbewerbsnachteil dar. Eine mögliche Ausweitung der Zertifizierung und die Einführung eines "Europäischen Normenkonformitätszeichens", trotz der in der EU im Bereich der Elektrotechnik erlaubten Anwendung der Herstellererklärung, erzeugen unnötigen bürokratischen Aufwand und würden diese Nachteile noch verstärken.

# SIEMENS

# Test Document

| | | | | | |
|---|---|---|---|---|---|
| Report-No.: | 93 - 050 - HS/E | Copy-No.: | | Content: | 44 Sheets |

Test Object: Circuit-breaker
3AQ1 FS - 72.5 kV - 25 kA - 2000 A - 50/60 Hz
Manufacturer: Siemens AG
Client: Siemens AG
Date of Test: November 12 and 19, 1993
Testing-station: Siemens AG, Prüffeld der Schaltwerke, Berlin

Applied test Specifications:
IEC Publication 56 (1987)   CENELEC, EN HD 348 (1991)
IEC Publication 427 (1989)   CENELEC, EN HD 580 (1990)

Test Performed:
Short-line fault, test duty No. L$_{90}$, 60 Hz
Short-line fault, test duty No. L$_{75}$, 60 Hz

Test Result:
The test object has passed the above indicated tests without any objection. The results obtained and the performance proved of the test object comply with the above mentioned test specifications.

Siemens Aktiengesellschaft
Prüffeld der Schaltwerke, Berlin

Berlin, March 21, 1994

The test results exclusively relate to the items tested.
Common notes see last sheet.

Deutscher Akkreditierungsrat
DAR
DAT-P-017/92-50

Postal Adress:
Siemens AG
Abt. EV SWH TE1
13623 Berlin

Bild 5

# Bildunterschriften zum Aufsatz

Entwicklung und Praxis des Prüf- und Zertifizierungswesens im Bereich der Hochspannungs-Schaltanlagen

Bild 1:
Typprüfdokument des herstellereigenen Mechanischen Prüffeldes über die Typprüfung eines Hochspannungs-Leistungsschalters

Bild 2:
Akkreditierungs-Urkunde des Deutschen Akkreditierungs-Rates für das Prüffeld der Schaltwerke

Bild 3:
Schematische Vorgehensweise zur sachliche Prüfung der CE-Kennzeichnungspflicht

Bild 4:
DQS-Zertifikat über die Einführung und Anwendung der Qualitätssicherungssysteme

Bild 5:
Typprüfdokument des akkreditierten Schaltleistungs-Prüffeldes über die Typprüfung eines Hochspannungs-Leistungsschalters

## Kritische Betrachtung der Bedeutung und Problematik der Zertifizierung und Akkreditierung in der Einzelfertigung am Beispiel Leistungstransformatoren

Dr.-Ing. Karl-Heinz Fellmann, Dipl.-Ing. Adolf Kachler, Siemens AG, Nürnberg

Dr.-Ing. Karl-Heinz Fellmann, Dipl.-Ing. Adolf Kachler, Nürnberg

# Kritische Betrachtung der Bedeutung und Problematik der Zertifizierung und Akkreditierung in der Einzelfertigung am Beispiel Leistungstransformatoren

## Zusammenfassung

Zertifizierung von Qualitätsmanagementsystemen und Akkreditierung von Prüffeldern soll im folgenden für den Fall der Einzelfertigung kritisch beleuchtet werden. Die Forderungen der EU-Beschaffungsrichtlinie und die praktische Umsetzung werden bewertet. Die Inhalte und die Verfahren werden vorausgesetzt. Kosten und Nutzen werden qualitativ bewertet. Die Notwendigkeit der Akkreditierung wird für den Leistungstransformatorenbau kritisch in Frage gestellt.

## Die EU-Beschaffungsrichtlinie und deren Umsetzung im Leistungstransformatorenbau

Mit Verwirklichung des EG-Binnenmarktes zum 01.01.93 ist die EU-Beschaffungsrichtlinie für staatliche Behörden und öffentliche Unternehmen in Kraft getreten. Mit ihrem Inkrafttreten sind bei der Vergabe von Aufträgen über einen bestimmten Umfang feste Regeln zu beachten. [1]
Gleichzeitig ist bei einer großen Anzahl von öffentlichen Kunden und Herstellern der Elektroindustrie eine nicht unerhebliche Verunsicherung eingetreten. Dies gilt besonders für kleine und mittlere EVU deren Vergabepraxis in der Vergangenheit nach individuell getroffenen Regelungen ablief.
Bislang erfolgten die Vergaben überwiegend nach dem Preis-/Leistungsverhältnis, wobei die Maßstäbe für Qualität und Leistung überwiegend aus langjähriger

vertrauensvoller Zusammenarbeit, positiven Betriebsstatistiken und dem Stand der Technik abgeleitet wurden.

Die neuen EG-Forderungen nach der Vergabe an den wirtschaftlichsten Anbieter, lassen bislang viele Entscheidungskriterien offen und haben zu einen "Babylon" von Maßnahmen - Zertifizierung/Akkreditierung/Präqualifizierung etc. - in ganz Europa geführt.

Die Verunsicherung führte dazu, daß Präqualifizierungsverfahren eingeführt wurden, die mangels geeigneter oder anerkannter Verfahrensanweisungen von den Möglichkeiten der Unternehmen abhängen, solche Verfahren durchzuführen. Die gegenseitige Anerkennung von Präqualifizierungsverfahren ist bis heute noch nicht national oder international abgestimmt. Dies wiederum führt zu einer europaweiten Verunsicherung der Hersteller.

Wegen der Forderungen aus Artikel 25a der Richtlinie ist außerdem die Zertifizierung der Qualitätssicherungssysteme der Hersteller eine wichtige Maßnahme, die bundesweit und europaweit ein intensives Zertifizierungsgeschehen nach sich zieht. Dies schafft natürlich sowohl für die Zertifizierung von Qualitätssicherungssystemen, als auch für die Produktzertifizierung einen extremen Bedarf an Akkreditierungsaktivitäten.

Die Verfahren sowohl zur Zertifizierung von Systemen als auch zur Zertifizierung von Produkten sowie die Akkreditierung der entsprechenden Zertifizierungsunternehmen ist bislang weder national noch europaweit abgestimmt. Genauso steckt die gegenseitige Anerkennung der Verfahren und der entsprechenden Zertifikate noch in den Kinderschuhen.

Diese gewaltigen Unsicherheiten haben in einigen Ländern zu einem geänderten Kaufverhalten der öffentlichen Unternehmen geführt. In einem Teil der Länder werden zum Beispiel Versuchskäufe durchgeführt, die man nur mit dem Wort Experiment umschreiben kann. In einem anderen Teil wurden durch Abstimmung der Präqualifikationsverfahren auf bestimmte bekannte Lieferanten oder durch Abschluß von an die Grenzen der guten Sitten gehenden langfristigen Lieferverträgen Anbieter aus anderen Ländern ausgegrenzt.

Auch die Deckung des Bedarfs für mehrere Jahre, vor Inkrafttreten der Richtlinie, zeugt von solchen Unsicherheiten.

Hier soll nun keines der erwähnten Verfahren in Frage gestellt werden, denn aus der Sicht der Auftraggeber liegen für jede Vorgehensweise gute Gründe vor. Vielmehr soll der Bedarf an nationaler und europaweiter Abstimmung aufgezeigt werden.

Der Gesetzgeber und die nationalen Gremien sind gefragt, diese Unsicherheiten möglichst bald zu beseitigen und diese europaweite Abstimmung herbeizuführen.

**Die Zertifizierung nach EN 29000**

In der Normenreihe EN 29000 ff [2] sind die Inhalte, die Kriterien für die Auswahl und die Kriterien für die Darlegung von Qualitätsmanagementsystemen als Grundlage für deren Zertifizierung beschrieben.

Die Zertifizierungspraxis ist jedoch in vielerlei Hinsicht mit Fragezeichen versehen.

Grundsätzlich ist zunächst die Vorgehensweise in den europäischen Ländern verschieden.

So wird die Zertifizierung entweder von staatlichen Stellen durchgeführt, oder von privaten Unternehmen unter staatlicher Überwachung.

Damit ist für die Zertifizierer ein unterschiedlicher Beweggrund vorhanden, der auch in einer unterschiedlichen Betrachtungsweise resultiert.

Wo die Zertifizierung einen zu starken kommerziellen Hintergrund hat, besteht zumindest die Gefahr, daß das eigentliche Ziel, nämlich die Vergleichbarkeit von Qualitätsmanagementsystemen und damit der Vergleich der Qualitätsfähigkeit der zertifizierten Unternehmen aus den Augen verloren wird.

Das führt direkt zu einem zweiten Problem der Zertifizierung, nämlich der Vergleichbarkeit der Zertifizierungsunternehmen.

Der Markt für Zertifizierungen ist so groß, daß sich eine riesige Zahl von Unternehmen auf diesem Markt tummelt.

Wenn man nun bedenkt, und die Erfahrungen mit der Zertifizierung in einem Großunternehmen zeigen dies, wie unterschiedlich die Qualifikation und die Qualität von

Auditoren des gleichen Zertifizierungsunternehmens ist, so kann man leicht auf sehr große Qualitätsunterschiede der Zertifizierungsunternehmen schließen.

Daraus ergeben sich nun Rangfolgen, die je nach Motivation des zu zertifizierenden Unternehmens die Auswahl des Zertifizierungsunternehmens beeinflussen. Auch die oft praktizierte Verquickung von Beratung beim Aufbau eines Qualitätsmanagementsystems und Zertifizierung beeinflußt die Motivation der Unternehmen.

Demzufolge müssen noch national und international abgestimmte Kriterien geschaffen werden, die die Vermischung von Beratung und echter Zertifizierung verhindern. Es dürfen nur national akkreditierte Zertifizierer für die Systemzertifizierung zugelassen werden.

Ohne feste Verfahren können die Akkreditierungsgremien die Qualitätsunterschiede bei den erteilten Zertifikaten weder bewerten noch ausschließen.

Welche Vorteile hat nun der öffentliche Auftraggeber - sprich der Kunde - von der Zertifizierung?

Die Urkunde bedeutet für den Auftraggeber nur dann etwas, wenn das zertifizierte Unternehmen die Zertifizierung ernst nimmt und sie nicht nur wegen des Zertifikats betreibt, sondern sie zur Verbesserung der Prozesse und damit des internen Nutzens verwendet.
Daraus kann man direkt schließen, daß nur ein Unternehmen, daß auch ohne Urkunde verantwortungsbewußt handelt, für den Kunden ein wertvolles Unternehmen ist.
Beweis hierfür sind z. B. die Störungsstatistiken, Zuverlässigkeit und der Grad der Erfüllung der Auftragsforderungen.

## Die Akkreditierung nach EN 45000

Die Akkreditierung von Prüfeinrichtungen ist zunächst einmal eine sehr sinnvolle Sache, um dem Kunden durch die unabhängige Überprüfung und ein entsprechendes Zertifikat die Sicherheit zu geben, daß seine Produkte einer den Regeln der Technik und der Gesetze entsprechenden Prüfung auf Betriebstauglichkeit unterzogen wird.

Für frei auf dem Markt operierende Prüfinstitute ist die Akkreditierung einfach durchzuführen.
Schwieriger wird es bei der sogenannten Neutralisierung von Herstellerprüffeldern. Diese wird notwendig, da, wie das Beispiel Großtransformatoren zeigt, die Durchführung einer unabhängigen Prüfung in einem neutralen Prüffeld nur schwer möglich ist.
Hohe Transportkosten, fehlende Prüfeinrichtungen in unabhängigen Prüffeldern, fehlendes Know-how für die Prüfung und nicht zuletzt die Konkurrenzsituation machen dies fast unmöglich.

Aus diesem Grunde werden von Lenkungsgremien im deutschen Akkreditierungsrat für verschiedene Industriezweige Akkreditierungsregeln erarbeitet. Die Lenkungsgremien sind paritätisch besetzt, d. h. Vertreter der EVU's, der Hersteller und Akkreditierer stellen gemeinsam die Regeln für die Durchführung der Akkreditierung auf.

Es soll hier nicht auf das Regelwerk für die Akkreditierung, sondern vielmehr auf die Problematik der Durchführung eingegangen werden.

Ein zu akkreditierendes Prüffeld ist nach EN 45001 [3] verpflichtet ein eigenes Qualitätsmanagementsystem zu unterhalten.
Nun ist aber ein solches Prüffeld, wenn es ein Herstellerprüffeld ist, in das Qualitätsmanagementsystem des Herstellers eingebunden.
Die für die Akkreditierung aufgestellten Regeln lassen jedoch eine solche Konstellation nicht zu. Außerdem sind die Forderungen der EN 45001 nicht in vollem Umfang im Rahmen des in EN 29000 erstellten Qualitätsmanagementsystems unterzu-

bringen. Daraus folgt, daß für die Prüffelder ein eigenes Qualitätsmanagementsystem aufzubauen ist.

Die Unabhängigkeit der Prüfung von kommerziellen Einflüssen, wie sie die EN 45001 fordert und damit die Unabhängigkeit des Personals und der Einrichtungen wird für die Erstellung von Produktzertifikaten durch entsprechende Erklärungen des Herstellers sichergestellt und durch unabhängige Beobachter überwacht.

Die Produkte sind, besonders im Leistungstransformatorenbau Einzelstücke.

Damit kommt eine Produktzertifizierung, wie sie im Serienbau, wie bei Schaltern, Wandlern, Durchführungen etc. gegeben ist, nicht in Frage. Dies dürfte im Transformatorenbau ausschließlich auf den Bereich Verteiltransformatoren beschränkt sein. Eine Zertifizierung von Komponenten und das Zusammensetzen des Produkts aus zertifizierten, "typgeprüften" Komponenten ist ebenfalls nicht möglich.

Somit bleibt für den Großtrafobau nur der <u>Typprüf-Nachweis</u> für die im Rahmen der Standards definierten und zulässigen technischen Toleranzen für ähnliche und gleichartige Geräte.
Aber auch dies setzt für die Zertifizierungsstellen das Vorhandensein eines zertifizierten Qualitätsmanagementsystems und die Durchführung der Prüfung in einem akkreditierten Prüffeld voraus.

**Aufwand und Nutzen von Zertifizierung und Akkreditierung**

Zunächst sollen hier einige Aktivitäten aufgezählt werden, die für Zertifizierung und Akkreditierung notwendig sind.
- Erstellung von Handbüchern für das Unternehmen und für das Prüffeld.
- Dokumentation aller internen Regeln für eine Präsentation nach außen.
- Kalibrierung aller Meßeinrichtungen und Rückführung auf nationale und internationale Normale
- Pflege der Dokumentation für eine Darstellung nach außen.

- Schulung des Personals für interne und externe Auditierung sowie für die Durchführung von Produktzertifizierungen.
- Ernennung von Auditoren und Beobachtern.

Die Zertifizierung ist im Bereich der Einzelfertigung mittlerweile in einigen Unternehmen des Leistungstransformatorenbaus durchgeführt und der Aufwand ist deshalb abschätzbar [4].

Für ein Unternehmen mit ca. 1200 Mitarbeitern wurde ausgehend von einem vorhandenen Qualitätsmanagementsystem ein Aufwand von ca. 1 Million DM ermittelt. Ein solcher Aufwand ist nur dann gerechtfertigt, wenn er zu einer direkten Verbesserung der Geschäftssituation führt. Dies ist jedoch, im Gegensatz zu den Kosten, nicht direkt nachweisbar, und damit ist der Aufwand anfechtbar. Zunächst bleibt der schon oben erwähnte Nutzen durch Verbesserung der internen Abläufe und damit eine Erhöhung der Produktivität als Rechtfertigung übrig. Wie hoch die Marktvorteile durch die Zertifizierung und Akkreditierung zu bewerten sind, ist noch offen. Ganz entscheidend wird hier die internationale Anerkennung der Zertifikate sein.

Auch die Akkreditierung eines Prüffelds ist im Bereich der Einzelfertigung wie dem Großtransformatorenbau zunächst umstritten.

Das Akkreditierungsverfahren an sich wird natürlich nicht den gleichen Kostenumfang haben wie die Zertifizierung, jedoch sind die Folgekosten nicht zu vernachlässigen.

Am Umfang der Prüfungen ändert sich zunächst nichts, auch die Qualität der Prüfung wird nicht beeinflußt. Beides ist in nationalen und internationalen Normen festgelegt.

Allein die Tatsache der Unabhängigkeit wird durch die Akkreditierung und durch die wechselnden Beobachter sichergestellt.

Diese Beobachtung führt bis jetzt der Kunde durch seinen eigenen Beobachter oder einen beauftragten Abnehmer durch. Es bleibt die Frage zu stellen, ob der Kunde nach der Akkreditierung des Prüffelds auf dieses vertragliche Recht verzichten wird.

Wird diese Frage verneint, wird die Zahl der Beobachter bei der Prüfung erhöht, was zwangsläufig bei einem komplexen Prüfgeschehen zu einem erhöhten Aufwand führen wird.

Ein Wettbewerbsvorteil ist aus den schon erwähnten Gründen zunächst nicht in Sicht. Damit ist ein Wettbewerbsvorteil nur dadurch zu erlangen, daß eine durchgeführte Akkreditierung als Werbeargument benutzt wird. Da jedoch die innereuropäische Abstimmung, wie schon erwähnt, noch nicht sehr ausgeprägt ist, kann hier nur ein geringer Vorteil erwartet werden.

Erst eine Verbesserung der Abstimmung und eine wirkliche Öffnung des europäischen Marktes kann hier Abhilfe schaffen.

International hat die Akkreditierung keine sichtbaren Auswirkungen, solange die bisher bestehenden Barrieren nicht konsequent abgebaut sind. Diese Tatsache erschwert die Betrachtung noch, da mancher Hersteller von Großtransformatoren mehr als 40 % seiner Produkte auf außereuropäischen Märkten absetzt. Das ist nicht zuletzt dadurch bedingt, daß die Hauptabnehmerländer in Europa noch immer eine eher nationale Vergabepolitik betreiben.

**Sinn des Produktzertifikates und der Akkreditierung im Großtransformatorenbau**

Die oben aufgeführten Gründe schließen grundsätzlich die Ausstellung eines Produktzertifikates im Großtransformatorenbau aus. Hier ist allenfalls der zertifizierte Typprüf-Nachweis, wie es bislang die Normen vorsehen, sinnvoll.
Zusätzliche Begutachtung, mehr Bürokratie, mehr Dokumentation und damit ein höherer personeller Aufwand sind Dinge, die nicht zuletzt der Kunde bezahlen muß.

Was ist nun die Gegenleistung?
Ein Produkt, dessen Qualität vergleichbar ist. Ein Verfahren, das einheitlich ist und damit leichter durchschaubar wird. Die Möglichkeit unter einer größeren Zahl von Anbietern zu wählen.

Wieviel sind diese Tatsachen in Mark und Pfennig oder besser in ECU wert? Niemand kann diese Frage beantworten.

Nur wenn die schon erwähnte zu verbessernde Abstimmung innerhalb Europas zu einer effektiven gegenseitigen Anerkennung von Zertifizierung und Akkreditierung führt und die Zahl der Stunden für eine Prüfung durch Verzicht auf Kundenabnahmen und Begutachtung reduziert werden kann, ist ein wirtschaftlicher Nutzen für Hersteller und Kunden möglich.
Nur ein meßbarer wirtschaftlicher Nutzen kann letztendlich den Aufwand begründen.
Auch hier ist die Unterstützung durch die europäischen Gremien notwendig. Bisher überwiegt der Aufwand diesen wirtschaftlichen Nutzen bei weitem.

**Zukunftsperspektiven**

Da die Akkreditierung von Herstellerprüffeldern im Transformatorenbau noch am Anfang steht, kann hier nur schwer eine Prognose abgegeben werden. Jedoch sollen mögliche Aspekte diskutiert werden
Nach dem endgültigen Abschluß der Verfahrensabstimmung bleibt es den Herstellern zunächst überlassen, ob sie einen Bedarf sehen, ihre Prüffelder akkreditieren zu lassen.
Dieser Bedarf wird in erster Linie von den Forderungen des Marktes abhängen, und diese wiederum von der Frage, welche Vorteile die europäischen Kunden von einer Akkreditierung erwarten.
Diese liegen sicher mehr auf dem Gebiet der Verteil-, Klein- und Lokomotivtransformatoren, da dort Produktzertifikate einen größeren Sinn machen. Jedoch ist das Engagement von Herstellern von Verteiltransformatoren bei der Akkreditierung zur Zeit noch gering. Dies wird sich sicher in Zukunft ändern.

Für Großtransformatoren wird schon immer eine der Produktzertifizierung ähnliche Vorgehensweise in nationalen und internationalen Normen und in den Spezifikationen der Kunden vorgeschrieben. Die Akkreditierung wird zunächst nur den Aufwand für die Hersteller erhöhen. Mit zunehmender Verwirklichung eines europäischen

Marktes kann jedoch erwartet werden, daß die Akkreditierung, wie heute schon die Zertifizierung nach EN 29000, als Eintrittskarte in den Markt und damit zur Vergrößerung der Chancen auf dem Markt dienen wird.

Aus diesem Grund werden sicher immer mehr Hersteller die Akkreditierung beantragen.

Grundsätzlich wird sich in Zukunft mit der international abgestimmten Akkreditierung neben der Chancengleichheit eine weitgehende Harmonisierung der Kosten für die Qualitätssicherung einstellen. Die bestehenden Länderbarrieren können dadurch auch wirkungsvoll abgebaut werden.

[1] "Richtlinie 90/531/EWG des Rates vom 17. September 1990, betreffend die Auftragsvergabe durch Auftraggeber im Bereich der Wasser-, Energie- und Verkehrsversorgung sowie im Telekommunikationssektor". Amtsblatt der Europäischen Gemeinschaften L 297 vom 29.10.1990.

[2] EN 29000 ff: Qualitätsmanagement und Qualitätssicherungsnormen Mai 1990, Beuth Verlag, Berlin.

[3] EN 45001: Allgemeine Kriterien zum Betreiben von Prüflaboratorien Mai 1990, Beuth Verlag, Berlin.

[4] Fellmann, K.-H.: Zertifizierung eines Unternehmens mit extremer Einzelfertigung am Beispiel Großtransformatoren.
Reitz, U. 
Elektrizitätswirtschaft Jg. 93(1994), Heft 8, S. 414-419.

Prüfen und Zertifizieren
- PEHLA - Gesellschaft für elektrische Hochleistungsprüfungen

Dr.-Ing. Hennig Gremmel, ABB CALOR-EMAG Schaltanlagen AG, Ratingen

Dr.-Ing. Hennig Gremmel, Ratingen

## Prüfen und Zertifizieren
## - PEHLA - Gesellschaft für elektrische Hochleistungsprüfungen

Der Handel mit Investitionsgütern von hohem Wert und großer Bedeutung für die Sicherheit der öffentlichen Versorgung setzt im gemeinsamen EU-Markt voraus, daß eine einheitliche Bewertung der angebotenen Produkte und Problemlösungen über die Grenzen hinweg möglich ist. Infolge dessen hat im Laufe der letzten Jahre auf allen betroffenen technischen Gebieten die Entwicklung von nationalen, international miteinander verknüpften Systemen für die Prüfung und das Zertifizieren von Produkten und Dienstleistungen begonnen.

Die PEHLA, als Zusammenschluß deutscher Betreiber von Prüffeldern für Hochspannungsschaltgeräte und -anlagen[1] wurde von dieser Entwicklung nicht überrascht. Seit 25 Jahren steht PEHLA bei der Interpretation der einschlägigen Prüfbestimmungen der IEC als Partner im Rahmen der STL (Short-circuit Testing Liaison) in enger Zusammenarbeit mit Prüforganisationen anderer Länder. In STL sind außer PEHLA bekannte Prüfinstitutionen wie ASTA (GB), CESI (IT), ESEF (FR), KEMA (NL) und SATS (Skandinavien) Mitglieder. Diese Prüforganisationen haben bereits zu Beginn ihrer Zusammenarbeit vereinbart, bei Typprüfungen nach IEC-Standards grundsätzlich entsprechend den gemeinsam erarbeiteten Richtlinien zu verfahren.

Aufgrund der hier gewonnenen Kenntnisse und Erfahrungen konnte die PEHLA schon bald, nachdem die notwendigen nationalen Strukturen in Deutschland (DAR, DATech) geschaffen waren, die Akkreditierung für die ihr angeschlossenen Prüffelder erreichen.

---

[1] Die Mitgliedsunternehmen der PEHLA: ABB Schaltanlagen GmbH, Mannheim; AEG Aktiengesellschaft, Berlin und Frankfurt/Main; CALOR-EMAG AG, Ratingen; FGH Forschungsgemeinschaft für Hochspannungs- und Hochstromtechnik e.V., Mannheim; IPH Institut "Prüffeld für elektrische Hochleistungstechnik" GmbH, Berlin; Siemens AG, Berlin/München

Die ordnungsgemäße Durchführung von Typprüfungen an Mustern von Geräten und Anlagen der Hochspannungsnetztechnik allein gibt jedoch noch nicht die Gewähr, daß das angebotene Produkt den Erwartungen des Auftraggebers entspricht. Es muß auch sichergestellt sein, daß das herstellende Unternehmen über geeignete Strukturen in Organisation, Entwicklung, Beschaffung und Qualitätssicherung verfügt, um eine heutigen Maßstäben entsprechende Leistung zu erbringen.

Ein Produktzertifikat vereinigt beides. Da es sowohl das Vorliegen vollständiger Typprüfunterlagen als auch die Kompetenz des Herstellers bestätigt, ist es besser geeignet, die technische Qualität des angebotenen Produktes und deren Kontinuität zu belegen.

Die PEHLA hat, um diesem Bedarf Rechnung zu tragen, eine unabhängige Zertifizierung eingerichtet, die für alle Komponenten der Hochspannungsenergieübertragung und -verteilung zuständig ist.

Die PEHLA-Zertifizierungsstelle erteilt Produktzertifikate aufgrund von Typprüfungen in national akkreditierten Prüflabors. Dies gilt auch für Prüfungen in akkreditierten Herstellerlabors, wenn diese unter der Überwachung durch einen unabhängigen, von der Zertifizierungsstelle bestätigten Fachmann stattfinden.

Die PEHLA-Zertifizierungsstelle - Kurzbezeichnung: PEHLA-Zert - hat ihre Diensträume bei der Forschungsgemeinschaft für Hochspannungs- und Hochstromtechnik (FGH) in Mannheim-Rheinau. Auch das sachkundige Personal wird von der FGH gestellt.

Im Lenkungsgremium der PEHLA-Zertifizierungsstelle sind neben den Prüffeldbetreibern und den Herstellern der betroffenen Produktgebiete auch die Anwender durch EVU-Repräsentanten vertreten.

Die Zertifizierungsstelle PEHLA-Zert wurde nach eingehender Auditierung durch die DATech mit Wirkung vom 01.03.1994 unter der DAR-Registriernummer DAT-ZE-008/94-00 akkreditiert.

Prüfen und Zertifizieren als Nachweis der Sicherheit, Normenkonformität und Gebrauchstauglichkeit elektrotechnischer Produkte

Obering. Dipl.-Ing. Karl-Heinz Krefter, VEW AG, Dortmund

Obering. Dipl.-Ing. Karl-Heinz Krefter, Dortmund

# Prüfen und Zertifizieren als Nachweis der Sicherheit, Normenkonformität und Gebrauchstauglichkeit elektrotechnischer Produkte

Voraussetzung für den europäischen Binnenmarkt ist neben der Harmonisierung der Normen und Rechtsvorschriften vor allem die gegenseitige Anerkennung von Prüfergebnissen und Zertifikaten, die die Sicherheit, Normenkonformität und Gebrauchstauglichkeit der Produkte bestätigen. Die Europäische Union hat deshalb 1989 ein "globales Konzept für Zertifizierung und Prüfwesen" [1] vorgelegt, das entsprechende Instrumente zur Gewährleistung der Qualität bei Industrieerzeugnissen enthält.

Für ein auf dem Markt angebotenes Produkt reicht eine Beschreibung seiner Beschaffenheit im allgemeinen nicht aus. Der Käufer braucht eine verläßliche Bestätigung, daß das Erzeugnis den gestellten Anforderungen entspricht. Da er die geforderten Produktmerkmale in den meisten Fällen nicht selbst ermitteln oder beurteilen kann, ist er auf Konformitätsnachweise des Herstellers oder einer neutralen, d. h. vom Hersteller unabhängigen Stelle angewiesen.

Für die Konformitätsbewertung der Produkte steht nach dem EU-Konzept ein umfangreiches Verfahren - bestehend aus einzelnen Maßnahmen (Module) - zur Verfügung [1], die sich auf die Entwicklungsstufen des Produktes (Entwurf, Baumuster, Produktion), auf die Art der Bewertung (Prüfung der Unterlagen, eines Baumusters und der Qualitätssicherung sowie die Fertigungsüberwachung) und auf die bewertende Stelle (Hersteller oder neutrale Stelle) beziehen.

In Abstimmung zwischen Hersteller und Anwender lassen sich verschiedene Module zu einem Bewertungsverfahren zusammensetzen, das zuverlässig nachweist, daß die Erzeugnisse den einschlägigen Normen und technischen Spezifikationen (z. B.

denen des Auftraggebers) und damit der geforderten Sicherheit und Gebrauchstauglichkeit entsprechen.

Von besonderer Bedeutung bei der Auswahl der Module ist die Frage, ob sich der Auftraggeber mit einer vom Hersteller ausgestellten Konformitätserklärung zufrieden gibt, oder ob er die Vorlage einer Prüfbescheinigung oder eines Produktzertifikates einer neutralen Prüf- oder Zertifizierungsstelle verlangt. Die Entscheidung hat in den meisten Fällen der Käufer zu treffen. Sie wird wesentlich von der Bedeutung des Produktes für die Sicherheit und Zuverlässigkeit des Betriebes, häufig auch von der Investitionshöhe abhängen. Sie wird möglicherweise auch beeinflußt von der Erfahrung des Auftraggebers im Umgang mit dem Hersteller und seinen Produkten und, wenn die Beschaffungsvorgänge im Rahmen der EU-Sektorenrichtlinie [2] für die Auftragsvergabe abgewickelt werden müssen, vom Gleichbehandlungsgrundsatz, der für alle Anbieter gelten muß.

In der Praxis setzen sich offenbar die in Bild 1 beschriebenen Alternativen bei der Konformitätserklärung durch. Das Erzeugnis wird nach den in den Produktspezifikationen enthaltenen Prüfanforderungen in einem akkreditierten Prüflaboratorium eines neutralen Dritten oder des Herstellers oder im nichtakkreditierten Prüflaboratorium des Herstellers geprüft. Die Prüfbescheinigung des akkreditierten Prüflaboratoriums kann als Grundlage der Konformitätserklärung des Herstellers verwendet werden oder in Verbindung mit einer Zertifizierungsstelle zu einem Produktzertifikat führen. Die Konformitätserklärung des Herstellers kann sich aber auch auf einen Prüfbericht eines nichtakkreditierten Prüffeldes beziehen.

Da sich die Prüfungen immer nur auf wenige Baumuster beschränken, ist für den Konformitätsnachweis zusätzlich ein wirksames Qualitätsmanagementsystem erforderlich, das durch ein QM-Zertifikat einer akkreditierten Zertifizierungsstelle nachzuweisen ist. Ein solches QM-System läßt vermuten, daß alle Erzeugnisse den geprüften Baumustern entsprechen.

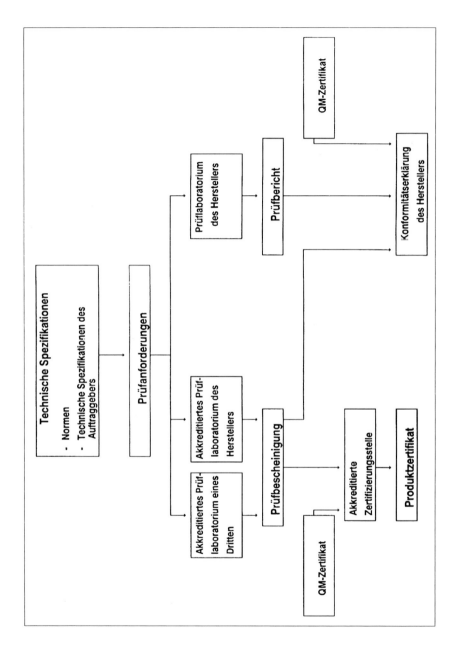

Bild 1: Nachweis der Normenkonformität, Gebrauchstauglichkeit und Sicherheit

Die Prüfbescheinigung eines akkreditierten Prüflaboratoriums und das zertifizierte Qualitätssicherungssystem führen gemeinsam zur Ausstellung eines Produktzertifikates, das aufzeigt, daß angemessenes Vertrauen besteht, daß die Erzeugnisse mit den Anforderungen aus Normen und technischen Spezifikationen übereinstimmen.

In Bild 2 werden Maßnahmen zum Nachweis der Sicherheit, Normenkonformität und Gebrauchstauglichkeit von Betriebsmitteln und Anlagen beschrieben.
Der Umfang dieser Maßnahmen und ihre Auswahl werden weitgehend durch den Auftraggeber bestimmt. Die dargestellten Alternativen sind gegebenenfalls zwischen Hersteller und Auftraggeber zu vereinbaren.
Durch eine vollständige Typprüfung wird nachgewiesen, daß die in den Normen und technischen Spezifikationen enthaltenen Anforderungen erfüllt werden.

Für Typprüfungen, die von einem akkreditierten Prüflaboratorium ausgeführt wurden, können von einer akkreditierten Zertifizierungsstelle in Verbindung mit einem Qualitätsmanagementzertifikat Produktzertifikate ausgestellt werden. Dabei prüft die Zertifizierungsstelle, ob alle erforderlichen Prüfungen ausgeführt und bestanden sind.

Eine Stückprüfung ist nur dann erforderlich, wenn die Normen dies ausdrücklich verlangen.

Wareneingangsprüfungen z. B. in Form von Stichprobenuntersuchungen sind dann von Bedeutung, wenn die Betriebsmittel in größeren Stückzahlen und mit hohem Aufwand im Vergleich zu den Materialkosten in die Anlagen eingebaut werden. Typische Betriebsmittel dieser Art sind Kabel und Kabelgarnituren. Abnahmeprüfungen werden vorzugsweise bei Großgeräten (z. B. Transformatoren) vereinbart und beim Hersteller durchgeführt. Probeaufträge und betriebsbegleitende Untersuchungen dienen dazu, die Gebrauchstauglichkeit und das Langzeitverhalten der Materialien kennenzulernen.

| Maßnahmen zum Nachweis der Sicherheit, Normenkonformität und Gebrauchstauglichkeit von Betriebsmitteln und Anlagen, die zwischen Auftraggeber und Hersteller vereinbart werden können. ||
|---|---|
| **Nachweis** | **Dokumentation** |
| Qualitätsmanagementsystem beim Hersteller | - Audit durch den Auftraggeber<br>- Zertifikat einer akkreditierten Zertifizierungsstelle |
| Typprüfung<br>- durch den Hersteller | - Ergebnisdokumentation durch den Hersteller |
| - durch ein akkreditiertes Laboratorium | - Prüfdokumente des Laboratoriums |
| - durch ein akkreditiertes Laboratorium in Verbindung mit dem Qualitätssicherungszertifikat | - Prüfdokumente des Laboratoriums<br>- ggfs. Produktzertifikat einer akkreditierten Zertifizierungsstelle |
| Stückprüfung durch den Hersteller (soweit in den Normen vorgesehen) | Ergebnisdokumentation durch den Hersteller |
| Wareneingangs-/Abnahmeprüfung<br>Nachweis der Übereinstimmung des Produktes mit den durch den Auftraggeber ausgewählten Anforderungen<br>- durch den Auftraggeber<br>- durch ein Prüflaboratorium auf Veranlassung des Auftraggebers<br>- durch den Hersteller auf Veranlassung des Auftraggebers | - Ergebnisdokumentation durch den jeweiligen Prüfer |
| Probeaufträge/Praxiserprobung zur Überprüfung der Gebrauchstauglichkeit und der Kompatibilität | - Dokumentation durch den Anwender |
| Betriebsbegleitende Untersuchungen | - Ergebnisdokumentation durch den Betreiber |

**Bild 2:** Maßnahmen zum Nachweis der Normenkonformität, Gebrauchstauglichkeit und Sicherheit

Bei der Einführung von Konformitätsnachweisen [3] hat der Auftraggeber zu beachten, daß sich das europäische Konzept für Prüfen und Zertifizieren erst im Aufbau befindet. Prüfbescheinigungen und Zertifikate liegen nicht in allen Fällen vor. Die herstellende Industrie muß deshalb die Gelegenheit erhalten, sich auf die Forderungen der Auftraggeber einzustellen und notwendige Vorbereitungen treffen zu können. Dies wird um so leichter gelingen, wenn die Forderungen der Auftraggeber rechtzeitig bekannt sind und Übergangsregelungen mit den Lieferanten abgestimmt werden.

In diesem Zusammenhang wird der Frage nachzugehen sein, welche Bedeutung die traditionellen nationalen Prüfzeichen zukünftig haben werden. Die Beurteilung wird zunächst von ihrer Vergleichbarkeit mit dem europaweit anerkannten Konformitätsnachweisen z. B. mit dem Produktzertifikat bestimmt.

Die Folge ist, daß die Auftraggeber sich mit einer Vielzahl von Prüfzeichen inhaltlich auseinandersetzen müssen, während die Hersteller, wenn sie ihre Produkte europaweit anbieten wollen, diese Zeichen in den einzelnen Ländern erwerben müssen. Genau dies aber soll durch das europäische Konzept für Prüfen und Zertifizieren verhindert werden. Außerdem dürfte der Auftraggeber aus der Energieversorgung mit der Forderung nach dem eigenen nationalen Prüfzeichen, wenn es auch von ausländischen Anbietern verlangt wird, gegen den Gleichbehandlungsgrundsatz, wie er von der EU-Sektorenrichtlinie vorgeschriebene wird, verstoßen. Diese Überlegungen sollten dazu führen, daß die traditionellen Prüfzeichen nach einer angemessenen Übergangszeit durch Produktzertifikate, die in regelmäßigen Abständen und unter vorgegebenen Bedingungen einer systematischen Überprüfung unterliegen, abgelöst werden.

Das Produktzertifikat wird sich vor allem auch dann anbieten, wenn ergänzende Forderungen aus den technischen Spezifikationen des Auftraggebers nachzuweisen sind.

Aus einer Empfehlung des VDEW-Arbeitsausschusses Kabel [4] zum Nachweis der Normenkonformität und der Gebrauchstauglichkeit von Kabeln und Kabelgarnituren werden für eine einheitliche Sprachregelung wichtige, in den Bildern 1 und 2 verwendeten Begriffe, die im Zusammenhang mit Prüfen und Zertifizieren von Bedeutung sind, definiert. Sie werden nachstehend wiedergegeben:


**Normenkonformität (DIN ISO 8402)**
Erfüllung der in den Normen und technischen Spezifikationen festgelegten Forderungen

**Gebrauchstauglichkeit (DIN 66050)**
Die Gebrauchstauglichkeit eines Gutes ist dessen Eignung für seinen bestimmungsgemäßen Verwendungszweck. Sie wird bestimmt durch objektiv feststellbare Eigenschaften und subjektive Beurteilungen, die durch individuelle Bedürfnisse des Verbrauchers bestimmt sind.

**Typprüfung (verschiedene Gerätenormen)**
Prüfung zur Feststellung, ob das Betriebsmittel allen Anforderungen in den jeweils gültigen Normen und technischen Spezifikationen entspricht

**Stückprüfung (verschiedene Gerätenormen)**
Prüfung zur Feststellung, ob jedes gefertigte Betriebsmittel den ausgewählten Anforderungen entspricht

**Wareneingangsprüfung / Abnahmeprüfung (DGQ-Schrift Nr. 11-04)**
Prüfung zur Feststellung, ob das Produkt wie bereitgestellt oder geliefert annehmbar ist, durch
- Sichtprüfung am Anlieferungsort nach vorgegebenen Regeln
- Untersuchungen an festgelegten Stichproben

**Qualitätsmanagementsystem (DIN ISO 8402)**
Organisationsstruktur, Verantwortlichkeiten, Verfahren, Prozesse und erforderliche Mittel für die Verwirklichung der Qualitätssicherung

**Qualitätsmanagementzertifikat**
Bestätigung durch eine akkreditierte Zertifizierungsstelle, daß ein wirksames QM-System vorhanden ist.

**Akkreditierung**     (Normenreihe EN 45000)
Formelle Anerkennung der Kompetenz eines Prüflaboratoriums oder einer Zertifizierungsstelle bestimmte Prüfungen auszuführen bzw. zu zertifizieren.

**Prüfdokument**     (Normenreihe EN 45000)
Prüfberichte, Prüfbescheinigungen eines akkreditierten Laboratoriums, die Prüfergebnisse und andere die Prüfung betreffende Informationen enthalten

**Produktzertifikat**     (EN 45011)
Bestätigung der Konformität der Produkte mit allen in den Normen und technischen Spezifikationen festgelegten Anforderungen durch eine akkreditierte Zertifizierungsstelle nach Vorlage von Prüfdokumenten akkreditierter Prüflaboratorien und nach Vorlage eines Qualitätsmanagementzertifikates

**Literaturhinweise**

[1] Ein globales Konzept für Zertifizierung und Prüfwesen
Amtsblatt der Europäischen Gemeinschaft Nr. C 267/3 vom 19.10.1989

[2] EG-Beschaffungsrichtlinie, Technische Aspekte der EG-Richtlinie für die Auftragsvergabe im Bereich der Energieversorgung Krefter (Herausgeber), VWEW-Verlag, Frankfurt

[3] Prüfen und Zertifizieren als Bestandteil der anwenderorientierten Qualitätssicherung im Bereich eines Energieversorgungsunternehmens, Niemand/Dr. Bach, siehe Seite 191 dieses Buches

[4] Maßnahmen zum Nachweis der Normenkonformität und der Gebrauchstauglichkeit von Kabeln und Kabelgarnituren
Krefter, Elektrizitätswirtschaft Heft 20/1994

# Ein Zertifizierungssystem für industrielle Niederspannungsgeräte

Gustav Rode, ALPHA, Frankfurt

Gustav Rode, Frankfurt

# Ein Zertifizierungssystem für industrielle Niederspannungsgeräte

## Einleitung

Der europäische Binnenmarkt soll freien Warenverkehr ermöglichen. Die technischen Voraussetzungen dazu sind in entsprechenden EU-Richtlinien niedergelegt. Die somit europaweit geltenden Anforderungen machen es möglich, daß die übliche nationale Prüfung und Zertifizierung von Produkten europaweit akzeptiert werden kann, ohne notwendige Wiederholung in anderen Ländern. Das hat bisher Zeit und Geld gekostet. Zusätzliche Kosten aber müssen in allen Bereichen der Wirtschaft abgebaut werden. Unnötige Wiederholungen von Prüfungen und Zertifizierungen müssen ersetzt werden durch Maßnahmen, die Vertrauen erzeugen in Ergebnisse der Erstprüfung und Erstzertifizierung. Für industrielle Niederspannungsgeräte wurde dafür ein Zertifizierungssystem entwickelt, das dieses Vertrauen aufbaut, das durch konsequente Nutzung des in Deutschland entstandenen Akkreditierungssystems zeit- und kostengünstig arbeitet, und das die für den industriellen Bereich nötige Flexibilität ermöglicht. Getragen wird diese "Zertifizierungsstelle ALPHA" von der Gesellschaft zur Prüfung und Zertifizierung von Niederspannungsgeräten (ALPHA) e. V., einer Institution der deutschen Industrie. Die Zertifizierungsstelle ist akkreditiert bei der DATech.

## Prüfergebnisse akkreditierter Prüflaboratorien als Grundlage für die Zertifizierung

Die Zertifizierungsstelle ALPHA prüft nicht selbst. Sie bedient sich der Ergebnisse kompetenter, akkreditierter Prüflaboratorien. Dabei steht im Vordergrund, daß gerade die Prüflaboratorien von Herstellern mit allen notwendigen Einrichtungen ausgerüstet sind und über genügend kompetentes Personal verfügen, um schnell und zuverlässig Prüfergebnisse zu erzielen. Gefordert wird, daß eine Akkreditierung des Prüflaboratoriums vorliegt und somit öffentliches Vertrauen dokumentiert ist. Diese Forderung gilt auch für unabhängige Prüflaboratorien. Damit wird vermieden, daß die Zertifizierungsstelle selbst Maßnahmen treffen muß, die die Kompetenz der Prüflaboratorien sicherstellen. Die Akkreditierung durch die DATech ist die in Deutschland vorgesehene Maßnahme, die Kompetenz der Prüflaboratorien nachzuweisen. ALPHA vermeidet konsequent jede Doppelarbeit. Die Bedingung, daß nur Prüfergebnisse aus akkreditierten Prüflaboratorien als Grundlage der Zertifizierung verwendet werden können, ist keine unangemessene Bedingung. Sie schränkt den Zugang zur Zertifizierungsstelle nicht ein, denn die Zertifizierungsstelle hat (nach der Normenreihe EN 45000) sicherzustellen, daß bei externen Prüfungen die Anforderungen der europäischen Normen EN 45001 und EN 45007 erfüllt werden. Selbstverständlich können auch Ergebnisse aus unabhängigen Laboratorien genutzt werden. So besteht z. B. eine feste Vereinbarung mit dem IPH in Berlin.

Eine einheitliche Dokumentation der Prüfergebnisse erleichtert die Übersicht und die sachgemäße Beurteilung der eingereichten Zertifizierungsunterlagen. Für diese einheitliche Dokumentation stehen sogenannte ALPHA-Prüfbausteine zur Verfügung, das sind Blätter, die in ALPHA-Arbeitskreisen von kompetenten Fachleuten nach dem Stand der Technik und nach den Anforderungen der jeweiligen Produktnorm an die Typprüfung gestellt werden. Diese ALPHA-Prüfbausteine werden von den Arbeitskreisen stets aktualisiert. ALPHA-Prüfbausteine stehen allen akkreditierten Prüflaboratorien zur Verfügung, deren Ergebnisse bei der ALPHA-Zertifizierungsstelle zertifiziert werden sollen. Ein Änderungsdienst stellt sicher, daß nach den aktuellen Unterlagen gearbeitet wird.

**Harmonisierung von Dokumentationen und Prüfanweisungen als Basis gegenseitiger Anerkennung in Europa**

Für den Bereich der industriellen Niederspannungsgeräte ist in Europa eine Agreement Group entstanden unter dem Namen LOVAG (Low Voltage Agreement Group). ALPHA ist das deutsche Mitglied von LOVAG und gehört zu den

Mitbegründern. In die europäische Arbeit eingebunden ist LOVAG über das Sektorkomitee ELSECOM bei der EOTC. Die EOTC (European Organization for Testing and Certification) hat LOVAG als Agreement Group registriert und anerkannt. Dafür war eine intensive Vorarbeit nötig, als wichtigstes die Harmonisierung von Dokumentationen und Prüfanweisungen. Dabei hat LOVAG in den wesentlichen Grundzügen die vorhandenen ALPHA-Arbeiten übernommen und weiterentwickelt. Die auf der Basis der geltenden Normen ausgearbeiteten Papiere liegen jetzt vor für Schaltanlagen (IEC 439-1), Schienenverteiler (IEC 439-2), Leistungsschalter (IEC 947-1), Lastschalter und Trenner (IEC 947-3), Schütze und Motorstarter (IEC 947-4-1) und Näherungsschalter (IEC 947-5-2). Eine ganze Anzahl weiterer produktbezogener Dokumentationen sind in Arbeit.

Die LOVAG-Signatories haben vereinbart, daß ein gemeinsam erarbeitetes einheitliches Zertifikats-Frontblatt verwendet wird und die Prüfberichte in einer einheitlichen Form präsentiert werden. Das ist in einer "General Instruction" festgelegt. Für die Verbesserung der Reproduzierbarkeit der Prüfergebnisse wurden "Test-Instructions" erarbeitet. Da nicht in allen Produktnormen Festlegungen über Meßgenauigkeiten enthalten sind, wurde in einer weiteren "General Instruction" eine detaillierte Festlegung getroffen, die dann gelten soll, wenn die Produktnorm keine Aussage gemacht hat. Diese Harmonisierungen berücksichtigen den Stand der Normung, es dürfen daraus keine neuen Handelshemmnisse entstehen.

Zertifikate unter dem LOVAG-Agreement werden ausgestellt von der Zertifizierungsstelle des jeweiligen Mitgliedslandes. Die Zertifizierungsstelle ALPHA stellt also, unter Berücksichtigung aller harmonisierten LOVAG-Festlegungen, ein LOVAG-Zertifikat aus. Solch ein LOVAG-Zertifikat wird von den Signatories ohne jede neuerliche Prüfung oder Kontrollfunktion anerkannt. LOVAG-Signatories sind z. Zt. ASTA (England), ASEFA (Frankreich), ALPHA (Deutschland), ACAE (Italien), CEBEC (Belgien), KEMA (Niederlande), SEMKO (Schweden). Damit entfallen Wiederholungsprüfungen in diesen Ländern. Das wurde möglich durch den Aufbau gegenseitigen Vertrauens auf der Basis gemeinsam erarbeiteter harmonisierter Dokumentation.

Weiter wird dieses gegenseitige Vertrauen gestützt durch regelmäßige Peer-Assessments auf der Basis der europäischen Norm EN 45011.

## Produktverantwortung des Herstellers, Überwachung der zertifizierten Produkte

Die Verantwortung für die Konformität der gefertigten Produkte mit den geprüften und der Zertifizierung zugrundeliegenden Geräten kann nur der Hersteller tragen. Das entspricht den rechtlichen Regelungen aus der Produkthaftung. Dennoch hat die Zertifizierungsstelle (aus den EN 45011) bestimmte Überwachungsfunktionen. Das hat auch LOVAG berücksichtigt. Die Zertifizierungsstelle behält sich das Recht vor, Beobachter zu Prüfungen zu entsenden oder auch Prüfungen zu wiederholen. Weiter fordert das Zertifizierungssystem ALPHA eine laufende Überwachung der zertifizierten Produkte. Hierzu werden vertragliche Abmachungen getroffen. Sie sind Bestandteil des Auftrags auf Zertifizierung. Dabei wird von der Anforderung ausgegangen, daß der Hersteller zur Überwachung seiner Produkte in Wahrnehmung seiner Produktverantwortung wirksame Maßnahmen zur Qualitätssicherung treffen muß. Dazu muß ein QM-System betrieben werden. Es soll in Anlehnung an die ISO-Normenreihe 9000 - 9004 arbeiten und das zertifizierte Produkt wirksam überwachen. Produkte, die nicht einer Qualitätssicherung unterliegen, werden nicht zertifiziert. Die Dokumentation der qualitätssichernden Maßnahmen muß jederzeit die Beurteilung ermöglichen, ob und in welchem Umfang das zu überwachende Produkt mit den Zertifikatsgrundlagen und den geltenden Normen konform ist. Dabei gelten die für die Zertifizierung verwendeten ALPHA-Prüfbausteine bzw. LOVAG Test Reports mit ihren Meßwerten als Bezugsmaßstab. Auch hier können von der Zertifizierungsstelle externe Begutachter hinzugezogen werden.

## Bedeutung der Konformitätserklärung des Anbieters

Die von den Anwendern industrieller Niederspannungsgeräte benötigte Typenvielfalt mit einer großen Zahl jeweils erforderlicher Varianten bei der Anwendung von Zusatzausrüstungen macht es nicht leicht, die Normenkonformität deutlich zu machen. Das wird besonders klar bei einer auf den Anwendungsfall zugeschnittenen

Niederspannungsschaltanlage. Deshalb wird von der Zertifizierungsstelle auch die Konformitätserklärung des Anbieters gestützt und empfohlen. Dabei kann für den Grundtyp eines Gerätes oder für die Hauptkomponente einer Anlage die Normenkonformität durch ein ALPHA- oder LOVAG-Zertifikat bescheinigt werden, Kombinationen und Varianten sollte der Anbieter durch eine "Konformitätserklärung des Anbieters" nach der Europanorm EN 45014 abdecken. ALPHA stellt damit für Hersteller und Anwender ein System zur Verfügung, daß flexibel handhabbar ist und auf die in Europa wachsende Nachfrage nach Zertifikaten von Drittzertifizierern eingestellt ist.

## Zusammenfassung

ALPHA hat für den Bereich der industriellen Niederspannungsgeräte ein neues Zertifizierungssystem aufgebaut, das ohne den Ballast überkommener Traditionen arbeiten kann. Konsequente Vermeidung von Doppelarbeit; Ausgliederung der Dienstleistungsfunktion "Prüfen" an kompetente, akkreditierte Stellen, dadurch Trennung von Prüfen und Zertifizieren; Flexibilisierung der Bestätigung der Normenkonformität. Das Zertifizierungssystem ALPHA ist durch Einbindung in die LOVAG europaweit anerkannt. ALPHA hat die ersten LOVAG-Zertifikate herausgegeben. Unsere europäischen Partner sind ebenfalls aktiv.

**Praxis des Prüf- und Zertifizierungswesens bei KG Ritz Meßwandler GmbH & Co**

Dr.-Ing. Hans-Jürgen Voß, Ritz Meßwandler GmbH & Co., Hamburg

Dr.-Ing. Hans-Jürgen Voß, Hamburg

# Praxis des Prüf- und Zertifizierungswesens bei KG Ritz Meßwandler GmbH & Co

## Unternehmensstruktur

Ritz Meßwandler ist ein seit 50 Jahren international operierendes mittelständisches Privatunternehmen. In vier europäischen und einem nordamerikanischen Werk sind über 1.000 Mitarbeiter mit Entwicklung, Herstellung, Prüfung und dem Vertrieb von Meßwandlern für die Messung von Strömen und Spannungen aller Art bis 50 kA und 800 kV beschäftigt.

Dabei handelt es sich bei der Herstellung von Hoch- und Mittelspannungswandlern ausschließlich um auftragsbezogene, sehr kundenspezifische Einzel- bzw. Kleinserienfertigung. Enge Zusammenarbeit mit den Kunden ist vor, während und nach der Auftragsabwicklung unverzichtbar. (Die Zusammenarbeit mit den Kunden ist auf Jahrzehnte ausgelegt. Von den Wandlern werden über 30 Jahre zuverlässiger Betriebseinsatz erwartet.)

## Bedeutung des Prüf- und Zertifizierungswesens

Das Prüfwesen nimmt bei Ritz traditionell einen hohen Stellenwert ein. Umfangreiche, sorgfältig durchgeführte mechanische und elektrische Prüfungen sind bei Ritz unverzichtbarer Bestandteil der Fertigung zuverlässiger Meßwandler. Auf diesem Hintergrund existiert bei Ritz schon seit Jahrzehnten ein fest eingeführtes, effektiv arbeitendes Prüfwesen.
Geschäftsbeziehungen zu Ländern wie z. B. Kanada, USA und Großbritannien haben schon frühzeitig zur Einführung eines kundenbezogenen Qualitätswesens, im

wesentlichen gemäß CSA Z 299.1, geführt. Nach Erscheinen der Normen DIN ISO 9000 . . . 9004 konnten die schon bestehenden QS-Elemente an diese Normen einfach angepaßt werden. Das Ritz-Qualitätssicherungssystem ist seit März 1993 durch die DQS zertifiziert und erfüllt die DIN ISO 9001. Dies schließt Organisation und Arbeit in den Prüffeldern ausdrücklich ein.

Für Meßwandler, die zu Verrechnungszwecken eingesetzt werden, betreibt Ritz im staatlich geregelten Bereich des Prüfwesens zusätzlich die staatlich anerkannte Hauptprüfstelle EE3 auf der Grundlage des deutschen Eichgesetzes.

Damit erfüllt Ritz sowohl im privatrechtlich als auch im staatlich geregelten Bereich die höchsten genormten Qualitätsstandards, die national und international anerkannt werden.

Für Ritz bedeutet das,
a) daß zusätzlich das Vertrauen der Kunden in die Leistungsfähigkeit des Unternehmens und die Qualität der Produkte weiter gestärkt wird
und
b) eine weitere Motivation aller Mitarbeiter und damit auch effektiver gestaltete interne Abläufe, die permanent überprüft werden.

**Bedeutung der EU-Beschaffungsrichtlinien und der EN 45000**

Obwohl Ritz mit seinen Meßwandler-Kunden teilweise schon jahrzehntelange enge Zusammenarbeit pflegt und zur Zufriedenheit Aufträge erfüllt hat, mußten aus formalen Gründen, bedingt durch die EU-Beschaffungsrichtlinie, Präqualifikationsverfahren durch einige dieser Kunden durchgeführt werden. Dies bereitete sowohl bei den Kunden als auch bei Ritz nicht unerheblichen bürokratischen Aufwand, verbunden mit entsprechenden Kosten. Hier stellt sich die Frage, ob derartiges formales Vorgehen noch sinnvoll ist, wenn es bereits langfristig vertrauensvolle Zusammenarbeit zwischen Kunden und Lieferanten gibt.

Im Rahmen der Präqualifikationsverfahren und in den Kundenspezifikationen wurde bislang in diesem Zusammenhang immer ein zertifiziertes Qualitätssicherungssystem nach der DIN ISO 9000-Serie gefordert. Da hiermit **selbstverständlich** auch ein organisatorisch wie technisch entsprechend ausgestattetes Prüfwesen vorgeschrieben ist, hat es bislang keine einzige Forderung nach Akkreditierung gemäß EN 45000 gegeben.

Da die EN 45000-Serie letztlich nur für Aufträge von **öffentlichen Auftraggebern mit einem Auftragswert von über 400.000 ECU** verbindlich ist, fallen hierunter bei Ritz im wesentlichen nur einige Aufträge für hochwertige Hochspannungswandler. Solche Aufträge werden aber immer in permanenter Zusammenarbeit mit dem Endkunden abgewickelt. Dazu gehört auch, daß der Kunde oder sein unabhängiger Vertreter bei den Typenprüfungen und oft bei der Endabnahme anwesend ist. Er überzeugt sich also selbst von der Normenkonformität und der Gebrauchstauglichkeit der Wandler, von der ordnungsgemäßen Durchführung der Prüfungen und akzeptiert dann das nach seinen Forderungen ausgestellte Prüfprotokoll des Herstellerprüffeldes. Das Herstellerprüffeld ist dabei **natürlich** in seiner Arbeit unabhängig und nur fachlichen Gesichtspunkten unterworfen.

Es sollte daher diskutiert werden, ob für Herstellerprüffelder, die Prüfungen in engem Konsens mit dem Endkunden durchführen und deren Einrichtungen und Erfahrungen auf die zu prüfenden Produkte bezogen sind, die EN 45000-Serie überhaupt anwendbar sein sollte.

Aus unserer Sicht scheint es viel mehr sinnvoll zu sein, die EN 45000-Serie auf herstellerunabhängige Prüffelder, die auftragsbezogen die unterschiedlichsten Geräte prüfen, anzuwenden. Nur in diesem Zusammenhang können wir die Bestrebungen, einheitliche Bedingungen zu schaffen, unterstützen.

**Zusammenfassung**

Ritz unterhält ein effektiv eingeführtes Qualitätssicherungssystem gemäß DIN ISO 9001, in das das Prüfwesen voll einbezogen ist. Wir unterstützen die Bemühungen, durch Drittzertifizierungen einheitliche QS-Bedingungen in Europa und weltweit zu schaffen. Ein anerkanntes Qualitätssicherungssystem ist unverzichtbar für wirtschaftliche Konstruktion und Fertigung sowie für gleichbleibende zuverlässige Produktqualität.

Kritisch sehen wir die Aktivitäten bedingt durch die EU-Beschaffungsrichtlinie und die Bestrebungen der Akkreditierung von Herstellerprüffeldern nach der EN 45000-Serie zusätzlich zur DIN ISO 9000-Serie. Da die staatliche Akkreditierung nach heutigem Verständnis über der privatrechtlichen Akkreditierung steht, trifft die EN 45000 wahrscheinlich auf Herstellerprüffelder, die gleichzeitig staatlich anerkannte Hauptprüfstellen sind, nicht zu. Wir sehen in der EU-Beschaffungsrichtlinie und in der Akkreditierung der Prüffelder nach der EN 45000-Serie einen für die Unternehmen kaum zu vertretenden bürokratischen und personellen Aufwand, ohne daß die Qualität der Produkte und die Qualität der Prüfarbeit - und das sollten die Hauptziele sein - verbessert werden.

Es wäre sehr zu begrüßen, wenn sich bei Kunden und Lieferanten eine pragmatische Handhabung auf den geschilderten Bereichen durchsetzen wird.

III. Prüf- und Zertifizierungspraxis in anderen europäischen Ländern

## Allgemeine Gedanken über die Internationalisierung des elektrotechnischen Normen- und Prüfwesens aus der Sicht Österreichs

Prof. Ing. Dr. phil. Gottfried Biegelmeier, Dipl.-Ing. Alfred Mörx und
Karl Maria Sailer, Wien, Österreich

Prof. Ing. Dr. phil. Gottfried Biegelmeier, A. Mörx und K. Sailer, Wien

# Allgemeine Gedanken über die Internationalisierung des elektrotechnischen Normen- und Prüfwesens aus der Sicht Österreichs

## 1. Bestimmungsgrößen des elektrotechnischen Marktes

Die Sicherheit technischer Einrichtungen ist von dem Aufwand abhängig, den man zum Vermeiden möglicher Gefahrenquellen und zum Schutze vor auftretenden Gefahren betreibt. Bei der Nutzung der elektrischen Energie können Gefahrenquellen durch den sicheren Bau der Betriebsmittel und Anlagen vermieden und die trotzdem immer vorhandenen und daher unvermeidlichen Gefahren durch Schutzmaßnahmen gegen gefährliche Körperströme bekämpft werden. Sicherheitsnormen, die den dafür notwendigen wirtschaftlichen Aufwand meist indirekt durch Grenzwerte für bestimmte Eigenschaften beschreiben, sind aber immer das Ergebnis eines Kompromisses zwischen einem Restrisiko und - letztlich - dem Preis. Die Parteien, die diesen Kompromiß zu vereinbaren haben, sind die dem Restrisiko ausgesetzten Verbraucher und die Hersteller elektrischer Betriebsmittel und Anlagen, die einerseits als Käufer, andererseits als Anbieter, die beiden Kontrahenten des Marktes sind.

Der Verbraucher ist dadurch gekennzeichnet, daß er, insbesondere auf dem Gebiet der Sicherheit des Angebotenen, die für ihn wichtigen Eigenschaften nicht erkennen kann. Von den Anbietenden, also den Herstellern elektrischer Betriebsmittel und den Firmen für die Errichtung der Anlagen, kann vorausgesetzt werden, daß sie die Kosten der Sicherheit beurteilen können.

Daraus folgt, daß der Verbraucher bei der Vereinbarung des oben erwähnten Kompromisses durch einen Anwalt vertreten sein sollte, den nur die Elektrizitätsversorgungsunternehmen (EVU's) und die Konsumentenschützer bilden können. Der Konsumentenschutz ist für diese Aufgabe aber wirtschaftlich viel zu schwach, und so bleiben nur die EVU's, die mit ihrer Macht ohne weiteres als Anwalt der Stromverbraucher auftreten könnten. Ein hervorragendes Beispiel dafür bildet die Vereinigung der holländischen EVU's die in der Zwischenkriegszeit und noch bis spät in die siebziger Jahre hinein mit der KEMA und der durch sie geführten International Commission for the Approval of Electrical Equipment (CEE) zumindest für die wichtigsten elektrischen Betriebsmittel entscheidend zur Erhöhung der Sicherheit der Elektrizitätsanwendung beigetragen hat.

Diese Sicherheit kann ja nur auf zwei Wegen garantiert werden. Einmal durch eine verantwortungsbewußte Normung und weiter durch eine fachkundige und objektive Prüfung der Betriebsmittel und Anlagen.

Auch die Spezialisten der Prüfanstalten haben sich dann immer bei der Normung als qualifizierte Anwälte der Verbraucher erwiesen. Daß die EVU's sehr wesentlich an der sicheren Nutzung der elektrischen Energie interessiert sein sollten ergibt sich schon daraus, daß der elektrische Strom ja das Produkt ist, daß sie verkaufen und es sicherlich zur Ethik ihres Geschäftsbewußtseins gehört, nicht nur dafür zu sorgen, daß ihr Produkt bis zur Verbraucheranlage geliefert, sondern daß es auch sicher verwendet wird. Während die Hersteller der Betriebsmittel und Anlagen infolge der einer Marktwirtschaft innewohnenden Gesetzmäßigkeiten dazu veranlaßt werden, immer billiger anzubieten, und dadurch auch die Gefahr der Vergrößerung des Restrisikos besteht, können nur die EVU's und die Prüfanstalten das Gleichgewicht der Kräfte, das die Sicherheit der Elektrizitätsanwendung bestimmt, aufrechterhalten.

## 2. Stand und Tendenz des elektrotechnischen Normen- und Prüfwesens

Die heute nur noch historisch interessante Kommission für Regeln zur Begutachtung elektrotechnischer Erzeugnisse (CEE) war ein sehr erfolgreicher Versuch, ein in Europa anerkanntes Regelwerk für die Sicherheit von Verbrauchsgeräten und Installationsmaterial zu schaffen.

Mitte der zwanziger Jahre ging von den Niederländischen Kraftwerken eine Initiative aus, die nach kriegsbedingter Unterbrechung mit dem Ziel einer Zusammenarbeit nicht nur auf dem Gebiet der Sicherheitsnormen, sondern auch des Prüfwesens, bis hin zu einem von allen Teilnehmern anerkannten gemeinsamen Prüfzeichen wieder aufgenommen wurde. Die administrativen Kosten eines Sekretariats wurden viele Jahre von der niederländischen KEMA getragen, so daß die Organisation selbst keine finanzielle Gebarung durchzuführen hatte. Die gesteckten Ziele konnten so effektvoll erreicht werden, daß die publizierten Sicherheitsnormen zum Teil auch außerhalb der Mitgliedsländer als technischer Standard anerkannt wurden. Sie bilden noch heute den Kern der Arbeiten der IEC. Die Verfahren der Zusammenarbeit der Prüfanstalten werden nunmehr unter der Ägide der IEC als IECEE weitergeführt. Nach fünfzigjährigem Bestand wurde die CEE zerschlagen, mit der Begründung, daß die Vereinheitlichung der Normen zu langsam fortschreite, daß durch die Teilnahme der Länder des damals bestehenden Ostblocks mit deren zentralistischem Wirtschaftssystem diese Länder einseitige Vorteile ziehen könnten und last not least, daß durch das intensive Engagement der Prüfanstalten zu hohe Sicherheitsvorstellungen die Wettbewerbsvoraussetzungen der Industrie beeinträchtigen. Wichtige außereuropäische Länder, denen Beobachterstatus gewährt wurde, fürchteten die sich abzeichnende Akzeptanz dieser Europäischen Sicherheitsregeln in überseeischen Ländern.

So wurden also etwa in den siebziger Jahren die Arbeiten der CEE in die IEC übergeleitet. Da aber in einer weltweiten Organisation nationale Verschiedenheiten, wie z. B. die klimatischen Voraussetzungen (Temperatur, Feuchtigkeit), aber auch Lebensgewohnheiten (in England benützt man z. B. Heizgeräte zum Trocknen nasser Kleidungsstücke) noch viel mehr ins Gewicht fallen, haben sich die Arbeiten nicht beschleunigt, sondern eher verlangsamt.

Dazu kommt, daß in der IEC die Hersteller, vor allem die multinationalen Konzerne gegenüber den EVU's und den Prüfanstalten dominieren. Man muß bedenken, daß der Erfolg der Normenarbeit in hohem Maße von den Fähigkeiten und dem Einsatz der Delegierten abhängt.

Hohes Fachwissen, Sprachkenntnisse und diplomatisches Geschick sind die Voraussetzungen für den Erfolg. Fachleute mit diesen Qualifikationen werden von der Industrie nicht gerne zur Normenarbeit delegiert. Nur großen Herstellerfirmen ist es grundsätzlich möglich, in den unverzichtbaren Normenabteilungen geeignete Mitarbeiter für die Arbeit in den internationalen Gremien zu finden, die auch genügend Zeit haben, die umfangreichen schriftlichen Arbeiten durchzuführen. Für kleinere Hersteller, besonders solche, die auf einem Spezialgebiet tätig sind, kann die Mitarbeit im Normenwesen lebenswichtig sein, eine große Auswahl an Personen wird es aber kaum geben. Diese Firmen sind auch primär an einem effizienten Normen- und Prüfwesen interessiert, um die Qualität ihrer Produkte zu sichern und nachzuweisen.

## 3. Das elektrotechnische Prüfwesen in Österreich

Österreich ist Mitglied bei IEC und CENELEC und seit dem 1.1.1994 gehört es auch dem europäischen Wirtschaftsraum an. Bedingt dadurch vollzieht sich die Entwicklung und Praxis des elektrotechnischen Prüf- und Zertifizierungswesens in Österreich nicht sehr verschieden von den Regelungen, die in anderen Mitgliedsländern des EWR getroffen worden sind. Dies wird deshalb im nächsten Abschnitt nur kurz dargestellt.

Viel wichtiger sind die Fragen, ob der eingeschlagene Weg richtig ist und die Schaffung von großen Wirtschaftsblöcken für ein kleines Land vorteilhaft ist, oder ob dann nicht der Einfluß der multinationalen Konzerne so groß wird, daß die Klein- und Mittelbetriebe des betroffenen Landes in eine ausweglose Situation geraten.

Die Verfasser dieser Zeilen haben eine jahrzehntelange Erfahrung in den internationalen Normengremien und sind nicht der Ansicht, daß die Europäischen Normen CEN/CENELEC in einem Normungsprozeß erarbeitet werden, in dem auch die kleinen Länder ein wirkungsvolles Mitspracherecht haben. Eine mögliche Erklärung dafür wurde schon gegeben. Tatsächlich sind die Verfahren und Regeln der für die Ausarbeitung der Europäischen Normen verantwortlichen Organisationen

CEN/CENELEC sehr stark von bürokratischen Zwängen dominiert. Die basisorientierte, demokratische Willensbildung der von den Normungsergebnissen Betroffenen tritt dabei oft in den Hintergrund.

Auch im Zeitalter des Computers bleibt aber der Mensch mit seiner Initiative, seinem Schöpfergeist und seinem Fleiß das Maß aller Dinge. Wird er in ein Zwangssystem gepreßt, dann versiegt seine Kraft. Dies gilt nicht nur für Staatssysteme, sondern auch für die Wirtschaft.

Während also die Europäische Normung die nationale Normung praktisch erstickt hat und durch das Stillhalteabkommen für die Normung neuer Produkte und damit für den technischen Fortschritt Barrieren errichtet, kann sich in der übrigen Welt, vor allem in den USA, Japan und anderen Ländern in Südostasien die technische Entwicklung ungebremst beschleunigen. Frustrierte Fachleute aus den verschiedenen europäischen Ländern schlagen sich mit Bergen von Papier herum, während man in den USA oder Japan die Publikationen der IEC kaum in nationale Normen überführt und nur auf wenigen Teilgebieten mitarbeitet.

Eine weitere Folge der komplizierten Europäischen Normung ist es, daß die IEC-Normen, deren Anwendung den außereuropäischen Mitgliedsländern nur empfohlen wird, im EWR quasi verbindlich zur Anwendung kommen. Sie sind aber oft umfangreich, mit allgemeinen Formulierungen, und für die Prüfung wenig geeignet. Hier beginnt nun die Rückwirkung auf die Prüfanstalten. Prüfungen nach EN- oder HD's sind umfangreich und trotzdem oft zu wenig für das Abdecken der erforderlichen Sicherheitsrisiken, vor allem aber sind sie sehr kostspielig. Verglichen mit den alten CEE-Publikationen, von denen sie oft abgeleitet wurden, sind sie für das Prüfwesen viel komplizierter anzuwenden. Im Gegensatz zum Normenwesen hat sich das europäische Prüfwesen vorteilhaft entwickelt. Die Akkreditierung der Prüfanstalten bringt objektive Maßstäbe für die erforderliche Qualität der Prüfungen, die dann durch anerkannte Prüfberichte dokumentiert werden können. Akkreditierte Zertifizierer garantieren durch ihre Arbeiten aufgrund dieser Prüfberichte die

Normenkonformität, die aber auch durch Herstellererklärungen bestätigt werden kann. Auf eine Gefahr, die sich auch in Österreich gezeigt hat, sei aber auch hier hingewiesen.

So notwendig die Akkreditierung der Prüfanstalten ist, so sollte sie doch mit einem Minimum an Verwaltungsaufwand erfolgen. Leider tendieren neue Gesetze dazu, alles komplexer zu gestalten. Ein Akkreditierungsverfahren, das wegen des Fehlens der Durchführungsbestimmungen zum Gesetz ein Jahr dauert und dementsprechend zeit- und kostenintensiv ist, schadet der Wirtschaft mehr als es ihr nützt. Deshalb sei abschließend bemerkt, daß es nichts nützt, wenn eine Prüfanstalt zwar ein Zimmer voll Ordner mit Qualitätssicherungshandbüchern besitzt aber keine Prüfaufträge mehr enthält, weil das Prüfen zu teuer geworden ist.

## 4. Entwicklung und Praxis des elektrotechnischen Prüf- und Zertifizierungswesens in Österreich

Wie in allen anderen europäischen Staaten war das österreichische elektrotechnische Prüfwesens bis vor wenigen Jahren vorwiegend durch die Tätigkeit von nationalen Prüfanstalten, die auf Basis von in Österreich erarbeiteten technischen Regeln Geräte und Anlagenprüfungen ausführten, bestimmt.

Die Autorisierung zur Durchführung dieser Prüftätigkeit erfolgte dabei durch das Wirtschaftsministerium, die oberste, für die elektrotechnische Sicherheit verantwortliche, Bundesbehörde.

Zusammengefaßt in die Sektion Prüfgemeinschaft des Österreichischen Verbandes für Elektrotechnik (ÖVE) hat die Gruppe der Prüfanstalten auch Sitz und Stimme im Prüfrat, dem obersten Lenkungsgremium des nationalen Zertifizierers.

In Verbindung mit der Tatsache, daß bis zum Jahre 1993 auch nahezu alle technischen (Prüf-) Regeln durch ein Bundesgesetz (Elektrotechnikgesetz) und durch die Elektrotechnikverordnung gesetzlich verbindlichen Charakter besaßen, bestand bis zu diesem Zeitpunkt ein im wesentlichen von allen Betroffenen (Industrie, Handel, Gewerbe, Behörde, Prüfanstalten, Zertifizierer) akzeptiertes, auf die nationalen Bedürfnisse abgestimmtes, Prüf- und Zertifizierungssystem. Das vom Zertifizierer zu vergebende Zeichen (ÖVE-Zeichen) ist in weiten Kreisen der österreichischen Wirtschaft als **Sicherheitszeichen** anerkannt.

Im Zuge der Internationalisierung bzw. Europäisierung der österreichischen Wirtschaft (die europäische Union ist Haupthandelspartner der österreichischen Wirtschaft) und im Zuge der zunehmenden Einbindung des nationalen Zertifizierers in europäische und internationale Zertifizierungsabkommen (CCA- bzw. CB-Verfahren, HAR-Verfahren ...) ergeben sich naturgemäß auch Veränderungen im Bereich des Prüf- und Zertifizierungswesens. Nicht zuletzt ändern sich damit auch die Anforderungen der Wirtschaft an die Prüfstellen und den Zertifizierer.

Wesentliche Veränderungen ergeben sich dabei aus der unbedingten Notwendigkeit des Überganges von nationale auf europäische Prüfvorschriften, vor allem ausgelöst durch den sprunghaften Anstieg der Zahl der Europanormen in den letzten Jahren. Diese sind naturgemäß nicht gesetzlich verbindlich, ihre Einhaltung bringt dem Hersteller jedoch den Vorteil, sein Produkt im gesamten europäischen Wirtschaftsraum vermarkten zu können.

Ebenso ergeben sich Veränderungen in den Anforderungen an die Prüfanstalten und Zertifizierer, die nach dem österreichischen Akkreditierungsgesetz (AkkG 1992) verpflichtend die Bestimmungen der Normenreihe EN 45000 einzuhalten haben.

In der Praxis spielt auch die Angleichung der österreichischen Prüfbestimmungen an die europäischen Regeln der Technik eine Rolle, die wegen der gegenseitigen Anerkennung der zertifizierten Prüfergebnisse der verschiedenen Mitgliedsländer erforderlich ist. Dieser Prozeß gestaltet sich in einigen Bereichen der Elektrotechnik auch deswegen schwierig, da eine Reihe europäischer Bestimmungen - sicherheitstechnisch betrachtet - geringere Anforderungen normieren als vergleichbare, bisher gesetzlich verbindliche, nationale Bestimmungen. Dabei lassen sich auch Beispiele dafür finden, daß europäische Bestimmungen ein höheres Restrisiko für den Elektrizitätsanwender fixieren als österreichische elektrotechnische Vorschriften.

Ebenso bestimmt die Diskussion um den Inhalt des nationalen Sicherheitszeichens (ÖVE-Zeichen), d. h. die Wandlung des Sicherheitszeichens zum Normenkonformitätszeichen die aktuelle Landschaft des Prüf- und Zertifizierungswesens in Österreich.

# Die Prüfung und Zertifizierung in Frankreich

Alan Bryden, EUROLAB, Paris, Frankreich

Alan Bryden, Paris

## Die Prüfung und Zertifizierung in Frankreich

Dieser Beitrag faßt die letzten Entwicklungen in Frankreich bezüglich der Prüfung und Zertifizierung von Produkten in bezug auf den Konformitätsnachweis und die allgemeine Bewertung von Qualität und Sicherheit zusammen.

### 1. Prüfung

Im Bereich der industriellen Produkte ist die Drittprüfung größtenteils auf mittlere und große Laboratorien, wie LCIE (500 pers.), LNE (600 pers.) CSTB (600 pers.), UTAC (300 pers.), INERIS (300 pers.) und technische Industriezentren (CETIAT, CETIM, ITF . . .) konzentriert, aber sie wird auch von kleineren, ganz privaten Labors wie WOLF, POURQUERY oder SOPEMEA durchgeführt.

1993 wurde eine nationale Vereinigung von Prüf- und Analyselabors als Schnittstelle für Eurolab gegründet. Sie umfaßt 60 Mitgliedslabore, unter denen sich alle größeren der oben erwähnten befinden.

Die Akkreditierung der Testlabore gemäß EN 45001 und ISO 25 wurde seit 1985 im Zusammenarbeit mit den RNE-Réseau National d'Essais (nationales Prüfnetz) - einer Einrichtung, die ohne Profit arbeitet, betrieben. RNE hat ca. 200 gesetzliche Einheiten und darin 400 technische Anlagen akkreditiert. RNE wird gegenwärtig mit COFRAC, dem französischen Akkreditierungskomitee, verschmolzen, das gerade geschaffen wird.

### 2. Produktzertifizierung

Im Mai wurde im Parlament ein neues Gesetz vorgelegt, um den legislativen Zusammenhang der Produktzertifizierung in Frankreich zu modifizieren. Vorher mußten die Zertifizierungsbehörden und die technischen Referenzen bzw. Normen, die für die Bescheinigung jeder Produktkategorie verwendet werden, vom Industrieministerium genehmigt werden. Das neue Gesetz ersetzt diese Genehmigung durch eine einfache Einverständniserklärung mit der Zertifizierungstätigkeit, basierend auf der freiwilligen Akkreditierung. Daher die Schaffung von COFRAC, um die Akkreditierung der Zertifizierungsstellen zu organisieren (siehe Nachfolgendes). Es gibt ca. 30 national anerkannte Zertifizierungsbehörden in Frankreich. Die bei weitem größte ist die AFNOR, welche das NF-Zeichen herausgibt. Die Politik von AFNOR in den letzten 5 Jahren war es, nach Möglichkeit den Vertrieb der NF-Zeichen an die Organisationen zu delegieren, die die technischen Ressourcen besitzen, um die für den Erhalt der NF-Zeichen erforderlichen Tests und Inspektionen durchzuführen. UTE z. B. vergibt das NF-Zeichen für Elektroprodukte im Zusammenhang mit einem Auftrag von AFNOR, LNE vergibt ca. 30 NF-Zeichen in verschiedenen Produktkategorien etc. . . .

Da das NF-Zeichen ein Zeichen der Übereinstimmung mit den Normen ist, deckt es sowohl den Nachweis für die Sicherheit als auch für die Leistung ab.

Es gibt in Frankreich keine Sicherheitsmarkierung, die strikt auf die Sicherheitsaspekte beschränkt ist, wie die Deutsche GS-Marke.

## 3. Zertifizierung von QS-Systemen

Da die Bescheinigung von QS-Systemen ein Drittparteienmechanismus ist, um vielfache Zweiparteienbewertungen von Lieferanten zu vermeiden, wurde in Frankreich eine spezielle Organisation gegründet, die AFAQ, die Association Francaise pour l'Assurance Qualité, die für die Zertifizierung der QS-Systeme von Firmen gemäß ISO 9000 sorgt. AFAQ ist eine Einrichtung, die ohne Gewinn arbeitet, basierend auf den sektoriellen Komitees für die Zertifizierungsprogramme in speziellen Bereichen (Elektro-, mechanische, chemische Industrien . . .). Alle interessierten Parteien sind hieran angeschlossen. Bis heute erhielten ca. 1500 Firmen eine Zertifizierung.

## 4. Akkreditierung

Gegenwärtig findet in Frankreich mit der Schaffung und der offiziellen Einführung von COFRAC, dem französischen Akkreditierungskomitee, im Juni 1994 eine wesentliche Änderung statt. COFRAC ist eine Einrichtung ohne Gewinnstreben, mit Mitgliedern aus der Industrie, Anwendern, öffentlichen Behörden und Stellen die im Bereich der Konformitätsbewertung tätig sind (Labore, Zertifizierungsbehörden sowohl für Produkte als auch für QS-System, Inspektionsbehörden). Die Rolle der COFRAC besteht also im wesentlichen darin, die Akkreditierung in Frankreich zu organisieren, zu fördern und eine internationale Anerkennung der Akkreditierungsaktivitäten zu erwirken. COFRAC beinhaltet das BNM-FRETAC (französisches System für die Akkreditierung von Eichlaboren) und die RNE (Akkreditierungsstelle für Prüflabore). Diese Aktivitäten werden jeweils unter einem Sektorkomitee von COFRAC betrieben. Andere Sektorkomitees werden für die Akkreditierungs- bzw. Produktzertifizierungsstellen (Industrieprodukte und Lebensmittelprodukte), die Zertifizierung von QS-Systemen, Dienstleistungen und die Kompetenz des Personals, der Inspektionsbehörden, geschaffen. COFRAC arbeitet gemäß den relevanten Europäischen und Internationalen Normen. Es ist französisches Mitglied im EAL, EAC, ILAC und IAF. Vor dem Jahr 2000 soll COFRAC ca. 1000 Organisationen akkreditiert haben.

# EUROLAB - Organisation für Prüfungen in Europa

## 1. Allgemeine Ziele von EUROLAB

Die Ziele von EUROLAB werden wie folgt ausgedrückt:
- Repräsentation durch die Formulierung und Artikulierung der Meinung der europäischen Prüflabore hinsichtlich politischer und technischer Probleme, die eine direkte Auswirkung auf ihre Tätigkeit haben, sowohl in der europäischen Gemeinschaft als auch weltweit,
- Koordinierung durch Schnittstellen mit allen europäischen Organisationen, die Aktivitäten im Interesse der Laborgemeinschaft durchführen und die Bemühungen, Doppelarbeiten und -aktivitäten zu vermeiden.
- Aktivitäten im Bereich des Informations- und Erfahrungsaustausches wie die Veröffentlichung unseres Rundschreibens und unseres Leitfadens, Seminare und Arbeitsgruppen, Forschungen etc. . . .
- Förderung von kostengünstigen Prüf-, Eich- und Meßdiensten, für die die Genauigkeits- und Qualitätssicherungsanforderungen immer an die aktuellen Bedürfnisse angepaßt werden sollten.

## 2. Mitgliedschaft, Organisation und Mittel

Die Organisation, die für EUROLAB gewählt wurde, basiert auf:
- der Generalversammlung, die sich jährlich trifft und aus aktiven Mitgliedern (mit Stimmrecht) besteht, vertreten von zwei Delegierten pro Land der Europäischen Union und der EFTA, die die öffentliche und private Laborgemeinschaft ihres Landes durch einen feststehenden Mechanismus repräsentieren. Zusätzlich beobachtende Mitglieder, die europäische Organisationen oder Institutionen repräsentieren, die an den Prüfaktivitäten interessiert sind, und osteuropäische Länder, die wahrscheinlich dem europäischen Wirtschaftsraum beitreten werden (gegenwärtig: Polen, die Tschechische Republik, Slowakei, Slowenien und Ungarn),

- dem Exekutivkomitee, das aus 6 Delegierten der aktiven Mitglieder zusammengesetzt ist, die von der Generalversammlung gewählt werden, unter anderem wird ein Vorsitzender und ein 2. Vorsitzender gewählt,
- dem Sekretariat, das vom Vorsitzenden gestellt wird, der von der Generalversammlung gewählt wurde, und zum wesentlichen Teil durch Beiträge der aktiven nationalen Mitglieder und Einkünfte aus Aktivitäten wie Seminare und Veröffentlichungen finanziert wird,
- den Technischen Komitees, deren Bevollmächtigungen und Vorsitzende von der Generalversammlung genehmigt werden. Es gibt zwei Technische Komitees, das Komitee für Qualitätssicherung und das für den Umgang mit Unsicherheiten in Zusammenhang mit Testresultaten. Es wurde eine Vereinigung gegründet, um mit WELAC (Western European Laboratory Accreditation Cooperation) und EAL (European Accreditation of Laboratories) zusammenzuarbeiten.

EUROLAB organisiert Workshops zu Themen, die für die Prüfgemeinschaft von Interesse sind. Die Themen waren bis jetzt: gegenseitige Vergleiche, Unsicherheit bei der Prüfung, Schulung und Motivierung des Laborpersonals, Gültigkeit der Testmethoden, Prüfung für die EU-Spielzeugdirektive.

EUROLAB veranstaltet auf einer Zweijahresbasis ein Symposium, das ein wichtiger Treffpunkt der Laborgemeinschaft in Europa ist. Das nächste findet 1996 in Berlin statt.

Die nationalen Verbindungen oder Komitees von Laboren wurden in den Ländern der EU und der EFTA gegründet als Folge der Gründung von EUROLAB. Heute liegt eine Mitgliedschaft bei mehr als 1100 Laboren, darunter die größeren, die sich mit dem R & D bei der Prüfung befassen und/oder Drittpartei-Prüfdienste leisten.

## 3. Veröffentlichungen

- Das erste EUROLAB Verzeichnis und Handbuch zur Prüfung in Europa, das die Beschreibung von ca. 800 Laboren und umfassende Informationen über die Welt der Prüfaktivitäten in Europa enthält.
- Tagungsbände der EUROLAB-Symposien:
  * Straßburg (Frankreich) - Januar 1992: 60 Berichte wurden zu 5 Aspekten des Qualitätsmanagements vorgelegt, die für die Labore von Interesse sind: organisatorische Faktoren, technische Faktoren, menschliche Faktoren, Qualitätssicherungsanforderungen, das Verhältnis zu Kunden und Laborakkreditierung.
  * Florenz (Italien) - April 1994: ca. 90 technische Berichte wurden vorgelegt und ca. 500 Teilnehmer aus 43 Ländern tauschten ihre Erfahrungen und Meinungen zu den technischen Aspekten und zu den allgemeinen Prüfungsaktivitäten in Europa für das nächste Jahrzehnt und hauptsächlich R & D aus, um die europäische und internationale Standardisierung, die Qualitätssicherung bei der Prüfung und die Prüfung für die Durchführung der EU-Direktiven zu unterstützen.
- Tagungsbände der EUROLAB-Workshops:
  * Workshop über die Unsicherheit in bezug auf Messungen im Rahmen einer Prüfung - Barcelona (Spanien) - Dezember 1992,
  * Workshop über die Kompetenz, die Schulung und Motivierung des Personals in Prüflaboren - Espoo (Finnland) - Juni 1993,
  * Workshop über Prüfungen in bezug auf die EU-Direktive und die EN-Normen für Spielzeuge - Paris (Frankreich) - November 1993,
- EUROLAB-Rundschreiben: EUROLAB veröffentlicht alle 4 Monate ein Rundschreiben, das allgemeine Informationen bezüglich der Prüfung in Europa enthält und die Ansichten der Europäischen Laborgemeinschaft darlegt.

# Das Prüf- und Zertifizierungswesen in der Schweiz

Alfred Christen, SEV, Zürich, Schweiz

Alfred Christen, Zürich

## Das Prüf- und Zertifizierungswesen in der Schweiz

### 1. Zur Geschichte des Prüfwesens in der Schweiz

Die systematische Prüfung elektrotechnischer Erzeugnisse begann mit der Gründung der Materialprüfanstalt des Schweizerischen Elektrotechnischen Vereins (SEV) im Jahr 1902. Bereits vorher hatte der im Jahr 1889 gegründete SEV die ersten Sicherheitsvorschriften für Installationsmaterialien publiziert und auch Prüfungen in der provisorischen Prüfstation seines technischen Inspektorats durchgeführt. Materialien und Apparate, welche die Prüfung erfolgreich bestanden hatten, konnten ab 1926 mit dem sog. Qualitätszeichen des SEV gekennzeichnet werden Das Schweizerische Elektrizitätsgesetz (1902) wurde 1933 durch eine Verordnung über den Bau und Betrieb elektrischer Starkstromanlagen ergänzt. Diese sog. Starkstromverordnung bildete fortan die gesetzliche Basis für das elektrotechnische Prüfwesen in der Schweiz.

Qualitätszeichen des SEV
ab 1926 bis ca. 1980

Schweiz. Sicherheitszeichen
ab 1954 bis heute

Von besonderer Bedeutung war die Einführung der Prüfpflicht für Installationsmaterialien und Apparate im Jahr 1954 durch den neuen Artikel 121bis der Starkstromverordnung. Dieser legte fest, daß das Inverkehrbringen der erwähnten Erzeugnisse nur dann gestattet ist, wenn das Eidgenössische Starkstrominspektorat (ESTI) auf Grund einer Typenprüfung durch eine vom zuständigen Eidgenössischen Post- und Eisenbahndepartement (heute Eidg. Verkehrs- und Energiewirtschaftsdepartement EVED) anerkannte Prüfanstalt festgestellt hat, daß diese Erzeugnisse den anerkannten Regeln der Technik entsprechen. Waren diese Bedingungen erfüllt, erteilte das ESTI eine Zulassung. Als anerkannte Regeln der Technik galten die vom SEV herausgegebenen sicherheitstechnischen Vorschriften, als anerkannte Prüfanstalt wurde die Materialprüfanstalt des SEV bezeichnet.

Gleichzeitig mit der Prüfpflicht wurde die Kennzeichnungspflicht der zugelasssenen Erzeugnisse mit dem schweizerischen Sicherheitszeichen eingeführt und in einem Reglement (Sicherheitszeichen-Reglement) festgehalten, wie bei Prüfung und Zulassung von elektrotechnischen Erzeugnissen vorzugehen war. Die Prüf- und Kennzeichnungspflicht hat über 30 Jahre das Prüfwesen in der Schweiz maßgeblich bestimmt, sie ist 1988 im Zuge der Liberalisierung des europäischen Binnenmarktes durch eine der Niederspannungs-Richtlinie der EU angepaßten Lösung ersetzt worden.

## 2. Von der Prüfpflicht zur Nachweispflicht

Nach längerer Vorbereitungszeit ist auf den 1. Januar 1988 die neue Verordnung über elektrische Niederspannungserzeugnisse (NEV) in Kraft getreten. Sie löst die Bestimmungen von Art. 121bis der Starkstromverordnung ab und ersetzt grundsätzlich die präventive Prüfpflicht durch eine Nachweispflicht in Anlehnung an die Niederspannungs-Richtlinie der EU.

Der Gesetzgeber hat bei der Inkraftsetzung der NEV berücksichtigt, daß der Übergang vom alten auf das neue Prüfungs- bzw. Nachweisregime stufenweise erfolgen soll und hat demzufolge die NEV seit 1988 bereits mehrmals revidiert, letztmals auf den 1. Januar 1993. Bei diesen Revisionen wurde die Liste der zulassungspflichtigen Erzeugnisse systematisch reduziert; sie enthält heute nur noch eine kurze Aufzählung von Erzeugnissen, die erhöhten Anforderungen bezüglich eigener Zuverlässigkeit und Sicherheit von Anwendern und Dritten genügen müssen.

Die NEV legt als Grundsatz fest, daß elektrische Erzeugnisse in Verkehr gebracht werden dürfen, wenn der Hersteller, der inländische Inverkehrbringer oder der Eigenimporteur den Nachweis erbringen kann, daß die Erzeugnisse den Anforderungen bezüglich Sicherheit und Vermeidung von Störungen genügen. Es ist zu unterstreichen, daß der Nachweis gemäß NEV immer auch das Einhalten der Anforderungen bezüglich der elektromagnetischen Verträglichkeit (EMV) verlangt.

Der Sicherheitsnachweis (inkl. EMV) kann erbracht werden mit:

a) der Konformitätsbescheinigung und dem Prüfbericht einer internationalen Zertifizierungsorganisation, welcher der SEV angehört;

b) der Konformitätsbescheinigung und dem Prüfbericht einer für diesen Fachbereich akkreditierten oder im Rahmen von internationalen Übereinkommen notifizierten Zertifizierungs- oder Prüfstelle;

c) der Konformitätserklärung und dem Prüfbericht des Herstellers oder des inländischen Inverkehrbringers, die den Anforderungen international anerkannter Konformitätsbewertungsverfahren entsprechen.

Diese Möglichkeiten des Konformitätsnachweises sind wie folgt zu kommentieren:

zu a)

Durch das Aufführen von Zertifikaten von internationalen Zertifizierungsorganisationen an erster Stelle wollte der Gesetzgeber unterstreichen, wie wichtig ihm die internationale Zusammenarbeit ist. Die Tatsache, daß dabei die Mitgliedschaft des SEV in solchen Organisationen zur Bedingung gemacht wird, zeigt die Bedeutung, welche die Behörden der Gegenseitigkeit der Anerkennung von Nachweisen (Reziprozität) beimißt.

zu b)

Hier ist der Einfluß der EN 45000er Serie spürbar bzw. das Abstützen auf Prüf- und Zertifizierungsstellen, deren Kompetenz formal überprüft worden ist. Es mag dabei erstaunen, daß auch notifizierte Stellen erwähnt werden, obwohl das Schweizervolk am 6. Dezember 1992 bekanntlich den Beitritt zum Europäischen Wirtschaftsraum (EWR) abgelehnt hat und das Notifizierungsverfahren für Prüf- und Zertifizierungsstellen die Schweiz deshalb direkt nicht betrifft. Der Gesetzgeber wollte damit die Möglichkeit offen lassen, daß durch bilaterale Abkommen zwischen der Schweiz und der Europäischen Union (EU) schweizerische Stellen notifiziert werden könnten, womit die Reziprozität auch auf diesem Gebiet sichergestellt wäre.

zu c)

Die Einführung der Konformitätserklärung des Herstellers oder des inländischen Inverkehrbringers schließlich ist ein wichtiges neues Element im schweizerischen Nachweisverfahren, welches der neuesten Entwicklung der Niederspannungsrichtlinie (Einführung von Modul A) Rechnung trägt.

Wie bereits angedeutet, besteht gegenwärtig für Erzeugnisse, die erhöhten Sicherheitsanforderungen genügen müssen, immer noch die Zulassungspflicht. Der Nachweis muß nach Buchstabe a) oder b) geführt werden, die Herstellererklärung genügt in diesem Fall nicht. Zudem ist die Kennzeichnung mit dem Schweizerischen Sicherheitszeichen im zulassungspflichtigen Bereich obligatorisch. Die Liste der zulassungspflichtigen Erzeugnisse umfaßt gegenwärtig:

- Erzeugnisse zur Verwendung in gefährlicher Umgebung, wie z.B. Ex- Material
- Elektromedizinische Erzeugnisse
- Erzeugnisse mit gefährlicher Strahlung, wie z.B. Mikrowellen- oder Lasergeräte

Das Eidg. Starkstrominspektorat erteilt im Einzelfall Auskunft über die Zulassungspflicht und über Ausnahmeregelungen.
Im Zusammenhang mit der Neugestaltung der Gesetzgebung mußte auch die freiwillige Kennzeichnung der nicht-zulassungspflichtigen Erzeugnisse geregelt werden. Alle Erzeugnisse, für welche der Nachweis gemäss Buchstabe a) oder b) vorliegt,

können mit dem schweizerischen Sicherheitszeichen gekennzeichnet werden, sofern das Eidg. Starkstrominspektorat dazu eine Bewilligung erteilt hat. Die Konformitätserklärung des Herstellers genügt zwar als Nachweis im Sinn der NEV, nicht aber zur Führung des schweizerischen Sicherheitszeichens. Der Gesetzgeber wollte bewußt das bisher geforderte Niveau dieser Kennzeichnung (Basis: Konformitätsbescheinigung durch anerkannte bzw. akkreditierte Stellen) aufrechterhalten. Das schweizerische Sicherheitszeichen grenzt sich deshalb im Fall des Konformitätsbewertungsmoduls A bewußt von der CE-Kennzeichnung ab.

## 3. Das schweizerische Akkreditierungssystem

Die Notwendigkeit zur formalen Überprüfung der Kompetenz von Prüf-, Kalibrier-, Zertifizierungs- und Überwachungsstellen wurde in der Schweiz frühzeitig erkannt. Der schweizerische Bundesrat erließ 1986 die erste Verordnung über die Kalibrier- und Prüfstellendienste, welche allerdings noch nicht auf der praktisch gleichzeitig publizierten Normenserie EN 45000 basierte und noch keine Zertifizierungs- oder Überwachungsstellen abdeckte. Die vom Bundesrat mit der Durchführung und Überwachung der Akkreditierungen beauftragte Kommission arbeitete die für die Überprüfung notwendigen Checklisten auf Grund der vorliegenden ISO/IEC Guides aus und führte auch einige Akkreditierungen durch. Allerdings ergab sich bald, daß das System dem internationalen Vergleich nicht standhielt und geändert werden mußte.

Folgerichtig erließ der Bundesrat am 30. Oktober 1991 eine neue Verordnung über das schweizerische Akkreditierungssystem, welches allen internationalen Anforderungen entspricht. Bis heute sind 61 Kalibrierstellen, 3 Eichstellen, 45 Prüfstellen, 14 Zertifizierungsstellen und 10 Überwachungsstellen (Stand 16.04.94) akkreditiert worden. Mehrere bi- und multilaterale Abkommen stellen die gegenseitige Anerkennung von Akkreditierungen sicher.

Die schweizerische Akkreditierungsstelle wird vom Eidg. Amt für Meßwesen (EAM) in Wabern-Bern betrieben und von einer vom Eidg. Justiz- und Polizeidepartement (EJPD) eingesetzten Akkreditierungskommission überwacht.

Die Erfahrungen, die der SEV bei der Akkreditierung seiner eigenen Prüf- und Kalibrierstellen gemacht hat, sind positiv. Die Überprüfung der allgemeinen Anforderungen (hauptsächlich QS-Aspekte und zugehörige Dokumentation) wurde sorgfältig und mit der notwendigen Tiefe vorgenommen. Für die technische Überprüfung der Prüflaboratorien sind Spezialisten aus dem In- und Ausland eingesetzt worden. Diese haben bei ihrer Arbeit die jahrzehntelange Erfahrung des SEV auf dem Gebiet der sicherheitstechnischen Prüfungen mitberücksichtigt, ohne deshalb der Oberflächlichkeit zu verfallen. Das ebenfalls seit Jahrzehnten bestehende Kalibrierlabor hatte die technischen Einrichtungen zu verbessern und hatte eingehende Vergleichstests zu bestehen, bevor es akkreditiert werden konnte.

Noch ein Wort zur Akkreditierung von Zertifizierungsstellen: Die Norm EN 45011 hat die Zertifizierung in einer Weise zu einer übergeordneten Funktion hochstilisiert, die nicht überall auf Verständnis stößt. Die seit über 30 Jahren im Rahmen internationaler Zertifizierungsverfahren (CB-/IECEE-System u.ä.) kooperierenden europäischen elektrotechnischen Prüfstellen sind über diese von England stark beeinflußte Entwicklung nicht begeistert und sehen deren Sinn nicht durchweg ein. Andrerseits muß man anerkennen, daß Systeme, die nur auf einer Typenprüfung eines einzelnen Erzeugnisses beruhen, den Anforderungen an moderne Zertifizierungssysteme nicht oder nicht mehr genügen. Die Normenkonformität bzw. die Konformität mit dem seinerzeit geprüften Muster eines Erzeugnisses muß durch zusätzliche Maßnahmen sichergestellt werden (z.B. Fabrikationsüberwachung, Marktkontrollen etc.), was einerseits die Zertifizierungsfunktion aufgewertet hat; andrerseits haben die Forderungen der EN 45011 in den Prüforganisationen zu kostspieligen Umorganisationen geführt, deren Nutzen umstritten ist.

## 4. Die europaweite Anerkennung der Prüfergebnisse und Produktzertifikate

Aus der Überzeugung heraus, daß Prüfergebnisse zur Erleichterung des freien Warenverkehrs international austauschbar sein müssen, hat sich die Schweiz durch den SEV seit jeher für das Zustandekommen und die Entwicklung von internationalen Übereinkommen auf dem Gebiet der gegenseitigen Anerkennung von

Prüfergebnissen eingesetzt. Die seit Beginn der 60er Jahre entstandenen Zertifizierungssysteme, die zwar diesen Namen tragen, aber eher als Abkommen über den Austausch von Prüfergebnissen zu bezeichnen sind, haben durchweg mit schweizerischer Beteiligung rechnen können. Als Nationalkomitee der IEC und des CENELEC hat sich der SEV den wichtigsten internationalen Systemen (CCA, HAR, LUM, CECC, IECEE, IECQ) angeschlossen. Der Erfolg dieser Systeme mit unterschiedlichen Verfahrensregeln basiert auf einer gemeinsamen Grundlage, nämlich der Entwicklung und internationalen Harmonisierung der zugrundegelegten Normen und deren Implementierung auf nationaler Ebene. In dieser Hinsicht hat die Veröffentlichung des sog. Weißbuches zur Vollendung des europäischen Binnenmarktes im Jahr 1985 einen gewaltigen Harmonisierungsschub ausgelöst, von dem neben den Herstellern auch die Prüf- und Zertifizierungsorganisationen profitiert haben. Letztlich zieht aber auch der Anwender der elektrotechnischen Erzeugnisse davon seinen Nutzen, indem harmonisierte Normen die Produktions- und Approbationskosten senken helfen und zur Verbilligung der Produkte beitragen. Die verschiedenen Länderausführungen ein und desselben Produkts gehören der Vergangenheit an.

Die bereits erwähnte politische Situation der Schweiz in Europa außerhalb des EWR erschwert in gewisser Hinsicht die gegenseitige Anerkennung von Prüfergebnissen und Zertifikaten. Es betrifft dies vor allem Anwendungsgebiete, wo in der EU der Einbezug einer notifizierten Stelle vorgeschrieben wird (EU Baumusterprüfung). Um so wichtiger ist es, daß die Schweiz langjährige Partner in allen europäischen Staaten hat, von denen die meisten auch notifizierte Stellen sind. Über die erwähnten (privatrechtlichen) internationalen Abkommen hat die Schweiz durch den SEV Zugang zu diesen Stellen in der EU. Dabei muß man einschränkend erwähnen, daß die Zertifizierung auf Grund der SEV-Prüfung im europäischen Partnerstaat erfolgt. Wie aber bereits erwähnt, bildete dies auf dem Gebiet der Niederspannungserzeugnisse schon bisher den Normalfall. Zur weiteren Verbesserung der Situation ist zu hoffen, daß bald zwischenstaatliche Vereinbarungen zwischen der Schweiz und der EU auf dem Gebiet der gegenseitigen Anerkennung von Stellen und Zeugnissen zustandekommen.

## 5. Die Bedeutung des Prüf- und Zertifizierungswesens für Hersteller und Anwender von elektrotechnischen Erzeugnissen

Die Liberalisierung des europäischen Binnenmarktes und die damit im Zusammenhang stehenden neuen Konformitätsbewertungsverfahren und Produkthaftungsregelungen haben den Herstellern von elektrotechnischen Erzeugnissen ein großes Maß an Verantwortung überbunden. Sie sind es, die den Nachweis für die Normenkonformität ihrer Erzeugnisse zu führen haben und die in eigener Verantwortung die CE-Kennzeichnung anzubringen haben. Dies gilt in erster Linie überall dort, wo keine notifizierte (neutrale) Stelle intervenieren muß. Die sicherheitstechnischen Normen sind nicht einfacher geworden, die Prüfungen erfordern einen erheblichen apparativen Aufwand, den sich normalerweise nur größere Hersteller leisten können. Hier bieten die akkreditierten Prüfstellen ihre guten Dienste an und sorgen dafür, daß die für den Konformitätsnachweis nötigen Dokumente einwandfrei erstellt werden. Darüber hinaus öffnen die von Prüf- und Zertifizierungsorganisationen vergebenen Konformitätszeichen Märkte, die den Herstellern und Importeuren sonst verschlossen blieben. Wer sich über diese Feststellung wundert, sollte sich mit international tätigen Großunternehmen und mit Großverteilern unterhalten; diese erwarten Marktchancen durch Produkte, welche durch eine kompetente neutrale Stelle geprüft, zertifiziert und nach außen sichtbar gekennzeichnet werden. Die von der EU eingeführte CE-Kennzeichnung hat bisher, außer Verwirrung gestiftet, noch nichts zum Erhalt des Sicherheitsniveaus von Erzeugnissen oder zu einer Verbesserung der Marktchancen beigetragen. Mindestens mittelfristig werden auch im zukünftigen Europa die nationalen Konformitätszeichen ihren Stellenwert behalten. Sie sind bekannt und bieten Gewähr für kompetente und überwachte Qualität bzw. Sicherheit der gekennzeichneten Erzeugnisse. Für die Schweiz gilt dies im Besonderen, bleibt doch die CE-Kennzeichnung juristisch vorläufig ohne Wirkung. Darüber hinaus ist das schweizerische Sicherheitszeichen auf dem Markt sehr gut eingeführt und bei Konsumenten und Großverteilern akzeptiert.

Der Ersteller von elektrischen Anlagen oder von aus Komponenten zusammengesetzten Geräten müssen sich bewußt sein, daß ihre Verantwortung analog zu derjenigen des Herstellers wächst. Das schweizerische Sicherheitszeichen bürgt dafür, daß die eingesetzten Komponenten sicherheitstechnisch den internationalen Normen entsprechen und daß die Nachweispflicht erfüllt ist. Dasselbe gilt für den Konsumenten, der keine Möglichkeit hat, die einer Herstellererklärung zugrundeliegende technische Dokumentation einzusehen und sich zu vergewissern, daß die Erzeugnisse sicherheitstechnisch in Ordnung sind.

Abschließend muß zu diesem Thema noch erwähnt werden, daß berechtigte Zweifel darüber bestehen, ob die mißbräuchliche Verwendung der CE-Kennzeichnung je wirkungsvoll durch Kontrollen unterbunden wird. Die EU überläßt diese Kontrollen den Mitgliedstaaten, wobei bekannt ist, daß entsprechende kompetente Stellen in vielen Ländern bis heute fehlen. Nicht umsonst hat eine von der EU vor einiger Zeit eingesetzte Expertenkommission festgestellt, daß die im Jahr 1973 in Kraft gesetzte Niederspannungs-Richtlinie nur ungenügend in die Praxis umgesetzt worden ist, und dies nach rund 20 Jahren! Im Gegensatz dazu haben die privaten Prüf- und Zertifizierungsorganisationen Mittel und Wege gefunden, ihre Konformitätszeichen zu schützen und die mißbräuchliche Verwendung wenn nötig vor dem Richter einzuklagen. In der Schweiz wacht das Eidg. Starkstrominspektorat durch gezielte Marktkontrollen über die Einhaltung der Bestimmungen der NEV und die mißbräuchliche Verwendung des schweizerischen Sicherheitszeichens und dies mit nachweisbarem Erfolg.

### 6. Die Beurteilung der Prüf- und Zertifizierungspraxis durch den Markt

Behördliche Vorschriften und damit zusammenhängende Verfahren stoßen nicht überall auf Verständnis. Diese Binsenwahrheit ist auch für das Prüf- und Zertifizierungswesen gültig, soweit es behördlich geregelt ist. Der Ruf nach Deregulierung füllt die Spalten der Presse und beschäftigt die Medien aller Schattierungen. Hauptgegenstand der Kritik bildet dabei nicht unbedingt die Tatsache, daß Erzeugnisse geprüft bzw. zertifiziert werden müssen; kritisiert werden die von Land zu Land unterschiedlichen Normen und Verfahren, welche kostenverteuernd wirken und den freien Warenverkehr hemmen. Gelegentlich stehen aber auch Prüfkosten und

Prüftermine im Kreuzfeuer der Kritik. Dies ergibt sich aus einer Marktumfrage, die der SEV vor kurzer Zeit durchgeführt hat. Zusammenfassend läßt sich folgendes feststellen: Hersteller, die ihre Erzeugnisse regional oder weltweit vermarkten, befürworten im allgemeinen harmonisierte Prüf- und Zertifizierungsverfahren, welche ihnen die Märkte öffnen und behördliche Kontrollen vereinfachen. Sie sehen in der Zertifizierung der Erzeugnisse auch eine wertvolle Unterstützung ihrer Bestrebungen, Haftpflichtrisiken zu vermindern. Die Errichter möchten sich beim Einkauf von Komponenten auf zertifizierte Erzeugnisse stützen können und so ihrerseits Risiken vermeiden. Weniger klar ist die Haltung der Konsumenten, welche einerseits sichere Produkte kaufen möchten, andrerseits aber eine Verteuerung derselben durch Prüf- und Zertifizierungsaktivitäten befürchten. In diesem Spannungsfeld sollten Prüf- und Zertifizierungsorganisationen Mittler sein zwischen Produzent und Konsument und ihre Aufgabe nicht in erster Linie darin sehen, möglichst viel Geld zu verdienen, sondern einen maßgebenden Beitrag zur Erreichung und Aufrechterhaltung eines genügenden Sicherheitsniveaus auf dem Gebiet der elektrotechnischen Erzeugnisse zu leisten. Nur so können sie ihre wichtige Aufgabe bei der Konformitätsbewertung der Erzeugnisse wahrnehmen und werden in der Folge davon vom Markt auch als kompetente Partner akzeptiert.

**Kontaktadressen:**

Für allgemeine Anfragen:
Schweizerischer Elektrotechnischer Verein SEV
Internationale Beziehungen
Luppmenstrasse 1
CH-8320 Fehraltorf
Telefon: +41 1 956 11 03   Telefax: +41 1 956 13 21

Für Prüfung und Zertifizierung:
SEV Prüfung und Zertifizierung
Luppmenstrasse 1
CH-8320 Fehraltorf
Telefon: +41 1 956 13 10   Telefax: +41 1 956 13 21

Für Zulassung und Bewilligung:

Eidgenössisches Starkstrominspektorat ESTI

Luppmenstrasse 1

CH-8320 Fehraltorf

Telefon: +41 1 956 12 12    Telefax: +41 1 956 12 22

# Ein Überblick über die Prüfung und Zertifizierung im UK

John H. S. Craig, BASEC, Silbury Court, England

John H. S. Craig, Silbury Court

# Ein Überblick über die Prüfung und Zertifizierung im UK

Man könnte annehmen, daß in einem Land mit ca. achtundzwanzigtausend nach ISO 9000 ausgesprochenen Zertifizierungen im Qualitätsbereich alles gut läuft, und daß der Rest der Welt dieser Führung mit einem gewissen Gleichmut folgen könnte. Meiner Meinung nach ist dies nicht der Fall, da das UK in gewissem Sinne sowohl das Opfer des eigenen Erfolges als auch das Opfer des zufälligen Ereignisses ist, das die UK-Regierung vollständig auf die Mechanismen des freien Marktes umgestellt hat.

In der Vergangenheit war es normal, daß die Zertifizierungsstellen Behörden waren, die keinen Profit machten und sich dem Ethos verschrieben, dem Qualitätsmarktsektor ohne Gewinndruck zu dienen. Aus einer Vielzahl von Gründen hat sich dies so geändert, daß es nunmehr über dreißig akkreditierte Organisationen im UK gibt, die für die Zertifizierungsgeschäfte in Wettbewerb treten und von denen einige auf Profit ausgerichtet sind. Obwohl man dies in einer Marktwirtschaft als ein gutes Prinzip beurteilen könnte, bedeutet es tatsächlich, daß alle Zertifizierungsorganisationen dazu tendieren, preislich in einen Wettbewerb zu treten, und dies verringert mehr oder weniger die Qualität und die Gründlichkeit der geleisteten Dienste.

Die Auswirkung dieses Vorgehens dürfte in der Vergrößerung des Abstandes zwischen den relativ billigen und eventuell auch qualitativ nicht so hochwertigen Zertifizierungsstellen und den teureren Marktführern zu sehen sein. Die nationale Akkreditierungsbehörde der UK-Regierung, das National ACCreditation Body (NACCB), war offensichtlich nicht in der Lage, die Angebote der verschiedenen Organisationen durch den Einsatz eines Überwachungssystems auszugleichen, mit dem Resultat, daß es klar feststellbar Organisationen gibt, die weniger gründlich sind, und solche, die gründlicher sind.

Wiederum hat das Prinzip der Marktwirtschaft zu einer Anzahl von neuen Organisationen geführt, um "Sektor"-Akkreditierungen außerhalb der Hauptrichtung für Bereiche zu entwickeln, die die Umwelt-, Software-, Wasser- und die Flugtechnik umfassen. Die Industrie sieht entsetzt zu, da letztlich die Kosten für die Akkreditierungen bzw. Zertifizierungen aufgrund solcher ungeregelter Aktivitäten eskalieren werden. Was Industrie und Handel bei weitem vorziehen würden, wäre ein "one-stop shop" für die Zertifizierung ohne ein übermäßiges Gewinnstreben durch die "Zertifizierungsindustrie".

Während die ungeregelte Situation im UK offensichtlich tatsächlich Amok läuft, schließen die Leiter der Akkreditierungs- und Zertifizierungsorganisationen multinationale Verträge für die gegenseitige Anerkennung auf den Akkreditierungs- und Zertifizierungsebenen ab. Aus einem Bericht einer der höchsten Organisationen scheint es, daß diese gegenseitige Anerkennung eher um ihrer selbst willen verfolgt wird, als daß die Anerkennung auf dem Fachwissen der Dienstleister basiert.

Für jene Leute, die sich mit internationaler Komiteearbeit über technische und Qualitätsnormen befassen, ist schnell offensichtlich, daß die Norm der Qualitätssysteme von Land zu Land unterschiedlich ist. Denn trotz der Diskussion über das Setzen von Maßstäben für eine kontinuierliche Verbesserung fällt es bei der Qualitätsindustrie ins Auge, daß sie in Europa keinerlei Maßstäbe setzt. Mit einer Ausnahme, der HAR-Vereinigung für Niederspannungskabel, scheint das Vertrauensniveau für gute Produkte von einigen der anderen Vereinigungen außergewöhnlich gering zu sein.

Verschiedene Organisationen wie ELSECOM und EOTC wurden ins Leben gerufen, um die Prüfung und Zertifizierung in Europa zu regeln. Sie stellen aber nach Ansicht einiger freiwilliger Vereinigungen keinen zusätzlichen Wert dar. Als Nebenprodukt der von der UK-Regierung angeregten Expansion des EU-Marktes bis zu dem Punkt, an dem ein solcher Markt nicht mehr durch Einstimmigkeit getragen werden kann und wo der Freihandel um jeden Preis eine gefühlsbeladene Berücksichtigung erfährt, muß befürchtet werden, daß die Leistungsnormen der verschiedenen

Vereinigungen und Interessenverbände durch die geforderte "Offenheit" im EOTC verwässert werden.

Diese Befürchtung, daß die freiwillige Zertifizierung - bisher durch die Interessenverbände geregelt - sinnlos wird, weil die dort erstellten technischen Normen nur noch in Form eines kleinsten gemeinsamen Nenners im EOTC überleben werden, teilt die Regierung nicht.

Vielmehr ist es so, daß die EU-Kommission Normen mit zu hohen technischen Anforderungen als Handelsbarriere erklären und damit aufheben kann und so auch Billigproduzenten mit geringem Qualitätsstandard auf den Markt kommen.

Dies kann ferner durch die Tatsache hervorgehoben werden, daß solche Organisationen wie BASEC und VDE Zertifikate vergeben, die viel mehr wert sind als solche von Zertifizierungsorganisationen anderer Länder. Die Kommission beabsichtigt offensichtlich, schließlich die Prüfzeichen des BASEC und VDE "zu ächten" und sie durch anonyme Zahlen zu ersetzen, so daß die Käufer nicht mehr zwischen den guten und den weniger guten Zertifizierungsstellen unterscheiden können.

Die Welt ist sicherlich ein eigentümlicher Ort geworden, wenn die Regierungen versuchen, seit langem bestehende technische Vereinbarungen und Normen der Mülltonne der Geschichte zu überantworten, aufgrund einer wenig bedachten und vorschnellen Entscheidung zum Freihandel. Der unvermeidliche Effekt ist, das im UK die Erzeuger das Produkt "verbilligen" müssen, um auf dem Markt zu bleiben, oder sogar in den Ländern der Zweiten und Dritten Welt Fabriken einzurichten und dann jene Produktions-Kapazitäten aus dem UK entfernen.

Während in vielen Ländern in Europa mit einem den Kunden schützenden Probenahmeplan gearbeitet wird, um den Import von nicht zufriedenstellenden Kabeln zu vermeiden, ist die Ansicht der UK-Regierung, daß es zukünftig in den Häfen keine Wareneingangsuntersuchungen mehr gibt und kein Konsumentenschutz mehr geltend gemacht werden kann, bevor es nicht ein tatsächliches Problem auf dem Markt gibt. Beispielsweise, wenn ein Gebäude niedergebrannt ist oder jemand aufgrund eines schlechten Kabels durch Elektroschock starb.

Es muß betont werden, daß die britischen Kabelhersteller selbst in diesen schwierigen Zeiten keine Angst haben, auf dem Weltmarkt in Wettbewerb zu treten, aber sie würden es bevorzugen, wenn die Bedingungen für alle gleich sind. Zu diesem Zweck hat BASEC eine bedeutende Rolle gespielt, indem es einige Hindernisse beseitigte, Fabriken auf der ganzen Welt besichtigte, um sicherzustellen, daß die Maßstäbe, welche der Zertifizierung zugrunde liegen, genau dieselben sind wie jene, die im UK angewendet werden.

Eines der Folgeprobleme ist, daß einige Kabel dadurch verbilligt werden, daß mit der geringsten zulässigen Kupfermenge im Leiter gearbeitet wird und die Isolierstoffmengen so gering wie möglich gehalten werden: weniger Kupfer bedeutet mehr Wärme und weniger Isolierung bedeutet ein geringeres Isolationsniveau. Inzwischen wird das Produkt auch noch sehr schnell extrudiert, mit der Möglichkeit, daß es sowohl positive als auch negative Variationen in diesem Prozeß gibt, was zu einem noch größeren Ausfallpotential und gefährlichen, möglicherweise katastrophalen Ergebnissen führt. Viele der Installateure, die Kabel kaufen, werden kaum beraten. Und da sie die vorhandenen Gefahren nicht zwangsläufig erkennen, kann es sein, daß sie Kabel schlechter Qualität einbauen. Dies ist für keinen der europäischen Zertifizierungsdienste gut!

In der Zwischenzeit verteidigen solche Organisationen wie BASEC heftig ihre Rechtschaffenheit und ihre Integrität, um in der Lage zu sein, für sich selbst einen sehr hohen Leistungsstandard aufrecht zu erhalten und folglich in der Lage zu sein, von ihren Klienten ein hohes Leistungsniveau zu fordern. Das Ziel muß eine bestimmte, festgestellte Kosteneinsparung für den Klienten sein und nicht einfach ein Stück eines Zertifizierungspapiers auf der Fabrikwand.

BASEC ist der Meinung, daß nur wenige Zertifizierungsstellen einen gleichwertigen Status und die gleichwertige Fähigkeit im Bereich der Zertifizierung von Kabeln haben. Es nimmt an keiner gegenseitigen europäischen Anerkennung teil, da es bei der Anwendung der Zertifizierung keine Gleichheit gibt. Wir betrachten solch eine gegenseitige Anerkennung innerhalb der europäischen Zertifizierungsorganisation mit außergewöhnlich großer Skepsis. Solche gegenseitigen Vereinbarungen können das ganze Qualitätsethos in Verruf bringen, wenn es keine Gegenseitigkeit in bezug auf die Leistung gibt!

Wo steuern wir also hin? Nun, die wohlbekannte staatliche Meinung geht in die Richtung "weniger Staat" und "weniger Bürokratie". Aber was den Qualitätsdiensten und den Benutzern gegenwärtig auferlegt wird, ist tatsächlich mehr Staat und mehr Bürokratie. Die Leute müssen offen für einen wirklich freien Markt bei der Zertifizierung sprechen, und sie müssen jene Regierungen und die Europäische Kommission anflehen, sich aus dem System herauszuhalten, das ca. 20 Jahre lang gut funktioniert hat.

Dies bedeutet jedoch, daß die stärksten Zertifizierungsorganisationen ein großes Stück vom verfügbaren Kuchen haben wollen, und daß die schwächeren Organisationen es schwerer haben werden: die Leute, die davon profitieren werden, sind die Kunden.

Darum gibt es solche Organisationen wie BASEC.

**Die Entwicklung und Verwendung von Tests und Zertifizierungssystemen in Italien**

Dr.-Ing. Alfonso Caccia Dominioni, CESI, Mailand, Italien

Dr.-Ing. Alfonso Caccia Dominioni, Mailand

# Die Entwicklung und Verwendung von Tests und Zertifizierungssystemen in Italien

## 1. Prüfung und Zertifizierung von Elektroprodukten in Italien

Seit Beginn des 20. Jahrhunderts wurde die Praxis der Prüfung in Italien entwickelt, und zwar zunächst im Hinblick auf die Prüfung verschiedenster Produkte und schließlich auch bezüglich der Prüfung von Elektroprodukten.

Seit den frühen Anfängen der Anwendung von Strom hat die Industrie erkannt, daß es einen dringenden Bedarf gab, diese Technologie zu beherrschen, und begann mit der Entwicklung von Prüfmethoden sowie einer angemessenen Normung. Seit damals sind die Bewertung der Anforderungen bezüglich der Gebrauchstauglichkeit von Produkten und der Schutz gegen elektrische Gefahren ein wesentliches Problem.

Die Einrichtung von formellen Zertifizierungssystemen in dem Sinne, wie wir sie heute verwenden, begann bereits in den frühen Fünfziger Jahren, um die weite Verbreitung von Haushaltsgeräten mit einer angemessenen Sicherheitsbescheinigung zu unterstützen. Die nachfolgende Entwicklung führte dazu, daß ebenfalls bei Industrieprodukten andere Aspekte wie die der Konformität einschl. der Gebrauchstauglichkeit, der Umweltverträglichkeit, der Austauschbarkeit und ähnliches erfaßt wurden.

Die Abnahmeverfahren sind unterschiedlich und hängen von den Kategorien der Produkte ab. Dabei werden sowohl die Abnehmer berücksichtigt, für die die Produkte entwickelt wurden, als auch die Charakteristiken der Hersteller bzw. Lieferanten.

Die verschiedenen Bewertungsmethoden hängen ab von:
- der Erfahrung der Kunden,
- dem Volumen der Serienproduktion,
- der Entwicklungsstufe der Technologie, die in die Produkte eingearbeitet ist.

Die **Zertifizierung durch einen Dritten**, die in Übereinstimmung mit den veröffentlichten Plänen durchgeführt wird und die Konformität mit den festgelegten Anforderungen (normalerweise den Normen) bescheinigt, ist die gebräuchliche Praxis für Produkte, die für unerfahrene Anwender (Konsumgüter) gedacht sind. Die Zertifizierung wird auch bei den Industrieprodukten gut angenommen, wenn diese einem Standarddesign entsprechen und für den Export in mehrere Länder gedacht sind, hauptsächlich außerhalb der EU.

In diesem Zusammenhang finden die Kunden eine zufriedenstellende und schnelle Antwort auf ihr Bedürfnis, Nachweise für die Konformität zu erhalten, selbst wenn sie nicht die entsprechenden Kenntnisse besitzen, die Produkte selbst zu bewerten. Folglich schätzen die Hersteller bzw. Lieferanten die Drittbescheinigung, die ihnen eine einmalige Zertifizierung bietet, die im voraus für mehrere mögliche Kunden annehmbar ist. Die Zertifizierung mindert die Gesamtkosten für den Nachweis der Gebrauchstauglichkeit, beschleunigt die Marketingverfahren und liefert eine wesentliche Grundlage im Fall von Streitigkeiten.

Soll die elektrische Industrieausrüstung speziellen Anforderungen entsprechen, ist eine Zertifizierung nicht immer die optimale Lösung. Wird ein Produkt einem geforderten Design gemäß hergestellt, welches für dieses Produkt spezifisch ist und somit den Anforderungen des Kunden entspricht, können zwischen den Parteien Vereinbarungen getroffen werden, die von den Normen abweichen. Ist dies der Fall, dann ist eine direkte Verbindung zwischen dem Lieferanten und dem Kunden, nach Bedarf unterstützt durch ihre Berater, wahrscheinlich die geeignetere Lösung. **Eine Prüfung im Beisein des Auftraggebers** ist eine teure Praxis, aber sie wird oft durch den Wert der Ausrüstung gerechtfertigt. Sie untersagt nicht das Einbeziehen einer dritten Partei, die von beiden unabhängig ist. Diese Möglichkeit bietet Vorteile bei der Beilegung von möglichen Streitigkeiten, sollte aber nicht als ein Zertifizierungsverfahren in dem Sinne angesehen werden, wie wir es heute verwenden.

Nach einem Standarddesign serienmäßig hergestellte elektrische Industrieprodukte, die mit den Normen übereinstimmen, werden im allgemeinen nur einer

**Konformitätserklärung** unterworfen, die aufgrund von Prüfungen ausgesprochen wird, die der Hersteller selbst durchführen kann. Dies ist auf dem nationalen Markt eine gebräuchliche Praxis, wenn die Produkte an erfahrene Anwender geliefert werden, die ein ausreichendes technisches Wissen haben, um die Konformität selbst mit der Unterstützung der mitgelieferten Prüfdokumente und auf der Basis eines gut etablierten Vertrauens zwischen Kunden und Lieferanten zu bewerten.

Welche Methode man auch anwendet, der Nachweis der Konformität erfordert eine wesentliche Unterstützung durch Testergebnisse. Gemäß den gegenwärtigen Konzepten der Qualitätssicherung in Übereinstimmung mit ISO 9000 ist die Prüfung das typische Werkzeug, um den Nachweis der Gebrauchstauglichkeit und die Produktionskontrolle durchzuführen.

## 2. Die Auswirkung der europäischen und internationalen Normung auf die Prüfung und Zertifizierung - Richtlinien EN 45000 und ISO IEC

Die Standardanforderung bezüglich der Testlabors und der Zertifizierungsbehörden, hauptsächlich die ISO-IEC-Richtlinien, waren vor 1988 in Italien eingeschränkt verbreitet. Ihre grundsätzlichen Konzepte wurden im Rahmen des italienischen Systems für die Kalibrierung von Meßinstrumenten (SNT-Sistema Nazionale di Taratura), von den nationalen Zertifizierungsbehörden und für einige Spezialzwecke (Kernkraft, Verteidigung, Luft- und Raumfahrtindustrie) verwendet.

Eine schnelle Entwicklung ergab sich ab 1988, als CEN und CENELEC die neuen Normen der Reihe EN 45000 herausgaben, und auch im Zusammenhang mit der Lancierung des globalen EU-Verfahrens. Die Normen wurden 1989 von UNI-Ente Italiano di Unificazione und dem CEI-Comitato Elettrotechnico Italiano, den nationalen Normungsbehörden, angenommen.

Seit der Zeit wurden die EN-Normen von allen als Referenzanforderungen zum Thema Prüfung und Zertifizierung akzeptiert. Die Kenntnis ihrer grundsätzlichen Konzepte ist nunmehr in der Industrie etabliert, und diejenigen, die bereits heute damit übereinstimmen, haben gegenwärtig ein besseres Ansehen.

Es kann nicht gesagt werden, daß die Übereinstimmung mit den Normen EN 45000 bereits eine Standardbedingung für die Akzeptanz von Tests und Zertifizierungen durch den Markt ist, aber die Situation entwickelt sich schnell in diese Richtung. Die größeren Versorgungsunternehmen schließen seit kurzem eben jene Anforderung (nicht notwendigerweise durch Akkreditierung unterstützt) in ihr Lieferantenqualifizierungsprogramm mit ein. Dieselben Kriterien werden von der italienischen Regierung angewendet, um Behörden zu benennen, bei denen Zertifizierungen aufgrund von regulativen Zwecken mit Bezug auf die EU-Direktiven (neue Methode und öffentliche Beschaffung) erforderlich sind.

### 3. Nachweis und Dokumentation der Erfüllung der Sicherheitsanforderungen

Das Ziel der Sicherstellung des freien Umlaufs der Produkte auf dem Einheitsmarkt zusammen mit der Sicherstellung einer angemessenen Sicherheit für die Bürger haben die EU dazu geführt, sowohl die unterschiedlichen nationalen Vorschriften zu beseitigen, die eine Benachteiligung von Produkten aus anderen europäischen Ländern erlaubten als auch die Annahme der Produkte durch den Markt zu fördern.

Die Schlüsselpunkte, auf die sich die Kommission von Anfang an konzentrierte, waren die Bedürfnisse:
- einen umfassenden Satz an harmonisierten technischen Normen festzulegen, die ausreichen, um die wesentlichen Sicherheitsanforderungen detailliert zu beschreiben,
- die Prüfungs- und Zertifizierungsverfahren zu harmonisieren und
- die Resultate solcher Aktivitäten mit ausreichendem Vertrauen in ganz Europa zu verbreiten.

Der Nachweis der Übereinstimmung der Produkte mit den Sicherheitsanforderungen wird hauptsächlich dem Lieferanten selbst überlassen. Abgesehen von Sonderfällen, bei denen dies die Aufgabe der zuständigen Behörden ist, die unter die Kontrolle der Mitgliedsstaaten fallen.

Es bestand der Bedarf, sicherzustellen, daß das europäische System glaubhafte Konformitätsbescheinigungen liefern würde, um die Erwartungen der Regierungen und der Kunden zu befriedigen. Dies setzt ein ausreichendes Maß an Vertrauen in die Produkte voraus, die auf den Markt kommen.

Die Veröffentlichungen von detaillierten Kriterien für die Konformitätsbewertungsbehörden sind zusammen mit der Einrichtung von nationalen Akkreditierungssystemen und einer regionalen Koordination (EOTC), die von der EU gefördert wird, der Rahmen, in dem solch ein Vertrauen aufgebaut werden kann.

Der Einheitsmarkt kann zur Zufriedenheit von allen arbeiten, vorausgesetzt, daß solche Werkzeuge angemessen genutzt werden, um ausreichendes Vertrauen in das System zu bewahren. Wenn dieses Ziel verfehlt wird, würde eine stärkere Überwachung erforderlich, entweder durch die Regierungen oder die Kunden, was die möglichen Vorteile des Einheitsmarktes unterminieren könnte.

## 4. Die Anerkennung der Testresultate und Zertifizierungen in ganz Europa

Eine Diskussion bezüglich der Annahme der Testresultate und Zertifizierungen erfordert ein klares Verständnis der Interessen der Parteien, die zufriedenzustellen sind. Die betroffenen Parteien sind die Regierungen, die Gerichte, die Versicherer, die Kunden, die Zertifizierungsbehörden.
Die EU-Politik stellt gemäß der globalen Methode von 1989 sicher, daß jede Zertifizierung oder Erklärung der Konformität, die in einem Land gemäß den Akkreditierungsverfahren nach Richtlinie ausgegeben wird, von den **Regierungen** in jedem anderen Land der EU akzeptiert werden müssen. In diesem Sinne wird eine gegenseitige Anerkennung in ganz Europa durch das Gesetz sichergestellt. Eine Regierung kann keine Einwände erheben im Hinblick auf die Annehmbarkeit der Testresultate und Zertifizierungen, die im Ausland hergestellt wurden, wenn es nicht eindeutige Beweise dafür gibt, daß sie falsch sind.
Im Fall eines Streites kann von den nationalen **Gerichtshöfen** ein Urteil gefordert werden. Ihre Haltung gegenüber den Testberichten und Zertifizierungen variiert wahrscheinlich in den einzelnen EU-Ländern. Es ist jedoch davon auszugehen, daß

die Gültigkeit der experimentellen Daten und Zertifizierungen durch die Richter geprüft werden und nicht auf einer reinen Vertrauensbasis übernommen werden. Ein Ergebnis wird erst dann akzeptiert werden, wenn es durch Beweise abgesichert ist.

Von den **Versicherern** wird erwartet, daß sie sich gründlicher mit der Angelegenheit der Tests und Zertifizierungen befassen als heutzutage. Es liegt sowohl in ihrem Interesse als auch in dem des ganzen Marktes, daß die Hersteller angeregt werden, mehr Kontrolle über die Qualität ihrer Produkte zu haben. Die Versicherer sollten erkennen, daß die Prüfung und Zertifizierung eine größere Kontrolle und weniger Risiken impliziert, was zu geringeren Versicherungsgebühren führen könnte.

Bezugnehmend auf die **Kunden** ist klar, daß es bei unserem Markt keine Gelegenheit gibt, ihre Wahl bezüglich der zu kaufenden Produkte zu forcieren. Keine Vorschriften könnten ihr Recht zunichte machen, die eine Marke der anderen vorzuziehen, sowohl was die Produkte als auch die Konformitätszeichen betrifft, nach denen man sehen muß. Die Akzeptanz von Tests und Zertifizierungen durch die Kunden ist eher ein Marketingproblem und kann nur durch einen langwierigen Prozeß erreicht werden, der die Förderung des Vertrauens durch die Etablierung und Aufrechterhaltung eines hohen Qualitätsniveaus beim gesamten Zertifizierungsprozeß mit sich bringt. Das Vertrauen, das die bekanntesten Zertifizierungsbehörden und -labors in den Jahrzehnten gesammelt haben, sollte zu jenem Zweck geschützt und entwickelt werden.

Gegenwärtig werden einige Projekte durchgeführt, um die bestehenden Prüfzeichen durch neue internationale allgemeine Zertifizierungssysteme zu ersetzen, wobei die Behörden, die gegenwärtig die Produkte bewerten, in einem globalen System keine Rolle mehr spielen sollten. Es sollte eine angemessene Untersuchung durchgeführt werden, bevor man solche Projekte annimmt, um sicherzustellen, daß die Reaktion des Kunden positiv ist und nicht zu einem allgemeinen Vertrauensverlust führt.

Auch muß die Anerkennung der Labors durch Zertifizierungsbehörden in Betracht gezogen werden, wobei man berücksichtigt, daß es nach EN 45011 möglich ist Zertifizierungen auf der Grundlage von Tests auszugeben, die in vielen verschiedenen

Prüfstationen durchgeführt wurden, spezifisch für die einzelnen betroffenen Techniken, zu verschiedenen Zeiten und sogar an unterschiedlichen Testproben. In diesem Zusammenhang sollten die Zertifizierungsbehörden die vollständige Kontrolle des gesamten Prozesses sicherstellen, was für sie impliziert, die volle Verantwortung für die Kompetenz der beauftragten Labors zu übernehmen. Eine tiefgehende Harmonisierung der Verfahren und ein starkes Vertrauen zwischen den Partnern ist notwendig. Dies kann unter Umständen noch eine gewisse Zeit dauern.

### 5. Die Zukunft der Sicherheitszeichen in der neuen Prüf- und Zertifizierungswelt

Im letzten Jahr hat es beträchtliche Debatten zu dem Thema der letzten Ergänzung der Niederspannungsdirektive der EU gegeben, durch die das Verfahren, das seit 1973 in Kraft ist, bezüglich der Verwendung der CE-Markierung ergänzt wurde.

Die allgemeine Meinung in Italien ist, daß die Streichung jeden Bezugs in der Direktive auf die nationalen Konformitätszeichen keinen nachteiligen Effekt auf die Verbreitung der Konformitätsbescheinigung haben sollte.

Die Vorschriften, die den Sektor fast zwanzig Jahre lang geregelt haben, boten dem Lieferanten bereits die Gelegenheit, Konformitätsbescheinigungen zu verwenden. Dies war aber nicht zwingend. Die starke Entwicklung von Zertifizierungen und Prüfzeichen für einige Produktkategorien beweist ihre Annahme sowohl durch die Kunden als auch die Lieferanten. Die Niederspannungsdirektive kann bei der Förderung der Prüfzeichen geholfen haben, aber es gibt Beweise, daß die Zertifizierung selbst eine Methode ist, die Anforderungen beider Parteien zu erfüllen.

Es gibt keinen Grund, zu glauben, daß es eine wesentliche Änderung in der Haltung des Marktes gibt. Es ist im Gegenteil wahrscheinlich, daß der wachsende Austausch mit Drittländern dazu führt, daß die Zertifizierung als ein Werkzeug angesehen wird, um den europäischen Produkten im Hinblick auf außereuropäische (importierte) Produkte einen zusätzlichen Anreiz zu geben.

## 6. Die Akkreditierung von Labors und Zertifizierungsbehörden

### 6.1. Die Lage in Italien vor den Normen EN 45000

Vor der Annahme der Normen der Reihe EN 45000 war die Bewertung der Kompetenz von Testlabors für den Elektrosektor in Italien bereits allgemeine Praxis. Sie wurde unter verschiedenen Namen durch mehrere Behörden (Regierung, größere Kunden, Zertifizierungsbehörden, das nationale Kalibriersystem) für ihre spezifischen Zwecke durchgeführt. Diese Praxis war jedoch auf eine begrenzte Zahl von Labors beschränkt.

Die Akkreditierer verwendeten verschiedene Kriterien für die Anerkennung von Laboratorien, und wegen des Mangels an Koordination der Anforderungen und Verfahren war es einem Labor möglich, wiederholte Bewertungen durch unterschiedliche Behörden zu unterlaufen, während die Mehrzahl der italienischen Labors überhaupt nicht bewertet wurde.

Es gab keine Standardvorschrift für die Akkreditierung von Zertifizierungsbehörden, und außerdem wurde der Unterschied zwischen ihnen und den Testlabors im Sinne der gegenwärtigen Normen nicht erkannt.

### 6.2. Die gegenwärtige Lage

Folgende Behörden bieten gegenwärtig eine Akkreditierung von Labors in Italien an:
- SINAL (Sistema Nazionale per l'Accreditamento dei Laboratori), Mitglied von WELAC,
- SNT (Sistema Nazionale die Taratura), Mitglied von WECC,
- CIMECO (Comitato Italiano per le Metodologie di Controllo), Mitglied von ECITC.

SNT, die Akkreditierungsbehörde für die Kalibrierlabors, wurde von nationalen metrologischen Instituten gegründet. SINAL, die Akkreditierungsbehörde für Testlabors, wurde von den normativen italienischen Behörden, UNI und CEI, gefördert und erhielt die Unterstützung der Regierung und der wichtigen nationalen Organisationen für Industrie und Handel. CIMECO, das ebenfalls von UNI und CEI gegründet wurde, deckt die Labore für die Prüfung von Informationstechnologie-Produkten ab.

SINAL, SNT und CIMECO bewerten und überwachen die Laborkompetenz im Hinblick auf die Anforderungen der Norm EN 45001. Bis heute haben sie ca. 200 Labors akkreditiert, und die Zahl wächst mit einer Größe von ca. 40 pro Jahr.

Es kann nicht gesagt werden, daß die Akkreditierung bis jetzt eine wesentliche Auswirkung auf den italienischen Markt hatte; die große Mehrheit der zu Tausenden vorhandenen Labors, entweder unabhängig oder innerbetrieblich, wurde von der Akkreditierungspraxis noch nicht berührt, aber es ist unwahrscheinlich, daß nur eine Minderheit bereits den Anforderungen von EN 45001 entspricht. Die beglaubigten Labors, die Elektroprodukte prüfen, gehen nicht über zehn hinaus.

Es ist jedoch anzumerken, daß, selbst wenn die Akkreditierungen von SINAL, SNT und CIMECO gegenwärtig nicht als notwendige Bedingung für den Einstieg in das Prüfgeschäft gefordert werden, sie dennoch von allen Parteien anerkannt werden. Es ist wahrscheinlich, daß sie in angemessener Zeit über alle anderen bestehenden Akkreditierungen dominieren werden.

Neben den spezialisierten Akkreditierungsbehörden sollten wir über die Tätigkeit der Regierung selbst berichten, die die Aufgabe übernommen hat, der Kommission der EU die kompetenten Labors für die Zwecke der EU-Direktiven zu nennen. Die Kriterien und Verfahren, die die italienische Regierung verwendet, um die Labors zu benennen, waren historisch nicht dieselben, wie sie von der EN 45001 spezifizert werden, aber es scheint, daß sie zur gegebenen Zeit angepaßt werden.

### 6.3 Die Akkreditierung der Zertifizierungsstellen

Jahrzehntelang war man in Italien der Meinung, daß die Zertifizierungsstellen keine Anerkennung durch andere Organisationen benötigten, da sie ihre Glaubwürdigkeit täglich auf dem Markt beweisen.

Seit kurzem wurde unter dem Druck der EU-Kommission die Zertifizierung ein wichtiges Element für die Gründung des Einheitsmarktes: sie konnte sowohl den Konformitätsnachweis für zwingende wichtige Anforderungen liefern als auch die Akzeptanz neuer Produkte durch die Kunden erleichtert. Sie ist also als ein Werkzeug zur Erleichterung des Produktumlaufs anzusehen, wenn sie in jenem Sinne gemanagt wird.

Man war der Meinung, daß die Industrie häufiger auf die Zertifikate zurückgreifen würde, einerseits, um die Übereinstimmung mit den Vorschriften zu dokumentieren oder um sich selbst freiwillig mit einem leistungsfähigen Marketingwerkzeug auszurüsten. Es hätte dann einen Bedarf an neuen Zertifizierungsstellen gegeben, die möglicherweise keine oder nur wenig Erfahrung auf dem Markt gehabt hätten.

Die Akkreditierung der Zertifizierungsbehörden ist gegenwärtig die Aufgabe von SINCERT und CIMECO, zwei Behörden, die von UNI und CEI gegründet wurden. CIMECO wurde zuerst gegründet als Antwort auf einen Bedarf, der von dem Informationstechnologie(IT)-Sektor stammte, und es deckt die Akkreditierung sowohl von Labors als auch Zertifizierungsstellen, die sich mit IT-Produkten und -Dienstleistungen befassen, ab. Später wurde SINCERT gegründet, das die Möglichkeit hat, jede Art von Zertifizierungsstellen gemäß den Anforderungen von EN 45011, 45012 und 45013 (Zertifizierung von Produkten, Qualitätssystemen und Personal) zu akkreditieren.

Die Akkreditierung von Zertifizierungsstellen ist immer dann eine Funktion der Regierung, wenn sie eine Behörde benennt, die die Konformität von Produkten gemäß der spezifischen EU-Richtlinie bescheinigt. Die Mindestanforderungen, die auf die zu ernennenden Behörden anwendbar sind, sind in den Direktiven selbst enthalten, die ein Teil der Normen EN 45011 und 45012 sind. Die Bewertung, daß eine Zertifizierungsstelle solchen Anforderungen entspricht, wird von der Regierung durchgeführt. Weder eine vollständige Konformität mit den Normen noch eine Akkreditierung durch SINCERT sind erforderlich. Es ist andererseits aber nicht unbedingt erforderlich, daß eine Zertifizierungsstelle automatisch von der italienischen Regierung ernannt wird.

## 6.4. Das italienische System für Zertifizierungen

Die Situation der Zertifizierungen und Akkreditierungen ist in den letzten Jahren in Italien viel diskutiert worden, und das Parlament hat ausführlich einen Entwurf für ein Gesetz erörtert, das "Das italienische System für Zertifizierung" betrifft. Dieses soll die Tätigkeit der Testlabors, der Zertifizierungs- und Akkreditierungsbehörden regeln. Die Grundideen waren:

- die Zertifizierung sollte sowohl bei vorgeschriebenen als auch freiwilligen Akkreditierungen der Zertifizierungsbehörde unterliegen und sollte die Verwendung von Tests implizieren, die in akkreditierten Labors durchgeführt werden,
- die Akkreditierung sollte von einer begrenzten Zahl von privaten Stellen herausgegeben werden, die alle Parteien, basierend auf einer Delegation der Regierung, repräsentieren und möglicherweise - für spezielle Vorhaben - durch einige Institutionen der Regierung selbst.

Das Projekt wurde soweit genehmigt, aber es ist wahrscheinlich, daß sich das neue Parlament nochmals mit dem Thema befassen wird.

## 7. Die Rolle von CESI

CESI war seit 1956 im gesamten Bereich der Prüfung und Zertifizierung von elektrischen Produkten tätig. Ihre Labors sind die größten in Italien und sie befinden sich für die Hochspannungs-, die Hochleistungs- sowie die EMC-Prüfung an der Spitze in Europa und weltweit. CESI wurde 1992 von SINAL für alle Kategorien der durchgeführten Tests akkreditiert und wurde ebenfalls 1993 vom DAT, der deutschen Akkreditierungsbehörde, akkreditiert.

Das Zertifizierungssystem von CESI deckt Niederspannungs- und Hochspannungsanlagen für die Industrie und Elektroprodukte für explosionsgeschützte Anlagen ab. CESI erhielt die Akkreditierung als Zertifizierungsbehörde von SINCERT im Jahre 1994.

Gegenwärtig unterhält CESI Verbindungen zu den entsprechenden Organisationen in ganz Europa und ist Mitglied der entsprechenden Verständigungskomitees, die von EOTC, der European Organization for Testing and Certification, anerkannt werden. CESI ist aktiv im STLA (Short-circuit Testing Liaison Agreement), in EMCIT (EMC Information Technology Agreement) sowie im HOTL (Heads of Testing Laboratories).

CESI wurde von der italienischen Regierung in bezug auf die Niederspannungsdirektive, die Direktive für explosionsgeschützte Anlagen und die Direktive für die elektromagnetische Kompatibilität als zuständige Stelle benannt.

## Die Bedeutung des Prüf- und Zertifizierungswesens für Hersteller und Anwender elektrotechnischer Produkte

M. J. van der Dussen, KEMA, Arnheim, Niederlande

M. J. van der Dussen, Arnheim

## Die Bedeutung des Prüf- und Zertifizierungswesens für Hersteller und Anwender elektrotechnischer Produkte

**1. Erfahrungen mit dem Akkreditierungssystem für die Akkreditierung von Prüfinstanzen und Zertifizierungsstellen**

Prüfungen und Zertifizierungen haben das Ziel Vertrauen in die Qualität eines Produktes oder eines Dienstes zu schaffen. Das erhöht die Transparenz des Marktes für den Abnehmer oder Konsumenten und kann ein unterscheidendes Element sein für einzelne Produkte oder Hersteller. Bei der Zertifizierung erfolgt eine Zweiteilung in Produktzertifizierung und Systemzertifizierung.

Ein Produktzertifikat soll eine Garantie dafür sein, daß das Produkt den vorher vereinbarten Anforderungen entspricht. Produktzertifizierung kann sowohl verpflichtend als auch freiwillig sein. Pflichtzertifizierung findet meistens durch oder im Auftrag der Behörde statt und betrifft sowohl Konsumentenprodukte als auch Produkte für den industriellen Markt. Freiwillige Produktzertifizierung betrifft in vielen Fällen Konsumentenprodukte; beim 'business-to-business marketing' spielt diese Art der Zertifizierung keine große Rolle. Systemzertifizierung bezieht sich auf das Herstellungsverfahren innerhalb eines Unternehmens. Dabei wird nach einer der Normen der ISO 9000-Serie geprüft. Abhängig von der Norm werden nur Anforderungen an die Herstellung gestellt (ISO 9002) oder an die Prüfung und Kontrolle (ISO 9003) oder an das gesamte Herstellungsverfahren, vom Entwurf bis zum Kundendienst (ISO 9001).

## Niederländische Struktur

In den Niederlanden sind auf dem Gebiet der Prüfung und der Zertifizierung viele Institute tätig. Es handelt sich sowohl um Zertifizierungsstellen als auch um Institute oder Labors, die Prüfungen und Inspektionen durchführen. Manche Institute betreuen nur eine bestimmte Produktgruppe, andere haben ein größeres Arbeitsgebiet.

Bis zum Jahr 1981 konnten diese Institute größtenteils selber bestimmen, wie sie die Verfahren zur Prüfung und Zertifizierung handhaben. Daraus ergaben sich Unterschiede in der Arbeitsweise und der Bedeutung, die einem Zertifikat oder Prüfzeichen beigemessen werden konnte. Die Situation war nicht immer eindeutig. Um dieser Situation ein Ende zu bereiten, wurde 1981 der Zertifizierungsrat (Raad voor de Certificatie RvC) gegründet. Der Rat hat zum Ziel Zertifizierinstanzen und ihre Zertifizierschemas an den von allen Beteiligten anerkannten Erkennungskriterien zu prüfen.

Entspricht eine Instanz den Anforderungen, so wird sie anerkannt (akkreditiert) und darf das Logogramm des Rates benutzen. Die angewandten Kriterien beziehen sich u.a. auf Unparteilichkeit, Sachverstand, Zuverlässigkeit und die Möglichkeit für das Einlegen von Berufung. Wenn nötig, sorgen Koordinationsausschüsse für eine Abstimmung der Arbeiten der verschiedenen Instanzen.

Seit der Gründung des Zertifizierungsrates haben viele Instanzen sich für eine Akkreditierung bzw. Zertifizierung angemeldet. Zur Zeit sind etwa 40 Prüfstellen zertifiziert, die sich mit Systemzertifizierung und/oder Produktzertifizierung beschäftigen. Dies betrifft sowohl niederländische als auch ausländische Instanzen. Einige andere Organisationen haben den Schritt zur Anerkennung noch nicht gemacht. Hierunter befinden sich vor allem Instanzen, die sich mit freiwilliger oder verpflichtender Produktzertifizierung beschäftigen, unter diesen auch Instanzen, die Prüfungen oder Zertifizierungen durchführen im Auftrag der Behörde. Es wird allerdings erwartet, daß manche dieser Prüfstellen in der Zukunft, eventuell privatisiert, doch noch einen Antrag auf Akkreditierung stellen werden.

Zu den anerkannten Prüfstellen gehören auch die Instanzen SterLab und SterIn, die sich mit der Anerkennung von Labors bzw. Inspektionsinstanzen beschäftigen. Eigentlich beschäftigen sich diese Organisationen mit Tätigkeiten, die in das Aufgabengebiet des Rates fallen. Deswegen wird eine Verschmelzung dieser drei Organisationen angestrebt. Zur Zeit sind etwa 80 Laboratorien und 7 Inspektionsinstanzen anerkannt. SterLab und SterIn haben sich mit der niederländischen Kalibrierorganisation (Nederlandse Kalibratie Organisatie NKo) vereinigt, die die Anerkennung von Meß- und Kalibrierlabors regelt.

In anderen Ländern gibt es bereits ähnliche Strukturen oder sie sind im Aufbau. Die Niederlande waren hier Pioniere und hatten eine Vorbildfunktion. International haben die Niederlande immer noch eine führende Position und einen guten Ruf. Aufgrund von 'peer reviews' oder Vergleichsuntersuchungen kommen gegenseitige bilaterale oder multilaterale Anerkennungen zustande.

## 2. Wie werden die EG-Richtlinien und die Normenreihe EN 45000 in der Praxis angewandt?

### Internationale Entwicklungen

Prüfzeichen und Zertifikate wurden früher zum Schutz des eigenen Marktes und zur Abwehr ausländischer Anbieter benutzt. Diese Handelshindernisse sollten mit der Vereinigung des europäischen Marktes entfallen. Jetzt muß ein allgemein anerkanntes System von Anforderungen, die an die verschiedenen Kategorien der Produkte gestellt werden, aufgebaut werden.

Seit dem Jahr 1985 geht der Europäische Ausschuß dabei nach einer sogenannten "Neuen Vorgehensweise" vor. Dabei werden nur fundamentale Anforderungen an Produkte auf dem Gebiet der Sicherheit, der Gesundheit, der Umwelt und des Konsumentenschutzes gestellt. Diese werden pro Produktgruppe in Richtlinien festgelegt, die die Mitgliedstaaten in ihrer nationalen Gesetzgebung aufnehmen müssen. Bis jetzt sind 13 Richtlinien abgefaßt worden und genauso viele sind noch in

Vorbereitung. Die erlassenen Richtlinien sind allerdings noch lange nicht alle in nationale Gesetze umgesetzt worden.

Ein Hersteller oder Importeur eines Produktes, das den obengenannten fundamentalen Anforderungen entspricht, darf auf diesem Produkt ein Prüfzeichen, das CE-Zeichen, anbringen. Ob ein Produkt die Anforderungen erfüllt, darf der Hersteller entweder selber feststellen, oder durch eine angewiesene Instanz: eine sogenannte "Notified Body" (NB) feststellen lassen. Das Maß in dem eine Notified Body einbezogen werden muß, hängt davon ab, inwiefern ein Produkt eine Gefahr für die Umgebung darstellen kann und von der Tatsache, ob bei Entwurf und Herstellung harmonisierte europäische Normen angewandt wurden. Das System der Konformitätsbeurteilungen unterscheidet acht sogenannte Module: A bis H, in denen die Aufgaben des Herstellers und des "Notified Body's" festgelegt sind.

Die "Notified Bodies" werden durch die nationalen Behörden angewiesen. Sie müssen den Anforderungen der europäischen Normen aus der Normenreihe EN 45000 entsprechen und über ausreichend Sachverstand auf dem betreffenden Fachgebiet verfügen. Die zutreffende Norm hängt von den Aktivitäten der NB's ab. Instanzen, die Prüfungen durchführen, wie bei den Modulen A bis C gefordert wird, müssen der Norm EN 45001 entsprechen. Für Notified Bodies, die Produkt- oder Systemzertifikate erteilen, wie bei den anderen Modulen gefordert wird, gelten die Normen EN 45011 bzw. EN 45012.

### 3. Wie werden die Sicherheit, die Normenkonformität und die Gebrauchstauglichkeit elektrotechnischer Erzeugnisse nachgewiesen?

Elektrotechnische Produkte, die auf den niederländischen Markt gebracht werden, sollen dem Gebrauchsgütergesetz ("Warenwet") entsprechen, das die Umsetzung der europäischen Niederspannungsrichtlinie ist. Außerdem sollen Produkte die Anforderungen des Telegrafen- und Telefongesetzes ("Telegraaf en Telefoonwet") erfüllen, das Kriterien in bezug auf die elektromagnetische Verträglichkeit beschreibt.

Wie bei den "New Approach"-Richtlinien geht es hier um "essential requirements" und Nicht-Normenkonformität oder Gebrauchstauglichkeit.

Der niederländische Warenprüfdienst ("Keuringsdienst van Waren") überprüft obenstehendes mittels Stichproben vom freien Markt.

Außer dem obenstehendem gesetzlich verpflichteten System kann ein Hersteller anläßlich von Kundenspezifizierungen oder als Marketinginstrument über KEMA das KEMA-KEUR-Prüfzeichen erhalten, mit dem KEMA eine unabhängige Aussage über das erreichte Sicherheitsniveau des Produktes macht.

**4. Welche Maßnahmen werden ergriffen, um eine europaweite Anerkennung der Prüfergebnisse und Produktzertifikate zu erreichen?**

KEMA ist ein Mitglied des CENELEC Certification Agreements, das innerhalb der Mitgliedstaaten der Europäischen Union die gegenseitige Anerkennung der Prüfergebnisse regelt.

Mit diesem System kann ein Hersteller durch eine einzige Prüfung seines Produktes über ein Verwaltungsverfahren die Zertifizierzeichen der anderen EU-Ländern bekommen.

**5. Welche Rolle spielen zukünftig die traditionellen Sicherheitszeichen im Rahmen des europäischen Prüf- und Zertifizierungsweges?**

Die traditionellen Zertifizierzeichen wie das KEMA-KEUR werden künftig die gleiche Rolle spielen wie heute, nämlich die einer <u>unabhängigen</u> Produktbeurteilung. Möglicherweise wird der Inhalt des Prüfzeichens allmählich angepaßt werden und zum Beispiel auch Nachweise von EMC-Anforderungen enthalten, im Hinblick auf die Einführung einer betreffenden Richtlinie.

# Entwicklung und Praxis des Prüf- und Zertifizierungswesens in Dänemark

Villy Hasemann, NKT Cables, Asnoes, Dänemark

Villy Hasemann, Asnoes

# Entwicklung und Praxis des Prüf- und Zertifizierungswesens in Dänemark

## Bedeutung für Hersteller und Anwender

Als Kabelhersteller stellen wir fest, daß die Endabnehmer Wert darauf legen, daß eine qualifizierte unabhängige Partei die Sicherheits- und Qualitätsebene elektrotechnischer Produkte überwacht. Dänische Kunden verfügen oft nicht selbst über Prüfanlagen und würden ohne eine unabhängige dritte Partei allein auf die Daten des Kabelherstellers angewiesen sein.

Des weiteren gibt eine Produktzertifizierung dem Kunden als Anwender des Kabels eine Garantie, daß das Produkt den nationalen dänischen Bestimmungen entspricht.

Der Kabelhersteller legt deshalb Wert auf eine Zertifizierung der Kabelerzeugnisse, da damit nicht zuletzt eine führende Marktposition verbunden ist.
Da das Zertifikat eines akkreditierten Prüfinstituts die Qualität beurkundet, liegt die Zertifizierung naturgemäß auch im starken Interesse des Herstellers schon deswegen, damit gleiche Qualitätsansprüche und technische Forderungen für alle Produkte gleichermaßen gelten.

## EN 45000

Das dänische Prüfinstitut für elektrotechnische Produkte, DEMKO, arbeitet streng im Rahmen der EN 45000.

Durch administrative und überlastungsbedingte Verzögerungen beim dänischen Akkreditierungsinstitut ist DEMKO bislang noch nicht akkreditiert worden. Die noch ausstehende Akkreditierung wird jedoch von den dänischen Unternehmen derzeit noch nicht als ein wesentliches Problem betrachtet.
Man kennt DEMKO seit vielen Jahren und aus der Erfahrung heraus wird diesen Vertrauen geschenkt.

**Unterschiedliche Meinungen**

Dänische Kabelanwender haben leider nicht die gleiche Loyalität in bezug auf einen nationalen Prüf- bzw. Zertifizierungsnachweis wie das in Deutschland der Fall ist.

Von Seiten der Elektrizitätsversorgungsunternehmen werden somit überhaupt keine Forderungen in dieser Richtung gestellt. Das mag damit zusammenhängen, daß der Markt über Jahrzehnte von einem einzigen nationalen Hersteller, nämlich NKT, dominiert wurde, dessen Produktqualität bekannt ist, und mit der man zufrieden war.

In Zusammenhang mit der Normenharmonisierung wurden deshalb erst kürzlich dänische Normen für Elektrizitätsversorgungskabel ausgearbeitet.
Bis 1977 gab es eine Zulassungspflicht für Leitungsmaterialien. Die Zulassungspflicht wurde später von einer Registrierpflicht und im Jahre 1993 durch eine Auskunftspflicht abgelöst.

Unbedingt müssen jedoch die elektrotechnischen Produkte den Konstruktionsvorschriften der dänischen Starkstromverordnung entsprechen.

Das Aufweichen der Ansprüche (Auskunftspflicht) in den letzten Jahren hat bewirkt, daß diverse nichtzertifizierte Kabelprodukte auf dem dänischen Markt verkauft wurden und werden. Eine Reihe von Endverbrauchern sehen lieber einen niedrigeren Preis als eine Garantie für Sicherheit und Qualität. Selbstredend steht das in krassem Widerspruch zu den Interessen ernsthafter Kabelhersteller.

Ferner sei zu bemerken: Dänische Versicherungsunternehmen stellen keine Ansprüche an die Zertifizierung von Leitmaterialien.

## Sicherheit, Normenkonformität und Gebrauchstauglichkeit

Das dänische Prüfinstitut DEMKO führt komplette Typprüfungen bei Zertifizierungen durch. DEMKO kontrolliert darüber hinaus in Form von Stichproben den Kabelmarkt. Es gibt in den Normen keine Ansprüche an Hersteller in bezug auf Stichprobenkontrolle oder Routineprüfungen.

Die Kunden haben doch meist eine Erwartung auf laufende Prüfungen bei den Herstellern, weshalb diese von seriösen Herstellern auch durchgeführt werden.

Die Anforderung zur Gebrauchstauglichkeit eines Kabels ist im "Guide to use" beschrieben.
Die Typprüfung enthält Prüfungen, die die Gebrauchstauglichkeit beurkunden.

## Europaweite Anerkennung

Das dänische Prüf- und Zertifizierungsinstitut DEMKO ist Mitglied z. B. in der internationalen Organisation ELSECOM, die eine gegenseitige Anerkennung von Prüfergebnissen und Zertifikaten vereinbart haben.

Wir erleben von dänischer Seite Probleme damit, daß man in anderen EU-Ländern von staatlicher Seite Produkte begünstigt, die von eigenen nationalen Instituten geprüft worden sind.

Die dänische D-Markierung auf elektrotechnischen Produkten werden normalerweise von anderen Behörden akzeptiert, oftmals aber nicht vom Markt.

## Sicherheitszeichen in der Zukunft

Das dänische Prüfinstitut und der dominierende dänische Kabelhersteller, die NKT sind sich darüber einig, daß es immer notwendiger wird, die Anwender darauf aufmerksam zu machen, daß nur die herkömmlichen Sicherheitszeichen eine Sicherheitsgarantie geben.

Die CE-Markierung gibt keine befriedigende Sicherheitsgarantie für elektrotechnische Produkte. Es gibt keine Kontrolle durch eine dritte, unabhängige Partei.

## Erfahrungen mit dem Akkreditierungssystem

Das dänische Prüfinstitut DEMKO hat nicht gerade die besten Erfahrungen bezüglich einer schnellen Sachbearbeitung durch die Akkreditierungsbehörden gemacht.

Einschränkend sei gesagt, daß das Akkreditierungssystem relativ neu ist und die weitere Entwicklung abgewartet werden muß.

Ein wesentlicher Kritikpunkt muß jedoch betont werden. Die Akkreditierungsbehörden sprechen sich in zu geringem Umfang mit ihren Kunden (den Prüfinstituten) ab, binden diese aber in vollem Umfang in die Vorschriften ein. Oftmals geht das dann an der Realität vorbei.

**Akkreditierung und Zertifizierung in Belgien**

Geert Van Hauwermeiren, Wirtschaftsministerium Brüssel, Belgien

Geert Van Hauwermeiren, Brüssel

## Akkreditierung und Zertifizierung in Belgien

Durchführung des Belgischen Gesetzes zur Akkreditierung und Zertifizierung in einem Europäischen Zusammenhang

Das Gesetz vom 20. Juli 1990 über die Akkreditierung der Zertifizierungs- und von Inspektionsorganisationen sowie von Testlaboren, das auf Initiative des Ministeriums für Wirtschaftliche Angelegenheiten verabschiedet wurde, ist eine pragmatische Antwort auf Forderungen der Industrie, der Anwender und der Behörden, also der Organisationen, die Kontrollverpflichtungen haben. Es ist ebenfalls eine konkrete Antwort auf die Fragen, die im allgemeinen europäischen Zusammenhang mit der Akkreditierung und Zertifizierung entstehen. Dieser Zusammenhang umfaßt die neue Methode der technischen Harmonisierung und Standardisierung, das globale System der Zertifizierung und Prüfung sowie verschiedene Verfahren für die Feststellung der Konformität von Produkten.

Die Akkreditierungs- und Zertifizierungssysteme können nur glaubwürdig sein, insbesondere langfristig, wenn sie alle möglichen Garantien für die Unparteilichkeit, Objektivität und Transparenz geben. Ein Gesetz ist der beste Weg, diese Garantien zu liefern, was der Hauptgrund ist, warum solch eine klare gesetzliche Grundlage gewählt wurde, um die belgische Struktur einzurichten.

Das Gesetz basiert auf den folgenden Prinzipien:

1. Das erste Prinzip ist die freie Wahl. Das Gesetz hat nicht die Absicht, den Organisationen oder Firmen irgend etwas aufzuerlegen, sondern jene, die es wünschen, mit einer glaubwürdigen Referenz zu versorgen, die zeigt, daß sie in Übereinstimmung mit den international akzeptierten Normen arbeiten. Es ist das Ziel, eine

wirksame gegenseitige Anerkennung zwischen dem belgischen System und ähnlichen Systemen anderer Länder zu erhalten.
2. Das zweite Merkmal des Systems ist die Schaffung einer einfachen und pragmatischen Zielsetzung: die Transparenz und die Kontinuität der ganzen Struktur müssen garantiert werden, und die vorhandenen Systeme müssen soweit wie möglich beachtet werden, insoweit sie mit der ganzen Struktur übereinstimmen.

Die Aufgabe des Ministeriums für Wirtschaftliche Angelegenheiten umfaßt zwei wesentliche Aspekte:
- erstens, die Initiativen zu übernehmen, die für die Durchführung des Gesetzes in nicht geregelten Sektoren, d. h. Sektoren, für die es auf nationaler und internationaler Ebene keine spezifische Vorschrift gibt, unerläßlich sind,
- zweitens, eine Koordination der Initiativen, die die anderen Minister unternehmen, um ein einheitliches Akkreditierungssystem zu schaffen.

Von Anfang an sorgt das Akkreditierungssystem für eine mögliche Kooperation zwischen den nationalen Behörden, Gemeinden und Regionen, wobei jedes seine eigenen spezifischen Kompetenzen beibehält. Ferner ist der Wille, die verschiedenen Aspekte der Akkreditierung in eine einzelne Struktur zu integrieren, deutlich aus dem Gesetzestitel ersichtlich, da es sowohl für Zertifizierungsstellen als auch für Inspektionsorgane und Testlabore gedacht ist.

Diese Vorgehensweise, die sowohl auf der technischen als auch der administrativen Ebene koordiniert wurde, ist ein unzweifelhafter Vorteil, verglichen mit der Situation in den meisten anderen europäischen Ländern.

Da das Gesetz vom 20. Juli 1990 ein übergreifendes Gesetz ist, müssen alle nützlichen Schritte unternommen werden, um die Durchführung und die Koordinierung des Systems zu garantieren. Die Gründung des National Council for Accreditation and Certification (Nationaler Rat für Akkreditierung und Zertifizierung) war ein erster wesentlicher Schritt auf dieses Ziel hin. Der Rat wurde offiziell am 4. Juli 1991 gegründet.

Im National Council sind alle interessierten Parteien gleichermaßen vertreten: nationale Behörden, Regionen und Gemeinden, repräsentative industrielle Organisationen, Organisationen von Verbrauchern und Arbeitnehmern und akkreditierte Organe.

Aus Glaubwürdigkeitsgründen muß jede Aktion, die innerhalb der Rahmenarbeit des Akkreditierungssystems unternommen wird, den Prinzipien entsprechen, die in den Normen der Reihe NBN-EN-45000 festgelegt sind.

Der National Council hat grundsätzlich drei Abteilungen:
- die belgische Organisation für die Kalibrierung,
- die belgische Organisation für Testlabors,
- die belgische Organisation für die Zertifizierung von Qualitätssystemen, Produkten und Personal.

Jede dieser Abteilungen steht in Kontakt mit ihren europäischen Gegenstücken (WECC, WELAC, EAC). Die National Council ist verantwortlich für die Koordinierung mit der EU und der EOT.

**Die Belgische Kalibrierorganisation (OBE - BKO)** ist das Akkreditierungssystem für Labore, die auf die Kallibrierung von Meßgeräten spezialisiert sind.
Sie wurde 1986 durch ein Königliches Dekret gegründet. Sie wird von einer interministeriellen Kommission geleitet. Die Allgemeine Metrologieinspektion übernimmt das Sekretariat dieser Organisation.

Die Kalibrierzertifikate werden gewährt, um zu zeigen, daß die Messungen gemäß den nationalen und internationalen Prüfnormen nachweisbar sind.
Die Kalibrierung der Meßgeräte, die in den Testlaboren verwendet werden, ist eine der Anforderungen, die die Labore erfüllen müssen, sofern sie akkreditiert sind.
Wenn Labore nicht selbst kalibrieren, können die Kalibriertätigkeiten nur der Sorgfalt akkreditierter Kalibrierlabore anvertraut werden.
Der Minister für Wirtschaftliche Angelegenheiten akkreditiert die Kalibrierlabors.

Die ersten sieben Kalibrierlabore sind akkreditiert, die in den Bereichen Länge, Stärke, Temperatur und Strom arbeiten. Die Akten von ca. dreißig Laboren, die einen Antrag auf Akkreditierung in verschiedenen Bereichen gestellt haben, werden gerade geprüft.

**Die Testlabore** sind die zweite Seite des Akkreditierungssystemes. Diese Labore sind ein Schlüsselelement, um Vertrauen in Produkte und Dienstleistungen zu entwickeln.

Wie bereits angegeben, legt die Europäische Norm EN-45001 die Kriterien fest, die von den Laboren zu erfüllen sind, wenn Sie akkreditiert werden möchten. Um eine fachgerechte Einführung dieser Norm zu ermöglichen, wurde eine Unterlage, die auf der Analyse der im Ausland angewandten Praktiken basiert, erstellt.
Die Kenntnis und die Interpretation der im Ausland angewandten Praktiken bieten die besten Chancen für Verhandlungen über Verträge der gegenseitigen Anerkennung mit den entsprechenden Körperschaften anderer Staaten in der Zukunft.

Soweit es um die Durchführung oder Einführung dieser Struktur geht, wurde ein Projekt entwickelt, um einerseits das ganze Problem - sowohl im nicht geregelten als auch im gesetzlich geregelten Bereich - zu koordinieren und andererseits, um weitestgehend der europäischen Vorgehensweise zu entsprechen.

Die Vorlagen geben ausführlich Auskunft über alle Verfahrensvorschriften, gemäß denen die Akkreditierung von Testlabors und Inspektionsbehörden organisiert werden kann.

Die gesamte Struktur, die BELTEST-System genannt wird, wurde vom Nationalcouncil überprüft und gemäß dem Königlichen Dekret von 1992 verordnet.
Das erste Testlabor wurde akkreditiert und die Akten von ca. 50 Laboren und vier Inspektionsbehörden, die eine Akkreditierung beantragt haben, befinden sich in der Prüfung.

**Es gibt drei Arten der Zertifizierung:**
- die Zertifizierung von Produkten,
- die Zertifizierung von Personen und
- die Zertifizierung von Qualitätssystemen.

Sie sind alle eng miteinander verknüpft.

Auf die Initiative des Belgischen Normungsinstituts hin und um die wachsenden Bedürfnisse der Industrie nach Zertifizierung von Qualitätssystemen zu erfüllen, befaßt sich das Nationalkomitee für die Akkreditierung von Zertifizierungsstellen, das für die Zertifizierung von Qualitätssystemen verantwortlich ist, bekannt als NAC-QS, mit den Akkreditierungsproblemen in diesem Bereich.

Diese Initiative, die das Ministerium für Wirtschaftliche Angelegenheit in Gang gesetzt hat, ist ein weiterer Beitrag zur Durchführung des Gesetzes und wird ein wesentliches Element der Gesamtstruktur sein.

Das NAC-QS wurde im Zug der Erstellung der allgemeinen Vorschriften für die Verwendung des BENOR-Kennzeichens gegründet und erhielt vom Vorstand des BIN die Aufgabe, die notwendigen Maßnahmen zu treffen, um das BENOR-DS-Kennzeichen den Zertifizierungsstellen zu gewähren, die sich mit der Zertifizierung von Qualitätssystemen befassen. Das NAC-QS arbeitet gemäß seinen eigenen Regeln und Vorschriften. Die verschiedenen Verfahren des Systems basieren hauptsächlich auf der Norm NBN-EN 45012.

Bis jetzt wurden gemäß den Verfahren von NAC-QS elf Zertifizierungsorganisationen für Qualitätssysteme akkreditiert.
Die Zertifizierungsstellen werden durch die Vorgabe der Norm EN 45012 bis heute in zehn Bereichen akkreditiert. Aber diese Bereiche werden gemäß EAC-Vorschlag auf 39 Bereiche erweitert.

Wenn man an gegenseitige oder einseitige Vereinbarungen denkt, arbeiten alle Organisationen und Institute, die mit der CNR in Verbindung stehen, nur gemäß den

Normen EN 45000. Darauf aufbauend und nach gemeinsamen Bewertungen und Einführung harmonisierter Zertifizierungen unterzeichneten Belgien (NAC-QS) und die Niederlande (Raad voor Certificatie) im Februar 1993 einen Vertrag über die gegenseitige Anerkennung von Zertifikaten. Diese Anerkennung ist allein auf die Zertifizierungsstellen begrenzt, die in jedem Land arbeiten.

Bei der **Produktzertifizierung** werden bereits einige Strukturen mit einem spezifischen gesetzlichen Rahmen angewendet. Unter den gegenwärtigen Umständen ist es wichtig, daß die betroffenen Zertifizierungsstellen der Norm NBN-EN-45011 entsprechen, um den Grad des Vertrauens zu verstärken und vor allem aber im Hinblick auf eine gegenseitige Anerkennung.

Was die Zertifizierung des **Personals** betrifft, z. B. die Qualifizierung von Schweißern oder die zerstörungsfreie Prüfung, vermerken wir eine Übereinstimmung mit der Europäischen Norm NBN-EN- 45013. Diese Art der Zertifizierung kann daher in die Durchführung des Gesetzes vom 20. Juli 1990 bereits mit einbezogen werden.

Das Königliche Dekret von 1993 begründet das BELCERT-System, daß die gesamte Struktur für die Akkreditierung von Zertifizierungsstellen unter der Kontrolle des Nationalrates für Akkreditierung und Zertifizierung organisiert. Das BELCERT-System wird schrittweise die verschiedenen Initiativen umfassen, die im Bereich der Zertifizierung eingerichtet wurden.

# Entwicklung und Praxis des Prüf- und Zertifizierungswesens in Finnland

Pentti Heikkilä, Stadtwerke Tampere, Finnland

Pentti Heikkilä, Tampere

## Entwicklung und Praxis des Prüf- und Zertifizierungswesens in Finnland

In dem folgenden Beitrag wird das Prüf- und Zertifizierungswesen aus der Sicht der Anwender elektrotechnischer Produkte in Finnland dargestellt. Auf die unterschiedlichen Meinungen hinsichtlich Prüf- und Zertifizierungspraxis zwischen Hersteller, Er richter und Anwender wird nicht eingegangen.

Für die Anwender elektrotechnischer Produkte wird das Prüf- und Zertifizierungswesen in Zukunft noch mehr an Bedeutung gewinnen. Aus Sicht der finnischen Elektrizitätsversorgungsunternehmen ist im besonderen das Produktzertifikat wichtig.

Grundsätzlich haben die verschiedenen Zertifikate einen unterschiedlichen Informationswert und damit auch Nutzen, denen durchaus verschiedene Gewichtungen bei der Vielzahl der Anwender und Anwendungsgebiete zugeordnet werden können.

Der Anwender kann sich auf die Sicherheit, Normenkonformität und Gebrauchstauglichkeit der elektrotechnischen Produkte verlassen, wenn der Hersteller die entsprechenden Prüfzertifikate vorweisen kann.

Das Qualitätszertifikat garantiert nur einen bestimmten Standard des Herstellungsverfahrens, es gibt aber keine Information über das Produkt selbst, dessen Qualität beziehungsweise Zuverlässigkeit.

Ein konkretes Problem, dem sich die Anwenderseite konfrontiert sieht, ist im Zuge der nationalen Umsetzung der EU-Richtlinien und Normenreihen entstanden. Aus der Sicht der Anwender wäre es für die Praxis der Nutzung der Normenbezeichnungen wichtig, daß der Hersteller nicht nur die neue EU-Normenbezeichnungen angeben würde, sondern auch die bisherige nationale Normenbezeichnung für einen Übergangszeitraum parallel weiterführen würde.

In Finnland wird grundsätzlich nach den nationalen Normen gearbeitet. Um eine europaweite Anerkennung der Prüfergebnisse und Produktzertifikate zu erreichen, stehen die finnischen Vorschriften selbstverständlich im Einklang mit den EU-Richtlinien. Um eine europaweite Anerkennung aller Prüfungszertifikate zu garantieren, sollte sichergestellt sein, daß diese nur von akkreditierten Prüfinstituten ausgestellt werden.

**Aktuelle Probleme der Zertifizierung und der Akkreditierung in Polen**

Dr.-Ing. S. Jankowicz, Warschau, Polen

Dr.-Ing. S. Jankowicz, Warschau

## Aktuelle Probleme der Zertifizierung und der Akkreditierung in Polen

### 1. Der Übergang zu neuen Bedingungen

In Polen wurde bis vor kurzem nur eine Erzeugniszertifizierung, "Qualifikationssystem der Erzeugnisse" genannt, angewendet. Die Ermächtigung der Labore zur Durchführung der Tests für Qualifikationssysteme erteilte das Polnische Komitee für Normierung, Maß und Qualität (pol. Abkürzung PKNMJ) anhand der Anforderungen der ISO-Anleitungen. Die Ermächtigungen (Akkreditierung) erhielten in diesem Verfahren 127 Labore, die mit 17 Qualifikationseinheiten zusammenarbeiten.

Im Rahmen des Qualifikationssystems der Erzeugnisse werden folgende Qualifikationen durchgeführt:

**obligatorische Qualifikation**
- Zeugnis der Qualität, das das Standardniveau der Qualität des Erzeugnisses bestätigt;
- Sicherheitszeichen "B", es bedeutet, daß das Erzeugnis das Leben, die Gesundheit, das Gut und die Umwelt nicht bedroht;
- Zulassungszeugnis zum Warenumsatz im Lande; es bestätigt, daß die Einfuhrerzeugnisse, die in Polen der obligatorischen Qualifikation unterliegen, das Sicherheitszeichen "B" besitzen und die für dieses Zeichen vorgesehenen Anforderungen erfüllen;

**freiwillige Qualifikation**
für staatliche Qualitätszeichen, die ein höheres Niveau der Qualität der Erzeugnisse (1 - hohes Weltniveau, Q - höchstes Weltniveau) bestätigen.

Der allgemeine Wandel in unserem Lande, der 1989 seinen Anfang hatte, bewirkte die Aufnahme vielseitiger Anpassungen der Systeme der Qualitätsqualifikation sowie der Organisation, Rechtsvorschriften, darunter auch Anpassung der Normierung an westeuropäische Normen und Systeme. Die 1990 getroffene Anordnung des Vorstandes des PKNMJ hat die Regeln der Zertifizierung der Qualitätssicherungssysteme den Anforderungen der ISO 9000 - Normen angepaßt und die "Anweisung der Akkreditierung der Forschungsstellen" eingeführt. Diese Anweisung bestimmt die Grundsätze nach EN 45000 - Normen, die bei der Beurteilung und Verleihung der Akkreditierung von Prüflaboratorien beachtet werden müssen.

In der Normierung wurde das Prinzip des vollen Einklangs der polnischen Normen mit den IEC- und EN-Normen angenommen. Das heißt in der Praxis, daß die PN-Normen die genaue Übersetzung der IEC- und EN-Normen sind.

Die Normen haben keinen Gesetzescharakter mehr; ausgenommen sind die Normen, die die Sicherheit und den Umweltschutz betreffen.
Ab 1.1.1994 ist das Gesetz vom April 1993 in Kraft getreten, das zwecks Leistungssteigerung das Komitee PKNMJ in drei unabhängige staatliche Einheiten gliedert:
Polnisches Komitee für Normierung (PKN),
Polnisches Zentrum für Forschung und Zertifizierung (PCBC) und
Hauptamt für Maßkunde (GUM).

Die Hauptaufgabe des PCBC:
- Organisierung und Beaufsichtigung der Tests und der Zertifizierung,
- Akkreditierung der Prüfungslabore,
- Akkreditierung der Zertifizierungseinheiten,
- Zertifizierung der Qualitätssicherungssysteme bei Lieferanten;
- Zertifizierung der Auditoren;
- Organisierung von Schulungen und Kaderbildung für Forschungs- und Zertifizierungszwecke;
- Kontrolle von:
    * akkreditierten Laboren im Bereich der aus der Akkreditierung resultierenden

Tätigkeit,
* akkreditierten Zertifizierungseinheiten,
* zertifizierenden Qualitätssystemen usw.

PCBC vertritt Polen im Rahmen der internationalen Tätigkeit in EOQ, leitet in Polen das Sekretariat, nimmt an den Arbeiten der ILAC, EOTC und EUROLAB, sowie der Normierungskomitees ISO/CASCO, CEN/CENELEC teil.

Es erfüllt auch die Aufgabe der Landeszertifizierungseinheit im Internationalen Zertifizierungssystem für Elektronische Erzeugnisse IECEE und IECQ.

Der Wunsch nach Verbreitung von neuen Formen der Qualitätssicherung und Informationsaustausch zwischen den Prüflaboratorien für Produktion und Dienstleistungen sowie das Bedürfnis nach Verbesserung der Kontakte mit ausländischen und internationalen Organisationen war die Grundlage für die Errichtung der Vereinigungen "Polnisches Forum ISO 9000" und "Polnische Forschungslabore POLLAB" (Entsprechung und assoziiertes Mitglied von EUROLAB) Ende 1991. Das Sekretariat wird von PCBC und seinem Vorgänger CBJW (Zentrales Büro für Qualität und Erzeugnisse, vorher in der Struktur des PKNMJ) geleitet. Die Vereinigung POLLAB besteht jetzt aus fast 300 Laboratorien, darunter ca. 40 im elektrischen Bereich. Fast so viele Laboratorien gehören zur Vereinigung Polnisches Forum ISO 9000. In diesen Vereinigungen arbeiten Sektorkomitees, z. B. die Elektrische Sektion.

Die Vereinigungen geben die Monatsschrift "Komunikaty" (Bericht) und vierteljährlich ein Bulletin mit Informationen über Zertifizierung, Akkreditierung, Schulungen, Informationen aus dem Ausland, Tätigkeitsberichten usw. heraus. Im April 1993 hat das große Symposium "Systeme der Qualitätsgewährleistung in Forschungslabors" stattgefunden, an dem ca. 200 Personen teilgenommen haben. Diese Symposien werden alle 2 Jahre stattfinden.

Die Vereinigungen erarbeiten auch EUROLAB-Broschüren, sowie eigene Wegweiser, die Forschungs- und Produktionsmöglichkeiten der Mitglieder darstellen.

Die Vereinigungen formulieren zusammen mit PCBC Anleitungen, die die Bearbeitung der Dokumentation der Qualitätssicherungssysteme, des Qualitätshandbuches, sowie die Vorbereitung der Labore zur Akkreditierung usw. erleichtern.

## 2. Die aktuelle Situation und die Zukunft

Noch vor der Herausgabe der Rechtsurkunden, die die Qualitätssicherungssysteme bzw. die Akkreditierung der Labore usw. nach ISO- und EN-Normen einführen, wurden groß angelegte Schulungen auf verschiedenen Stufen und in verschiedenen Bereichen durchgeführt. An diesen Schulungen nahmen die Mitarbeiter der Institute, die Qualitätssicherungssysteme einführen wollten oder sich um Akkreditierung bewarben, teil. Diese Schulungen bilden auch Auditoren aus.

Die Schulung umfaßt alle mit ISO/EN-Systemen verknüpften Fragen, wie z. B. die Philosophie der neuen Qualitätssicherungssysteme und ihre Betrachtungsweise, die Qualität in der Marktwirtschaft, Qualität und Export sowie Rechts-, Organisations- und formale Fragen, die mit der Einführung und Anwendung der Qualitätssicherungssysteme, der Zertifizierung und Akkreditierung nach ISO/EN-Normen verbunden sind.

Das Interesse an verschiedenen Schulungsformen war und ist, trotz hoher Gebühren, immer noch sehr groß. An diesen, von CBJW /PCBC organisierten Schulungen, unterrichten Spezialisten aus verschiedenen ausländischen Anstalten, vor allem aus AFNOR, RNE, AFAQ - Frankreich, BSIIT - England, SWEDAC - Schweden, MATRIX BUSINESS SERVICES Ltd - Irland und andere. Es wurden auch eigene Kader erster Auditoren und Vortragenden für Schulungszwecke ausgebildet. Eine kleine Gruppe von Spezialisten wurde im Ausland geschult und bekam dort die Auditorenberechtigung.

Bis April 1994 haben 8 Labore die Akkreditierung nach EN/IDO-Normen erhalten. Bei PCBC wurden insgesamt 90 Akkreditierungsanträge mit voller Dokumentation eingereicht. Ihre Überprüfung wird einige Zeit in Anspruch nehmen.

Das Institut für Elektrotechnik hat z. B. insgesamt 10 Labore. Eines davon erhielt die Akkreditierung, zwei haben ihre Anträge bereits bei PCBC eingereicht. Die übrigen bereiten sich auf einen Akkreditierungsantrag vor. Die Spezialisten des Leitungspersonals sind schon umgeschult, 3 Personen haben jetzt Auditorenberechtigung, eine die Berechtigung des NAMAS-Auditors.

Die Zertifizierung der Qualitätssicherungssysteme haben bis jetzt nur wenige Wirtschaftseinheiten erhalten. Einige Fabriken erhielten ausländische Zertifizierungen der Qualitätssicherungssysteme (z. B. von der KEMA). Sie sind jedoch sehr teuer und finden daher keine allzu große Verbreitung.

## 3. Anmerkungen zur aktuellen Praxis

Eine allgemeine Umstellung auf neue Forschungs-, Akkreditierungs- und Zertifizierungssysteme ist mit großem Aufwand sowohl einzelner Einheiten (z. B. die Vorbereitung des Labors zur Akkreditierung dauert in Polen 2 - 3 Jahre) als auch der ganzen Wirtschaft verbunden. Sie erfordert Sinnes- und Gewohnheitsänderungen des Personals sowie große Legislations- und Organisationsänderungen.

Die Bedeutung der Zertifizierung und Akkreditierung wird vor allem von den Produzenten richtig eingeschätzt, weil sie dank dieser Zeugnisse die laufenden Kosten der Qualitätsgewährleistung verringern (Herabsetzung der Verluste), die Anziehungskraft der Erzeugnisse erhöhen und mehr exportieren können.

Die Voraussetzung für die Akkreditierung und Zertifizierung in der Qualitätssystempraxis ist die Umsetzung der Anforderungen der EN 45000-Normen. Alle anderen Systeme und Akkreditierungen, die bis jetzt zwecks Kontinuitätszusicherung zuerkannt wurden, sind in Polen gültig, bis das Labor in einem bestimmten Bereich die Akkreditierung nach EN-Normen erhält.

Im allgemeinen gibt es keine Bedenken in bezug auf die Notwendigkeit der Einführung von neuen Prüfungs- und Zertifizierungssystemen. Es gibt jedoch Meinungen, die besagen, daß die Arbeit und die daraus entstehenden Normen dadurch zu sehr bürokratisiert werden.

Es gibt in Polen keine größeren Erfahrungen mit der Anwendungspraxis der Akkreditierung und Zertifizierung von Prüflaboratorien sowie den damit verbundenen Vorteilen bzw. Hindernissen, weil z. B. die Akkreditierung nach EN-Normen erst seit kurzer Zeit für 8 Labore Gültigkeit besitzt. Seit Anfang 1994, seitdem Rechtsgrundlagen und das Landesorganisationssystem der Zertifizierung und Akkreditierung geschaffen wurden, steigt die Zahl der eingereichten Anträge verhältnismäßig schnell an, so daß in Kürze mit einer größeren Anzahl an akkreditierten Einrichtungen gerechnet werden kann.

# Änderungen bei der vorgeschriebenen Inspektion von Elektroinstallationen in Island

M. Ing. A. Thorsteinsson, ISAC, Reykjavik, Island

M. Ing. A. Thorsteinsson, Reykjavik

## Änderungen bei der vorgeschriebenen Inspektion von Elektroinstallationen in Island

### 1. Einleitung

Eine Untersuchung von Alternativen zu den traditionellen elektrischen Sicherheitsvorschriften in Island hat zu den vorgeschlagenen Änderungen bei der vorgeschriebenen Prüfung und Inspektion von Elektroprodukten und -installationen geführt. Dieser Bericht beschreibt sehr kurz die Grundlagen der vorgeschlagenen Änderungen bezüglich der vorgeschriebenen Inspektion von Elektroinstallationen, die so zusammengefaßt werden können, daß die Inspektionen von der regulativen Behörde an private kompetente Inspektionsorganisationen verschoben werden können.

Das in Island vorhandene System kann als ein vertikales System (Bild 1) beschrieben werden, was bedeutet, daß die für die Sicherheit elektrotechnischer Anlagen zuständige Behörde auf die eine oder andere Art alle folgenden Aufgaben wahrnehmen muß:
- Vorschriften
- Auslegung, Durchsetzung, Beschränkungen etc.
- technische Anforderungen
- Bewertung der unabhängigen Stellen
- Inspektion

Außerdem obliegt der Behörde für Elektrosicherheit ebenfalls Prüfungstätigkeiten und Marktüberwachung. Die in diesen Bereichen vorgeschlagenen Änderungen werden hier aber nicht beschrieben.

Da in Island eine vertikale Struktur der regulativen Behörden gebräuchlich ist, trifft die Untersuchung über Alternativen zu den traditionellen Elektrosicherheitsvorschriften indirekt ebenfalls auf andere Sektoren zu.

Bild 1

Vertikales System der regulativen Behörden

| Regulative Behörde I | Regulative Behörde II |
|---|---|
| Vorschriften | Vorschriften |
| Auslegung, Durchsetzung, Sanktionen etc. | Auslegung, Durchsetzung, Sanktionen etc. |
| Technische Anforderungen | Technische Anforderungen |
| Bewertung der unabhängigen Organisationen | Bewertung der unabhängigen Organisationen |
| Inspektion | Inspektion |

## 2. Die vorgeschlagenen Änderungen

Die Rolle der für die Sicherheit elektrotechnischer Anlagen zuständige Behörde wird, wie in Bild 2 dargestellt, von vertikal zu horizontal verändert. Durch die horizontale Anordnung sind die Aufgaben zwischen den Organisationen wie folgt deutlich getrennt und verteilt:

- Ministerien: Vorschriften
- die für die Sicherheit elektrotechnischer  
  Anlagen zuständige Behörde: Auslegung, Durchsetzung, Sanktionen etc.
- Normungsorganisation: technische Anforderungen
- Akkredltlerungsstellen: Bewertung der unabhängige Organisationen
- Inspektionsorganisation: Inspektion

Die Ministerien sind für die Vorbereitung und die Herausgabe der Vorschriften einschl. der Regeln verantwortlich, die im Europäischen Wirtschaftsbereich (EEA) gebräuchlich sind.

Die für die Sicherheit elektrotechnischer Anlagen zuständige Behörde ist für die Durchsetzung und die Auslegungen der Vorschriften verantwortlich und gibt die harmonisierten Verfahren für die Inspektion und die Autorisierung der kompetenten Inspektionsorganisationen heraus, um die Inspektionen durchzuführen.

Die Normungsbehörde ist für die Herausgabe der technischen Normen verantwortlich. Die Akkreditierungsstellen sind für die Bewertung der Kompetenz der Inspektionsorganisationen zuständig; sie gewähren die Akkreditierung und führen Überwachungsaudits durch.

Die Inspektionsbehörden sind für die Durchführung der vorgeschriebenen Inspektionen gemäß den Vorschriften, den harmonisierten Verfahren und den Akkreditierungskriterien verantwortlich.

Die für die Sicherheit elektrotechnischer Anlagen zuständige Behörde autorisiert die Inspektionsorganisationen nur dann, wenn bestimmte Bedingungen erfüllt sind.

**Bild 2** Horizontales System der Vorschriften und Trennung der Rollen

|  | Vorschriftensektor I | Vorschriftensektor II |
|---|---|---|
| Ministerien | Vorschriften | Vorschriften |
| Regulative Behörde | Auslegungen, Durchsetzung, Sanktionen etc. | Auslegungen, Durchsetzung, Sanktionen etc. |
| Normungsbehörde | Technische Anforderungen | Technische Anforderungen |
| Zulassungsbehörde | Bewertung der unabhängigen Organisationen | Bewertung der unabhängigen Organisationen |
| Inspektionsbehörde | Inspektion | Inspektion |

Diese Bedingungen sind (vereinfacht):
1 Die Inspektionsorganisation muß akkreditiert sein.
2 Die Inspektionsbehörde muß einen ständigen technischen Manager haben, der ein Elektroingenieur ist und Erfahrungen in diesem Bereich hat.
3 Die Inspektionsorganisation muß eine ausreichende Zahl an ständigem Personal haben, das zusätzliche Qualifizierungsanforderungen erfüllt.
4 Die Inspektionsorganisation muß jene Einrichtungen und Ausrüstungen haben, die in den Zusatzanforderungen bestimmt sind.
5 Die Inspektionsorganisation muß mit einer zentralen Datenbank verbunden sein.
6 Die Inspektionsorganisation muß unabhängig sein (Dritter).

## 3. Die Rolle der amtlichen Zulassung

Die Inspektionsbehörden müssen folgenden "Regeln" entsprechen:
- den Inspektionsregeln (was zu inspizieren ist, wie, wie oft, wie die Konformität bestimmt wird),
- den Zulassungsregeln (prEN 45004: April 1993).

ISAC ist die Isländische Nationale Akkreditierungsbehörde für die Akkreditierung von Labors, Bescheinigungs- und Inspektionsorganisationen gemäß dem Gesetz, den Vorschriften und der EN-45000-Normenreihe. ISAC spielt bei den vorgeschlagenen Änderungen eine wesentliche Rolle als unabhängige Organisation, die die Kompetenz der Inspektionsorganisationen bewertet und überwacht. Dies schafft zusätzliches Vertrauen in das System zusammen mit der klaren Trennung der Aufgaben der verschiedenen betroffenen Organisationen.

Die zwei "Regel"-Sätze werden im Qualitätshandbuch der Inspektionsorganisation und anderen internen Dokumenten kombiniert, wodurch ein guter Gesamtüberblick gegeben wird, wie das vorgeschlagene System zu sehen ist.

## 4. Schlußfolgerungen

Ein Projekt, das auf den vorgeschlagenen Änderungen aufbaut, läuft seit ca. einem halben Jahr, wobei eine Inspektionsorganisation und eine für die Sicherheit elektrotechnischer Anlagen zuständige Behörde kooperieren. In diesem Stadium ist es zu früh, Schlußfolgerungen zu ziehen. Prinzipiell aber läßt sich feststellen, daß dieses Verfahren zu Verbesserungen bei der Inspektion von Elektroinstallationen geführt hat, und es zeigt sich, daß diese Ideologie in vielen Bereichen angewandt werden kann, um die Monopolstellung einiger staatlicher Behörden zu reduzieren. Dieses Modell wird gegenwärtig bei der vorgeschriebenen Fahrzeuginspektion und bei der Marktüberwachung verwendet.

Die Entwicklung schreitet weiter fort, und es ist geplant, daß die kompetenteren Inspektionsbehörden sich dieses Jahr dem System anschließen werden. Dadurch entsteht auf dem Markt ein Wettbewerb. Aufgrund der Zulassungskriterien stehen diese Organisationen aber nur preislich im Wettbewerb, nicht bezüglich der Qualität der Dienstleistungen.